KB063038

인간
그 잔혹과 야만의 역사

인간
그 잔혹과 야만의 역사

조병갑 지음

개미

새로운 밀레니엄의 시대가 되면 지상에 천국의 문이라도 열릴 것처럼 들떴던 20세기가 저문 지 어언 10여 년. 세상은 더 소란하고 아우성인 채 이제는 더 큰 절망의 파도가 온 세상의 하늘과 땅을 휘몰아치고 있다. 마치 세상은 광란의 폭풍 앞에 말 그대로 일엽편주가 되어 난파 직전의 위기상황에 내몰렸다.

날만 새면 나라간의 분쟁이나 전쟁과 불황과 범죄와 갖가지의 악으로 충만한 세상이 눈앞에 펼쳐지고 민주주의와 자본주의가 통째로 흔들리고 있다.

무엇 때문인가? 인간이 악하기 때문이다. 자본주의와 민주주의의 이기利己 속에 인간들이 기대했던 보이지 않는 아담 스미스의 선의 손(Invisible Hand)은 결코 나타나지 않았다. 물론 전적으로 나타나지 않은 것은 아니지만 그 손의 힘은 너무나 미약했다. 이타利他의 정신은 이기의 힘에 압도되어 그 힘을 발휘하지 못했다. 쉽게 말하면 인간의 선성善性은 악성에 비하여 너무나 미약했다. 더 쉽게 말하면 악이 선을 짓밟

아버릴 정도로 인간의 선은 보잘 것이 없었다.

인간이 선한 존재인가, 아니면 악한 존재인가는 2천5백여 년 전의 대륙의 제자백가들에 의하여 분분하게 논의 되었지만 결론이 없었다. 그러나 우리의 모든 철학은 인간을 고뇌하게 하지만 출구를 찾지 못하고 모든 종교 또한 철학의 본질과 동일선상에서 헤매고 있음을 볼 때 결코 인간은 악하다 할 수도 없고 선하다 할 수도 없는 기로에 도달하고 만다.

그러나 인간을 분명하게 악으로 규정한 종교가 있다. 그것은 구약을 바탕으로 한 유대교가 그렇고 기독교와 천주교 및 이슬람교 역시 구약을 모태로 하고 있기 때문에 그들 또한 동일한 입장에 있다.

모세는 인간의 악성을 입증하기 위하여 선악과를 심고 카인과 아벨을 탄생시켰으며 바벨탑과 노아의 방주를 만들었다. 또한 구약 전체를 모세와 그의 선지자들은 모두 다 권선징악의 일관된 교리로 창작해 내었다. 그러나 결국은 그들도 그 악에서 벗어나지 못하여 악에는 악으로 인간을 처벌했다. 그것이 구약의 하나님으로서는 인간세계를 평화로 인도하지 못한 한계였으며 예수의 출현을 배태하게 된 동기가 되었다.

그러나 성경은 온갖 방법으로 인간에게 겁을 주어 선으로 인도코자 예수 이전은 물론이요 이후로도 2천 년이 넘도록 노력하였지만 인간들은 조금도 개선되지 못한 구시대 그대로 남아 악의 시대를 연하여 연출하고 있을 뿐이다.

이 세상에는 선한 나라가 없다. 나라란 인간들의 집합체에 다름 아니다. 선이 합치면 선이 되고 악이 합치면 악이 되는 것은 자명한 이치이리라. 인간들이 선한 존재라면 선의 집합체인 나라는 선한 존재가 되어야 한다. 그런데 지상에는 선한 나라가 없다. 굳이 선한 나라를 찾는다면 우리나라 대한민국이다. 사가들의 말처럼 평화를 사랑하여 남의 나라를 침략한 적이 없는 나라로 예를 든다. 그런데 실상은 그렇지가 않다. 더욱이 지금은 남북이 갈려 두 나라가 되었고, 남한도 날만 새면 싸움질하는 나라다. 뿐만 아니라 과거에도 반도는 전쟁으로 조용할 날이 없는 나라였다.

우리들의 인간성을 보자! 사촌이 땅만 사도 배가 아프다는 족속이 반도의 흰 옷 입은 종족이다. 우리 민족이 선족善族이면 전세계의 종족은 모두 다 선한 족속이 된다. 종족이 먼가. 유사한 인간들의 집단 아닌가? 어찌 악한 인간의 부류가 선한 집단을 만들어 낼 수 있겠는가? 그래서 세상은 시끄럽고 악으로 충만해 있다. 인간의 악은 이기심에서 발원한다. 그리하여 그 이기심을 몰랐던 사회주의가 실패했다. 사회주의 나라에 겨자씨 만큼만의 이타가 있었다면 사회주의는 실패하지 않았을 것이다. 다산은 대학자이면서 동시에 인간의 악성에 침몰당했지만 그 악성을 파악하지 못하여 일본인들이 문화족속이 되면 반도에 침입하지 않으리라는 낙관론을 갖고 있었다. 죄송스럽지만 순진한 인간론이고 순진한 국가론자였다.

인간의 본성을 제대로 파악한 모세는 그 백성들을 구원하기 위하여 바위에 파피루스를 깔고 고민하기를 "이 어리석고 악한 것들을 어이할꼬?" 하였을 것이다. 그리하여 몇 날 몇 달을 아니, 수십 년을 머리를 싸매고 인간 역사의 대하 드라마를 완성해 갔다. 어디에 기록이 있어 옛날 옛적을 추적할 수 있으며 애굽 땅에 들어온 지도 4백 년이 넘었으니 구전마저 다 사라져 버린 아득한 시점에서 어찌 천 년, 만 년 전의 사실을 상상하고 계산하며 어림할 능력이 있었겠는가? 다만 그에게 확신으로 밀려오는 인간의 역사는 악의 역사란 사실 뿐이었다.

그리하여 그는 인류역사상 어떤 문필가도 묘사할 수 없을 정도의 가공할 폭력으로 인간을 징계하고 한편으로 달래며 교화하려 하였다. 그러나 그도 실패했고 예수도 실패하고 말았다. 그들이 인간의 구원에 성공했다면 오늘의 세상은 천국이어야 한다. 그러나 세상은 그들의 시대도 현세도 다 똑같은 말세요 악세일 뿐이다.

　인간 세상은 자식들이 아비를 물고, 머슴이 주인을 욕하며, 제자가 스승을 짓밟고, 빌린 자가 빌려 준 자를 욕하며, 길러진 자가 기른 자를 비난하고, 버림받아 가르쳐진 자가 가르친 자를 욕하며, 카인이 아벨을 죽인 것처럼 형제들은 싸우고, 물에 빠진 자를 구하니 구해진 자가 구한 자를 원망하는 인간들의 속성임을 현실로 보아 온 필자는 지극히 낙망에 빠지지 않을 수 없었다. 그리하여 코소보의 만행과 나치의 만행을 읽고 더듬게 되었고, 더 나아가 인류 역사를 통하여 인간들이 얼마나 잔혹한 악행을 저질렀는지 살펴보고 싶었다.

　그러나 인류 역사 자체가 악행의 역사여서 몇 가지의 사실만을 들추었을 뿐이며, 그 극악한 가혹의 묘사에는 역사가들의 기록을 흉내내기도 부족하여 실패하고 말았다. 따라서 이 책은 인류 악행의 지극히 작은 편린을 건드려 그 안에 숨겨진 야수의 발톱을 들추어 보였을 뿐임을 고백하지 않을 수 없다.

2012년 여름 우거산방에서
저자 씀

| C O N T E N T S |

1
최초의 동물왕국
하나라

　주지하는 바와 같이 인류 문명의 역사는 티그리스와 인더스 및 황하 등의 강 유역으로부터 약 5천 년 전부터 시작된다. 이집트의 파라오 제국과 황하의 황제 제국이 태동할 때부터 인간들의 역사는 동물적으로 시작되었다. 즉 강자의 약자지배는 인류 5천 년 역사를 관통하는 현상의 주류였다.

　일찍이 인간의 악성을 파악했던 모세는 구약의 창세기에서 아담과 이브의 아들 카인을 등장시켰다. 그리하여 카인으로 하여금 인류 최초의 살인자가 되게 하여 하나밖에 없는 동생 아벨을 죽이도록 했다. 카인이 아벨을 죽인 것을 안 신은 카인에게 아벨이 어디에 있느냐고 물었다. 그때 카인은 "나는 모릅니다. 내가 아우를 지키는 사람입니까?"[1]라고 반문케 함으로써 인간의 악성과 뻔뻔스러움을 극명하게 구사해 놓았다.

　1,331면이나 되는 구약의 방대한 내용은 인간의 악성과 그의 통제에

관한 것이다. 어떻게 하면 인간에게서 악을 제거하고 선을 행하도록 하느냐 하는 문제를 놓고 모세로부터 수천 년간 고뇌해온 선지자들의 역사이며 동시에 인간들의 역사이다. 구약의 결론은 인간에 내재된 악성의 천명이며 동시에 악으로부터 구제의 역사다. 그러나 그 악성은 수천 년이 지난 오늘날까지 조금도 변함없이 이어져 오고 있다.

동양 역사의 원조요 성군이라할 하 · 은 · 주의 요 · 순 · 우 · 탕 · 문 · 무의 통치도 폭력과 지배의 역사였고 노예의 역사였다. 그 시대가 지나고 서양사의 대동맥인 로마는 물론이요 민주주의 원조라 할 그리스의 역사도 역시 노예제 사회였으며, 근대 민주주의 원조인 영국 역시 바이킹족에 의한 폭력과 침탈로 시작되었다. 또한 세계 민주주의의 리더요 수호자로 자처하는 미국의 역사 역시 바이킹족의 후예들인 영국인들이 폭력으로 원주민들을 몰아내거나 소탕하고 선량한 아프리카 인(네그로)들을 잡아다가 노예로 만들어 그들의 노동력을 착취하여 건설한 나라다. 그리고 21세기인 지금도 인간들의 역사는 잔혹과 야만으로 얼룩져 있고 미래의 세계도 역시 그렇게 이어질 것이다.

하나라의 역사는 기원전 2205년부터 시작된다. 물론 하나라 이전에 3황5제의 시대가 있었다 한다. 심지어 최초의 황제가 섬서성 황용현 교산에 묻혀 그의 능이 있고 비각과 비석까지 새겨져 있다. 언제부터 그렇게 되었는지는 모르지만 매년 3월(양력 4월 5일이나 6일)의 청명절이 되면 전세계의 화교들이 찾아와 참배를 하고 있다. 사실여부는 차치하고 다민족 국가의 중국으로서 통일된 단일 국가의 유지를 위한 구심점으로서 상징적 인물로 보고 있으나 신화를 넘어 우리들의 단군과 같이 사실화 하고 있다.

그러나 그러한 존재를 구체적으로 기록한 역사적 자료가 없고 공자까지도 논어의 '술이편'이나 '팔일편'에서 문헌이 없는 역사를 말함은 황당무계한일子不語怪力亂神2이라 하였다. 따라서 중국의 역사는 요임금

시대부터 실체를 찾아가고 있지만 순임금을 지나 우임금을 드디어 하나라의 시조로 하여 실체적 역사를 시작하고 있다.

　요는 백성들이 서로 땅을 양보하여 다투지 않고 군주가 누구인지는 알바도 없이 태평성가를 부를 정도의 성군으로서 재위 70년에 이르렀다. 그에게는 아들 단주가 있었지만 변변치 못하자 그의 두 딸까지 주어가며 순에게 왕위를 선양禪讓3했다. 그러나 그는 우임금의 아버지 곤을 처형하였으며, 기간시설의 건설을 담당한 공공이 성공적으로 일 처리를 못하자 그를 유배시키고 그를 천거한 환두까지 책임을 물어 유배시켜버린 왕이었다.

　그리하여 동양사에 곤은 약 4200여 년 전의 요임금에 의해 최초로 사형을 받은 사람으로 기록되게 되었는지도 모른다. 곤의 죄명은 그가 담당한 치수사업의 실패였다. 농업이 국가 경제의 주축이었고, 가장 위험스러운 재앙이 자연재해로 범람이나 홍수였던 시절에 치수는 국가안정과 왕권의 보전을 위한 과제로서 국방과 더불어 중요시 될 수밖에 없던 시대였다. 따라서 고대의 중국사에 있어 성군들이라 칭하는 요·순·우·탕의 왕들은 모두 다 치수에 역점을 두었고, 치수를 통한 안정적인 농경과 덕치를 통하여 명군으로서의 칭송을 받게 되었다. 더욱이 고대 국가들은 쉽게 물과 비옥한 농경지를 구할 수 있는 큰 강 유역에 자리를 잡을 수밖에 없었으므로 범람과 홍수는 국가의 안위와 국민의 생명이 걸린 문제였다.

　치수에 가장 성공한 왕은 우임금이었다. 그러나 그 치수가 우의 자연스러운 능력과 자질에 의한 것이었는지 아니면 왕명의 두려움 때문에 백성들의 골육을 통해서 성취되었는지는 한번 고려해 볼 필요가 있다.

　우가 요로부터 치수의 명을 받고 13년이나 객지를 전전하며 치수에 매달렸을 뿐만 아니라, 세 번이나 자기 집 앞을 지나면서도 들리지 않고 지나쳤다면 그의 아버지와 같이 자기도 처형될 수 있다는 두려움 때문이었는지도 모른다. 그 두려움은 곧 그 시대의 잔악에서 비롯되었기 때문이다. 사마천은 우의 치수상황을 극적으로 미화하고 있지만 따지고 보면 우에게는 생사가 걸린 공포의 문제였고 그러한 기간이었다고 보아야 할 것이다.

순은 우를 왕위 계승자로 하늘에 고하고 세월이 흘러 순이 죽자 3년상을 치른 우는 왕위를 순의 아들 상균에게 양위하고 은둔했으나 제후들이 상균을 따르지 않고 우를 찾아내어 간청하여 할 수 없이 왕위를 물려받았다. 그 시대에는 아직 국가의 집권체계가 완전하지 못한 시대였고 결국 변변치 못한 자는 왕위를 물려받아도 똑똑한 자에게 자리를 빼앗길 수밖에 없는 상황이 전개될 가능성이 높았다. 그러므로 요와 순의 양위가 선양이 아니라 찬탈이었다는 주장이 나오게 된 것인데 사마천은 선양으로 기록해 두었다. 그리고 세월이 흘러도 중국인들은 조용히 선양설을 수용하고 그들의 역사를 미화하고 있다.

필자가 모 문중의 비문에 관여한 적이 있었다. 그들의 자손은 고려조에 대단한 충신의 가문이었으나 이성계의 역성혁명에 벼슬을 버렸으며, 세월이 흘러 또다시 세조가 단종의 왕위를 찬탈하자 세종과 단종 밑에서 벼슬을 하던 그 문중의 선조들이 목숨을 걸고 또다시 낙향해버린 충성스러운 가문이었다. 그 자손들이 어떤 유학자에 부탁하여 받아온 비문을 검토해 달라는 요청을 받았다. 비문을 찬한 자는 이성계의 쿠데타를 려선혁명麗鮮革命으로 미화하고 세조가 단종으로부터 왕위를 선양禪讓받았다고 찬해 주었다. 역사를 통하여 삼척동자도 아는 바와 같이 세조는 단종에게서 왕위를 찬탈하고 결국은 죽이기까지 한 인물이며 이성계도 반도 유사 이래 최초의 북벌원정에서 왕명을 거역하고 군사를 돌려 그의 상관 최영을 목배 죽이고 차상관 조민수를 백의白衣로 유배시켰을 뿐만 아니라 왕의 신임을 배반하고 나라를 빼앗은 인물임을 대한민국 사람은 다 아는 사실인데도 그렇게 그들을 미화시킨 자가 있었다. 필자는 그렇게 되면 귀문중이 그들 밑에서 벼슬을 버리고 대를 이어 모두들 두 번이나 낙향한 것은 충신이 아니라 오히려 역적에 버금가는 불충不忠의 역사가 되는 것이니 비문을 다시 쓰는 것이 좋을 것이라고 자문했음에도 불구하고 제막식에 초청되어 가보니 어떤 이유에선지 여선혁명과 선양이라는 단어가 그대로 남아 있고 비문은 후대의 사람들이 알아 볼 수도 없는 고루한 말들로 새겨져 있었다.

지금과 같이 개화된 시대에도 그러한 우를 범하는 자들이 있는데 사마천이 사기를 쓰던 2100여 년 전이라면 그 진위는 더욱이 알 수 없고 굳이 중국인들은 선양을 찬탈로 바꾸어야 할 이유도 없는 것이리라.

물론 우에게 왕위를 선양한 순임금은 참으로 선한 성품의 효자로도 소문이 나 있었다. 그러나 순의 아버지 고수는 장님으로서 순의 어미인 처가 죽자 후처를 얻어 상象이라는 아들을 두었는데 고수는 그를 좋아하여 장남인 전처 소생 순을 죽이려고 창고를 고치라고 하여 창고에 불을 질렀으나 살아나자 우물을 파라고 하여 생매장까지 시도하며 기회만 되면 순을 죽이려 한 악한 아비였다. 그러나 잔인무도한 그의 아들은 효자였고 그 때문에 죽을 뻔 했던 이복동생 상까지도 제후에 봉했으니 참으로 성군이었고 효제孝悌의 사표라 할 인물이었다.

그러나 그러한 성군이 있었던 요·순의 시대에도 악의 무리들이 활개치고 있었으니 소위 4흉四凶 이라는 존재들이 있었다. 그들은 못된 짓만 하는 혼돈渾沌, 거짓말만 일삼는 궁기窮奇, 건방떨고 고집이 센 도올, 재물밖에 모르는 도철 등이었다. 그들은 요임금도 어쩌지 못했는데 순임금이 비로소 유배시켰다 한다. 그러나 4흉의 이름들을 보면 어릴 적 할아버지로부터 들었던 지성이와 감천이의 얘기를 떠올리게 한다. 지성이면 감천이라는 말씀을 할아버지는 지성이와 감천이의 동화로 만들어 들려주셨던 것이다. 혼돈은 말 그대로 혼돈과 유사하고 도올은 별 볼일 없는 벌레의 이름이며 궁기나 도철이도 같은 맥락의 느낌이기 때문이다. 사마천은 사기를 쓰면서 인간의 악성을 이미 파악하고 권선징악의 교훈을 사기에 담고 싶었던 것이다.

요·순·우의 선양에 의한 덕치는 천하에 소문난 명군들로 그들을 흠모케 하였으나 우의 아들 계啓 임금에 모반한 유호씨有扈氏의 토벌을 위한 격려문인 감서甘誓4에는 이미 인류사에 포악한 시대가 도래하고 있음을 예고하고 있다. "어험……, 만에 하나 나의 명령을 거역하면 조상들의 신주가 모셔진 사당 앞에서 여러분을 죽일 것이다. 또한 여러분의 가족을 관청의 노비로 삼아 치욕을 안길 것이다"라고 선언함으로써 단순한 처형만이 아니라 그 처형마저 조상들의 신주 앞에서 처참하게 죽임으로써 죽은 조상들까지 치욕에 떨게 하고, 그 후손들에게 영원히 몸서리치는 치욕을 주겠다고 선언하고 있으니 내 편이 아니면 죽이고 치욕을 안겼던 인류의 역사는 시작부터 폭력이었다. 그리고 그 역사는 바로 조선 5백 년 동안 우리들의 역사로 면면히 이어져 왔고 지금도 마찬가지다.

하나라의 요·순·우의 시대는 인류 역사상 최상의 덕치로 묘사되고 있지만, 이 시대도 이미 감서에서 본 바와 같이 지배와 피지배의 2분화 사회로 무력에 의한 강자지배의 역사였다. 요·순·우의 선양으로 사마천은 그 시대를 미화하고 있지만, 한비자는 순과 우가 각각 선왕을 몰아내고 왕이 되었다고 주장하고 있다. 더욱이 순의 아들에게 우가 왕의 자리를 양보했음에도 제후들이 우를 모셨다 했고, 우도 익에게 선양했으나 익은 3년상을 마치고 자리를 우의 아들에게 양보했지만 역시 제후들이 익을 따르지 않고 우의 아들 계를 추대했다고 했으니 무력에 의한 찬탈의 난세를 어쩌면 사마천은 이상의 세계로 변화시키고 싶었던 그의 소망 때문에 요·순·우의 시대를 유토피아적으로 그려 놓은 것인지도 모른다. 더욱이 하의 본거지인 하남성 일대의 문화유적 발굴에서 밝혀진 많은 유적과 유물들이 그 시대상을 극명하게 반영하고 있음을 알 수 있다.

우선 묘들의 부장품이 적은 묘와 많은 묘들로 나누어짐으로써 그 시대가 신분제 사회였음을 보여주고 있고, 더욱이 큰 묘에서는 다리가 잘리거나 목이 없는 유골들이 발굴됨으로써 노예나 기타 하층계급의 살육이 마치 짐승들의 도살처럼 이루어졌음을 알 수 있다. 목이 없거나 다리가 잘린 것은 순장에 불응하는 그들을 폭력으로 순장했음을 의미하는 것이며, 인간이 인간을 순장했음은 인간이 죽은 자와 같은 인간으로 취급되지 않고 죽은 자의 소유물로 인식되고 있었다는 증거인 것이다.

인간들은 인간을 동물과 구별되는 문화적 존재로 미화시키고 있지만 고대의 역사도 인간들은 동물적 차원을 전여 벗어나지 못한 동물적 사회였음을 보여주고 있다. 전쟁에 패하거나 죄를 지었다고 해서 이제까지 인간이었던 존재가 하루아침에 동물적 노예로 전락할 수 있는 사회라면 그것은 인간사회가 아니라 동물사회일 수밖에 없다. 소위 요·순·우·탕·문·무·주공에 이어 공자로 연결되는 도의 나라 중국의 역사는 그렇게 야만과 잔인사로 시작되고 또한 모든 세계의 모든 역사에 공통적인 현상이었다.

황제의 명은 우가 13년이나 객지를 떠돌고 세 번이나 집 앞을 지나면서도 그냥 지나칠 수밖에 없을 만큼 무서웠다. 또한 그 엄명을 실천하기 위한 그의 고민은 홍수를 해결하기 위해 자신을 곰으로까지 변신시켜 산을 깎았다는 신화 같은 전설까지 만들어 내게 되었다.

요·순·우가 하나라를 창설한지 17대에 이르러 인류사에 최초의 폭군으로 걸왕이 등장한다. 걸은 세습에 의한 왕이었다. 걸의 증조 왕 공갑 시대부터 제후들이 이탈하기 시작하여 나라가 어지러워지기 시작했다. 제후들이 이탈했다는 것은 국정이 문란해지기 시작했다는 의미이다. 그러나 걸은 선정을 외면한 채 무력으로 제후들을 제압하고 폭정을 일삼았다. 백성들은 "이 태양은 언제나 없어지려나, 나 또한 너와 함께 죽어버리고 싶다" 라고 할 정도로 원망과 저주를 퍼부었다.

하의 마지막 왕인 걸은 중국사에 최초로 잔인무도한 왕으로 기록된 자일뿐만 아니라, 그 시대가 3500여 년 전이면 인류사에 있어서도 최초의 기록일 것이다. 그에게는 매희라는 여인이 있었다. 매희는 걸이 어느 소국을 점령했을 때 그 나라 왕으로부터 진상품으로 받은 여인이었다. 그녀는 소위 망국한 왕의 애첩이었는지도 모른다. 따라서 그녀는 망국의 여인으로 더욱이 진상된 몸이고 보니 걸왕에 대한 원한으로 그를 망하게 하고자 갖은 교태로 그를 사로잡아 국정을 어지럽혀 나라를 망하게 한 여인이다. 그러나 그러한 여자를 만난다 해서 모든 나라들이 다 망하는 것은 아니다. 걸 자신이 무도하고 군왕으로서의 덕목이 부족했기 때문이다.

매희는 거대한 궁궐을 지어 요대라 명명하고 수많은 궁녀를 거느리며 호사의 극치로 민심을 이간시켰다. 또한 주지육림을 만들게 하여 3천 명이나 되는 남녀가 북소리에 맞추어 술과 안주를 번갈아 마시고 먹게 하여 호수는 환락의 파라다이스가 되었다. 점점 세상은 원성으로 가득하고 백성들은 하늘에 떠 있는 태양을 원망하며 죽어갔다. 어떠한 충언에도 귀를 막은 걸은 간諫하는 자들을 처형하고 주지육림과 매희의 치마폭을 헤어나지 못하여 결국은 은족의 수장 탕에게 소탕되어 망하고 새롭게 은나라가 태어났다고 사마천은 사기의 '하본기'에 기술해 놓았다. 그러나 중국의 문헌 어디에도 걸이 누구를 죽이고 구체적으로 어떤 악정을 했는지에 대한 기록은 없다. 따라서 중국에 신화를 만들고 고대사를 극적으로 기술하고자 한 사마천이 그렇게 꾸며놓은 것은 아닌지 모를 일이다. 그리하여 탕의 하나라 정복이 천명이었음을 정당화하여 사마천의 권선징악의 역사관을 표출한 것이라고 필자는 생각한다.

황제와 요 · 순 · 우의 왕위계승이 선양이 아니라 찬탈이었다는 설이 오히려 합리성을 갖는 것이라면 탕의 주왕 공격도 약육강식의 동물적 행태를 벗어나지 못한 한낮 죽이고 살아남기의 역사일지도 모르는 일을 사마천은 일관하여 하늘의 뜻을 내세워 역사를 권선징악으로 꾸며 놓았다고 주장한다면, 몰라도 한참 모르는 허언이 될지 모르겠다. 그렇다면 왜 은의 주왕의 폭정에 대해서는 살린 자와 죽인 자들을 구체적으로 명기했으면서도 걸의 역사는 피상적으로만 기록해 놓았는지 설명이 되지 않는다. 더욱이 매희의 출생이나 일생에 대한 기록도 미미하여 대강 얼버무린 인상이 짙을 뿐만 아니라 우의 얘기도 최초로 초나라 삼려대부 굴원(기원전 343-285)5의 시 천문에 처음으로 등장하는데 그후에 태어나고 살았던 사마천(기원전 145-86)이 신화적으로 기록된 천문의 얘기들을 모아 소설적으로 꾸며 놓은 얘기일 가능성도 없지 않다. 그러나 중국인들은 그들의 역사를 폄하할 이유가 없고 더욱이 신화의 시대를 실제로 각색해야 하는 그들이 그러한 논리나 주장을 펼 이유가 없으니 역시 역사도 지배자들의 기록인 동물의 역사가 되고 만다는 역설이 성립하는 것이다.

주

1 구약성경 창세기 4장 9절.

2 논어 술이편 20장.

3 선양 : 자식 또는 훌륭한 인품을 가진 제 3자에게 왕이 스스로 왕의 자리를 물려줌.

4 감서 : 〔하본기〕에 의하면 우왕이 죽고 아들 계왕이 즉위하자 이에 불복하여 유호씨가 반기를 들었다. 계왕이 각지의 군대를 규합하여 유호씨를 토벌했는데, 그때 출사표로 지은 글이다. 감서는 기본적으로 신상필벌信賞必罰의 격려문이지만 굳이 삼국시대의 제갈량의 출사표와 비교한다면 격려문이 아니라 무시무시한 협박이다. 즉 명령에 복종하여 용감하게 싸우면 상을 줄 것이고, 명령에 불복하거나 태만하면 당사자는 물론이고 그 자녀까지 모조리 살육하거나 노예로 삼을 것이라고 경고하고 있다.

5 굴원(기원전 343-285) : 초나라 회왕 시대의 사람으로 왕족이며 삼려대부의 벼슬에 있다 간신들의 모략으로 파직되어 천하를 주유하다 팽함이 빠져 죽은 멱라에 빠져 죽었다. 그가 지은 초사에 이소 및 사미인 등의 시를 송강 정철이 흉내 내어 사미인곡을 지었다고 하여 서포 김만중은 송강의 사미인곡을 '조선의 이소' 곧 '언소諺騷'라 칭했다고 전한다.

2
포악의 전형 은나라
주왕

은왕조의 시조는 '설'로부터 시작된다. 설은 요·순·우 시절에 우와 함께 치수사업에 등용되었던 인물로 인품이 뛰어나고 업적이 훌륭하여 봉읍을 받고 제후가 된 인물이다. 그 후손들이 봉읍을 유지하다 하의 걸왕시대에 천을이라는 소위 서백창, 즉 탕이 등장하여 이윤 및 여러 제후들을 거느리고 하의 폭군 걸왕을 타도하고 기원전 1550년에 하남성 일대에 건설한 나라다. 한때 서백창은 주에게 체포되어 구금된 적이 있었으나 풀려나 훌륭한 인품으로 제후들의 신임을 얻어 주를 타도할 수 있었다.

주왕의 실수였다. 주왕은 서백을 풀어준 정도가 아니라 활과 도끼까지 하사하고 주변의 제후들을 정벌할 특권까지 주었으니 말이다. 금은 보화와 미녀와 준마에 현혹되어 주왕의 정신이 돌아버리고 말았다. 주왕은 만면에 웃음을 짓고 "뭘 이렇게까지……"하면서 정신이 돌아 실수를 한 것이다. 역사는 언제나 그 심복들에 의하여 뒤집혀 왔음을 아직 모르던 시대였다.

"부르터스 너도냐?"고 했던 로마황제 시저의 가슴에 꽂힌 비수도 그가 제일 믿었던 양자 부르터스의 것이었고, 수없이 그런 많은 사실들을 거론할 것도 없이 바로 엊그제 박정희도 그가 믿었던 심복 김재규의 총탄에 가고 역사는 바뀌었다. 국가도 그렇고, 기업도 그렇고, 가정家庭까지도 그렇다.

가정까지냐고 의문을 제기할 독자들이 많을지 모르지만 대부분의 가정이 형제간에 화목하지 못하고 서로 치받아 배신들을 하여 반목하는 집안이 많다. 언젠가 동생이 치받아 뇌출혈로 쓰러진 친지를 위문하고 돌아오다 고관대작을 지낸 동료의 얘기를 들으니 막냇동생을 찢어 죽이고 싶다는 심경을 토해냈다. 무엇이 그렇게 원수지간이 되게 했을까?

그 옛날에도 오직했으면 예수는 산상수훈에서 제자들에게 "예물을 제단에 드리다가 거기서 네 형제에게 원망을 들을 만한 일이 있는 줄 생각나거든 예물을 제단 앞에 두고 먼저 가서 형제와 화목하고 그후에 와서 예물을 드리라"[1]라고까지 했겠는가? 제사를 지내는 것은 경외의 행위로써 최우선의 행사임에도 불구하고, 더욱이 하나님께 제사마저 일단 중지하고 먼저 화해부터 하라고 타일렀겠는가?

그래서 유방은 천하를 통일한 후 건국에 지대한 공을 세운 한신을 비롯하여 휘하 많은 장군들을 목 잘라버렸다. 모반을 뿌리치고 유방에게 충성을 하고자 했던 한신은 죽음에 직면하여 "사냥할 토끼가 없어지면 토끼를 쫓던 사냥개도 잡아 삶아 먹고, 나는 새가 없어지면 좋은 활도 창고에 넣어지며, 적국이 망하면 모신도 망한다 狡兎死 走狗烹, 飛鳥 盡 良弓藏, 敵國破 謀臣亡"다며 한탄했다니 인간 인심 추한 건 예나 지금이나 마찬가지라면 너무나 자조적인 말이 되는가?

은나라에는 노예의 신분에서 제상이 된 두 사람이 있다. 한 사람은 탕왕시대의 이윤이며, 또 한 사람은 무정시대의 부열이었다. 두 사람 다 왕도정치를 왕에게 설하여 태평성대를 이루게 한 제상들로 중국사는 그들의 덕치를 크게 칭송하고 있다.

이윤의 등장에 대해서는 여러 얘기가 전해지고 있다. 하나라에서 높은 지위에 있었으나 걸의 폭정에 실망하여 서백창, 즉 탕에게로 왔다는 얘기가 있는가 하면, 탕이 다섯 번이나 찾아가 은자인 그를 모셔왔다는 얘기도 있고, 직접 그가 정치를 하고자 탕에 접근하기 위하여 어떤 귀부인의 노예가 되어 그를 따라 탕에 접근하여 환심을 사 등용되었다는 얘기 등이다.

3500여 년 전의 일이니 그 진위를 알 길이 없으나 그가 유명한 성현으로서 탕왕의 걸왕 원정에 출정하여 걸을 치고 하를 패하여 은나라의 건국에 지대한 공을 세웠으며, 또한 제상으로서 그는 은의 4대 왕 태갑이 폭정을 하자 그를 동궁에 유배시키고 국정을 관리하다 태갑이 반성하자 다시 그를 모셔다 왕위에 앉힌 성현으로 역사는 그를 기록하고 있다. 우리나라의 조선 5백년의 군신들도 그를 가장 현명하고 충직스러운 중원의 인물로 추앙하였으며 남명 조식도 정치를 하려면 이윤 같이 하고 물러서면 안회와 같아야 한다고 했을 정도의 인물이다.

또 한 사람은 은의 2대 왕 무정시대에 등용된 부열이라는 인물이다. 은나라가 22대에 이르기까지 무려 다섯 번이나 천도를 할 정도로 성쇠가 심하던 시기에 왕위에 오른 무정은 나라의 다스림에 묘안을 찾고자 정사를 아예 신하들에게 3년간이나 맡긴 채 인물찾기에 고심하고 있었다. 그러던 어느 날 밤 꿈에서 현자를 보았다. 무정은 꿈에 본 그의 인상을 만조백관들에게 알려 찾아오도록 명령하여 온 나라가 그 현자 찾기에 시끄러웠다. 그러다 어느 날 부험이라는 도로공사 현장에서 일하고 있는 한 노예의 인상이 비슷하여 조정에 불려오게 되었다. 무정이 그를 보자 꿈에 본 사람이 틀림없어 몇 마디 시험해 보니 과연 현자였다.

  그러나 그는 천한 신분이라 이름도 성도 없었다. 그리하여 부험에서
온 사람이라 왕은 그에게 고을 이름의 앞 자를 따서 성을 부라 하고 열
이라는 이름을 부쳐 주어 드디어 부열이 되었다. 그가 무정시대에 제상
에 등용되어 성대를 이루었다 하나 구체적으로 어떤 일을 했는지에 대
한 기록은 찾아보기가 어렵다. 다만 필자는 이 책에서 이윤과 부열을
특별히 언급한 것은 탕왕이나 무정이 그 옛날에도 요즘처럼 코드 인사
만을 한 것이 아니라 훌륭한 인재를 찾기 위해 노심초사 했고, 그 인물
이 훌륭하면 노예나 천민을 가리지 않고 등용하여 나라를 건국하고 성
대를 이루었다는 점을 강조하고 싶어서다.

  그러나 역사는 참으로 아이러니한 것인가. 탕이 이윤을 등용하여 걸
을 치고 은나라를 세웠는데 주의 무왕이 꿈속에서 본 현자 강태공을 위
수에서 찾아 제상으로 등용하여 폭군 주왕을 징벌하고 주나라를 세웠
기 때문이다. 강태공도 한낱 개 잡는 백정에 불과한 사람이었다니 하나
라는 노예에 의하여 망하고 은나라는 또다시 '개백정'에게 망한 꼴이
되었으니 역사가 가소로워 하는 말이다.

  주왕은 누구의 간언도 듣지 않고 이 세상에서 그가 가장 능력이 있는
자로 자처했다. 물론 그는 맨손으로 호랑이를 때려잡을 만큼 체구도 좋
았고 머리도 명석했으며 언변도 좋았다고 한다. 뿐만 아니라 자기를 비
판하는 자가 있으며 훌륭한 언술로 변명하거나 가차없이 처치해버리는
잔인한 사람이기도 했다.

  더우기 유소씨를 토벌하고 전리품으로 얻은 달기의 여색에 빠져 세
월 가는 줄을 몰랐다. 그는 달기를 이 세상에 둘도 없는 진짜 여자라고
일컬으며 달기의 환심을 사기 위한 일이라면 무엇이든 서슴치 않았다.
달기가 궁중음악에 실증을 부리자 그는 악사에 명하여 관능적이고 색
시한 음악인 '미미의 악靡靡之樂'을 만들게 하여 연주케 하고, 극치의

쾌락을 탐닉하는 달기를 만족시키기 위하여 하의 걸왕과 같이 주지육림의 연못을 만들어 수천의 남녀가 나신으로 먹고 마시며 비벼대는 황음의 극치를 연출했다. 그러한 연회가 무려 120일이나 이어져서 후세 사람들은 그를 '장야의 음長夜之飮'이라 일컬었다. 또한 거대한 누대를 지어 녹대라 칭하고 백성들로부터 수탈한 금은보화로 가득 채우고 진기한 동물들을 모아 기르며 정치는 신하에게 맡기고 밤낮으로 환락에 빠지자 자연 선정을 간諫하는 충신과 종친들이 늘어났다. 그러나 주는 그러한 충언을 받아들이지 않고 간하는 자마다 죽여 버리고 말았으니 나중엔 충신열사들의 입은 다물어지고 주왕의 수탈과 환락은 극치를 내달았다.

그는 죄인들이나 자기에게 간하는 신하들을 간단히 죽이는 정도가 아니라 죽임도 하나의 요즘으로 말하면 이벤트였다. 소위 포락형炮烙刑이 있었으니 숯불을 피워 그 위에 구리기둥을 걸쳐놓고 그 위를 맨발로 건너게 하여 다 건너는 자는 사형을 면해주었다. 그러나 누구도 그 구리기둥을 다 건너갈 수가 없었다. 불에 달구어진 구리기둥을 쇠신을 신었으면 몰라도 맨발로 몇 걸음이라도 걸을 수 있다면 기적일 수밖에 없다. 그리하여 그는 숯불에 떨어져 지글지글 타들어 죽어 가는 자의 비명 소리를 들으며 황음을 즐겼다.

그 뿐만이 아니었다. 그는 최고의 관리로 서백창, 구후 및 악후를 두었다. 구후는 자기의 예쁜 딸을 주왕에게 주었다. 그러나 구후의 딸은 요조숙녀라 주의 변태를 받아들이지 못했다. 성난 주는 그녀를 죽여버리고 그의 아비 구후도 죽여 칼로 다져 장조림을 해버렸다. 그러자 참다 못한 악후가 주를 질책하자 그마저 죽여 포를 뜨고 다져 버렸다. 기가 막힌 서백창이 망연자실 비탄에 잠기자 그의 실태를 고자질한 자가 있어 서백[2]을 유리에 감금시켜버렸다. 서백이 감금되자 서백의 측근들이 금은보화를 모아 주왕에게 바쳐 서백을 풀게 했다. 서백의 인품이 훌륭하여 많은 제후와 현인들이 그 주위에 모이고 나중에 그가 죽자 그를 이은 무왕에 의해 주는 패망하고 말았다.

주왕은 간신들인 비중과 오래를 등용하여 국사를 맡기고 오직 환락에만 탐닉했다. 대신 미자가 선정을 간했으나 듣지 않았으므로 그는 다른 몇 대신들과 은을 떠나자 숙부 비간이 일어나 강렬하게 충언했다. 분노한 주왕은 성인의 심장에는 일곱 개의 구멍이 있다던데 과연 그런가 보자며 비간을 죽여 간을 꺼내보았다. 먹기까지는 않았으니 그나마 다행인지도 모른다. 도척은 사람을 잡아먹었고, 저 아프리카의 콩고에서는 근세에도 간을 먹은 육군 상사 출신의 대통령이 있었기 때문이다.

서백이 죽고 머뭇거리고 있던 무왕이 다시 제후들을 결합하고 군대를 일으켜 주왕을 토벌하자 800여 명의 제후가 합세하고 사방의 부족들이 무려 4천 량의 마차를 동원해 합세했다. 이때의 전쟁으로 산하에 피가 강물을 이루어 절굿공이 둥둥 떠다닐 정도였다고 역사는 기록하고 있다.3 주왕 또한 군대를 몰고 대전했으나 역부족으로 패하자 그는 화려한 궁중복으로 갈아입고 녹대에 올라 불구덩이에 스스로 몸을 던져 자결하자 무왕은 그의 목을 잘라 장대에 내걸고, 달아나 숨은 달기를 찾아내어 그녀 역시 목을 베어버렸다. 달기 외의 두 명의 애첩도 스스로 목숨을 끊었다. 그리하여 은나라는 5백여 년의 역사를 마무리하고 역사의 뒤편으로 사라지고 새로운 주나라가 등장했다.

과연 5백여 년의 역사를 가진 은은 전조의 하와 비교하면 어떤 사회였을까? 고대 중국의 역사는 요·순·우·탕·문·무왕 등의 선정을 격찬하고 있지만, 이미 하왕조에서 살폈듯이 은나라 역시 양육강식의 동물사적 지배와 피지배의 역사였고 동시에 노예제 사회였다

은은 갑골문자의 발명이나 12간지의 천문학 및 주역의 8괘 등이 이미 발전한 문화국가임을 부정할 수 없지만, 한편 1928년 진행된 은허 발굴로4 궁전 및 능묘 그리고 수공업단지 등이 드러나기도 하였다. 특

히 능묘에는 1400여 명의 노예를 제물로 삼아 조상에게 제사를 지낸 구덩이가 발견되었고, 일부 묘지에서는 200여 명이 순장된 경우도 있었다. 제물로 살해되거나 순장된 노예 중에 상당수가 어린이였고 심지어 머리가 잘리거나 손발이 잘린 유골이 많이 보여 은나라가 엄격한 노예제 사회였음을 알려 준다."5

그럼에도 불구하고 중국의 고대사는 하와 은의 시대가 중국 역사를 통해 가장 태평성대의 시대라고 기록하고 있다. 그러나 그 시대는 2200여 년 전의 시대로 기독교상으로 보면 아브라함과 이삭, 야곱 및 요셉의 시대(B.C 2160-1870)였으니 다분히 신화적인 성격의 역사서술임을 이해할 필요가 있다.

주

1 신약성경 마태복음 5장 23-24절.

2 서백 : 서백은 유리에 감금되었을 때 비참한 심경을 달래려고 주역을 풀이했다. 허준은 유배지에서 『동의보감』을 완성하고 다산이 유배지 강진의 초당에서 『목민심서』와 『애절양』을 짓고 그의 동생 정약전이 흑산도에서 『자산어보』를 지었으며 추사는 유배지 제주에서 '추사체'를 완성하였으며 사마천은 궁형을 감내하고 불후의 명작 『사기』를 완성했다.

3 『書經』武成篇4 : 이에 반하여 맹자는 인애함으로써 지극히 불인함을 치는데 있어 어떻게 피가 그렇게 넘쳐흘러서 절굿공이를 띄워지는 일까지 있겠느냐며 믿지 말라고 함으로써 무왕의 성덕을 높이려 했다. (『孟子』盡心章句下3)

4 은허발굴 : 1928년 가을 중국은 안양의 은나라 유적지 발굴에 착수하였으나 내전으로 중단되었다가 다시 1950년에 발굴을 재개하여 많은 유물을 발견하였다. 그 결과 갑골문자와 같은 문자의 발명, 청동제 무기의 제작, 주조기술의 발전 등을 확인했으며 그 문화권이 무려 동서1000킬로와 남북1200킬로미터나 되었다.

5 사기 : 이인호 새로씀. 2004. (주)사회평론 101-102p. 대만의 박물관에는 당시 발굴된 유적들의 사진이 진열되어 있다.

3
공자가 선망한 주공의 나라
유왕과 포사

    주나라 주족周族의 조상은 후작으로 천신天神의 아들로 태어나 농업을 백성들에게 가르쳤다는 전설로부터 시작된다. 따라서 은시대에도 이미 존재했던 부족이다.

    은의 말기 주왕 시절에 서백이란 주의 족장이 덕정을 베풀고 인재를 등용하여 세력을 넓히자 숭후란 자가 주왕에게 고자질하여 한때 서백은 유리에 감금된 적이 있었다. 서백의 추종자들이 금은보화와 미녀를 상납하여 주왕은 그를 풀어주면서 금은보화만으로도 충분할 터인데 미인까지 보냈다며 대단히 만족하여 서백에게 더 높은 지위와 권한을 주었다. 서백의 덕정이 세상에 알려지자 더 많은 제후들이 그를 따라 세력이 점점 더 커졌으며 후세에 사람들은 그를 문왕이라 칭했다. 서백이 죽고 무왕이 군사를 모으자 많은 제후들이 합세하여 주를 칠 것을 주장하자 무왕은 때를 기다리고 있는데도 불구하고 주왕은 폭정과 환락을 일삼았다. 주왕은 선정을 직간한 충직한 신하들과 친족들을 모두 다 죽여 버렸다.

　드디어 무왕은 부족들을 연합하여 대군을 조직하고 주를 칠 대의명
분을 천명했다. "옛말에도 암탉이 울면 집안이 망한다 했다. 지금 와
은의 주왕은 한갓 여자의 말만 듣고 조상의 제사를 소홀히 할 뿐만 아
니라 국정을 문란케 하고 있다. 훌륭한 친족을 비참하게 살해하고 간신
과 모리배들을 등용하여 백성이 도탄에 빠져 있다. 하늘의 명을 받아
부득이 은을 징벌할 수밖에 없게 되었다." 이에 사방에서 수많은 제후
들이 모여들고 차마들이 모여들어 무왕은 파죽지세로 주를 격파하니
주왕 또한 75만이라는 대군을 이끌고 응전했으나 이미 민심이 그를 떠
나 패할 수밖에 없었다.

　예나 지금이나 명분과 구실은 만들기 나름이어서 인간들은 간악한
지배의 탐욕을 감추어 두고 겉을 포장하니, 구데타의 주역들은 민심을
내세우고 역성혁명의 주동자들은 하늘의 뜻으로 그들의 깃발을 장식했
다.

　문왕은 우리의 삼척동자도 다 아는 강태공을 등용하여 그의 지략을
자문받고 있었다. 강태공은 위수에서 낚시질을 하다 문왕을 만나 제상
이 되었지만 그는 본래 칼을 휘두르며 춤을 추고 개를 잡던 개백정이었
다. 우리 한국인들에게 강태공은 마치 숨은 현인이나 은자처럼 인식된
인물이다. 비늘도 없는 낚시를 강에 드리우고 흐르는 세월과는 관계없
는 초연한 사람처럼 알려져 있지만 결코 그는 인자와는 거리가 먼 사람
이었다. 그는 병서로 육도六韜를 저술한 인물이다. 병서를 쓴 사람들은
예부터 많이 있었다. 서양의 클라우제비츠(1789-1831 전쟁론), 춘추전국
시대의 손무(손자병법), 손빈(손빈병법), 오기(오자병법) 등이 있으나 그의
육도는 고고한 자의 병법이 아니라 간교하고 비열한 전법의 전범이라
할만하다. 또한 그가 무왕이 은나라 주왕을 칠 때의 인물이었음을 상기
하면 우리가 생각하는 현인이나 군자는 결코 아닌 사람이다. 물론 병법

에서 송나라 양공의 도덕성1을 바라는 것은 어불성설이지만 그의 지략은 개백정답게 야비했다.

문왕의 꿈에 위수에서 낚시질하는 현자를 만나리라는 말을 듣고 찾아가 우연히 만난 개백정에 불과했지만 야비한 전법은 오히려 가장 현실적일 수 있었을 것이다. 그는 그러한 야비한 전법을 쓰고 무왕을 도와 은을 멸하고 주나라를 건설하는 데 공을 세워 제후에 봉해지는 영광을 누릴 수 있었다.

태평성대를 구가해 오던 주나라는 여왕에 이르러 쇠망의 징조가 나타나기 시작한다. 여왕은 간사한 영이공과 더불어 재물을 긁어모으고 탐욕에 빠지자 백성들의 원성이 늘어갔다. 그러나 여왕은 조금도 반성하지 않고 백성들을 입도 뻥긋하지 못하도록 폭압으로 여론을 잠재웠다.

마침내 폭동이 일어나 여왕은 체 지방으로 도망하여 그곳에서 죽고 그의 아들이 즉위했으나 그는 농사를 천시하고 무력을 과시하다 북방의 기마민족인 융족에 패전하여 병력은 몰살되고 선왕宣王인 그마저 죽자 그의 아들이 계위하니 그가 곧 포사라는 여인의 품에서 헤어나지 못해 나라를 망친 유왕이다.

포사는 하나라가 망할 때 포나라의 두 왕이라며 두 마리의 용이 나타나 타액을 토하고 사라져 밀봉해 두었는데 은나라 여왕 때에 이르러 실수로 밀봉한 상자가 열리자 도마뱀이 튀어나왔다. 모두들 쫓자 그 뱀이 도망치며 후원에 있던 어린 처녀와 마주쳐 7년이나 뒤에 태어난 여아라는 전설을 가진 여자다. 한때 포나라가 주나라에 죄를 지은바 있어 죄를 사함 받고자 주 왕실에 바쳐진 미녀였다.

유왕이 즉위한 지 3년이 되던 해에 포사를 보고 한눈에 반하여 그녀와 사랑에 빠졌다. 유왕은 결혼하여 이미 태자까지 두고 있었으나 포사가 아들을 낳자 그를 태자로 봉하고 정실왕후를 패한 후 포사를 왕후로 삼았다. 그러나 포사는 즐거운 얼굴을 하지 않고 항상 근심어린 표정만을 짓고 있었다. 그러다 어느 날 비단 찢는 소리를 듣고 포사가 웃는 것을 본 유왕은 매일 비단을 찢게 하여 포사를 웃겼으나 세월이 가자 다시 우울해지기 시작했다.

나라에 위급한 사태가 발생하여 봉화를 올렸다. 많은 군사들이 도읍으로 몰려오는 것을 보고 포사가 다시 웃기 시작했다. 그리하여 왕은 나라가 위급하지 않은데도 불구하고 포사를 웃기기 위하여 봉화를 자주 올려 병사들이 몰려오게 했다. 그때마다 농락당한 제후들은 실망했으나 왕과 포사는 즐거워했다.

유왕은 정사를 괵석보란 자에게 맡겼으나 그는 왕에게는 간사하고 백성들에게는 군림하여 탐욕에 빠져들었다. 백성들의 원성은 높아지고 민심은 유왕을 떠나갔다. 이에 기회를 놓지지 않고 원한을 품은 신후(유왕의 첫 번째 왕후의 아버지)는 북방의 견융족과 합세하여 유왕을 공략했다. 급히 봉화를 올려 제후들을 불렀다. 그러나 번번이 속은 제후들은 또 속는 줄 알고 아무도 출병해 오지 않았다. 유왕은 포사와 함께 궁정을 빠져나와 줄행랑을 쳤으나 잡혀 단칼에 목이 베이고 포사는 잡혀 견융족 추장의 아내가 되었다.

견융족은 재물을 약탈하고 질펀하게 난장을 친후 물러가고 제후들은 전 왕후의 태자를 왕으로 옹립하고 수도를 낙읍으로 옮겨 그후부터 국호를 동주라고 하였으나 주 왕실의 전통과 권위는 추락하고 제·초·진·진齊楚晉秦 등의 제후국이 등장하여 소위 전국시대의 막이 열린다. 한편 견융족 추장의 아내가 된 포사는 얼마 지나지 않아 야밤에 도주하여 스스로 자결하니 영원히 포사의 웃음은 역사의 뒷길로 사라지고 유왕의 목은 광야에 버려졌다.

경국지색傾國之色이란 말이 있다. 나라를 망하게 하는 미인이라는 말이다. 예나 지금이나 미색에 빠지면 개인은 물론이요 나라도 기우는 법이다. 중국 고대에 세 나라가 연하여 여색에 빠진 군왕들의 미몽으로 망했으니 그 시대까지는 아직 온고지신 같은 말들은 생겨나지 않았는지 모를 일이지만, 항상 온고지신이란 말도 사후약방문으로서만 가치를 가질뿐 참된 의미를 발하지 못하였으니 그후로도 얼마나 많은 군왕은 물론이요, 여색에 빠져 몰락한 장삼이사張三李四2가 얼마나 많았던가?

잠깐 노나라의 공자가 그토록 목메이게 존경했던 주공이 누구인가에 대해서 살펴보자. 주공은 서백, 즉 문왕의 아들이며 은을 멸한 무왕의 동생이며 성왕의 숙부이다. 그는 왕실의 후계자를 적자의 장자로 이어지게 하는 법통인 종법제도를 창시하고, 공·후·백·자·남의 사회적 계급을 만들어 세상을 위계화하고, 국가의 관리체제는 봉건제로, 인간관계는 상하를 종속체제화하여 질서의 모델을 창시한 사람이다. 공자는 주공의 주례가 지켜지기를 간절히 소망하여 실천하고 교육했다. 말년에 주공이 꿈에 보이지 않는다며 자기의 죽음을 예감하기까지 할 정도의 인물이었다. 우리 또한 공자가 죽은 지 2500년이 지나고 있지만 그 영향을 아직까지 벗어나지 못하고 있고 월남 및 일본 등도 유사한 입장에 있다.

우리의 머릿속에 박혀 있는 예의범절은 바로 그 주례에 근거한 것이다. 공자는 그 주례에 매달렸지만 주례는 지금에 돌이켜보면 자못 철저한 계급사회의 도덕을 넘어 법이었다는 데 문제가 있다. 도덕이나 윤리는 자율의지다. 따라서 지킬 수도 있고 안 지킬 수도 있다. 지키지 않을 때는 비난은 받을 수 있으나 법적인 제제는 따르지 않는다. 그러나 우리나라는 이조 500년 동안 그 주례가 곧 법이었다. 따라서 누구도 그 주례의 망을 벗어날 수가 없었다.

군주와 신하, 아버지와 아들, 아내와 남편, 장자와 차자, 적자와 서자 등의 관계는 말할 것도 없고, 의식주행衣食住行은 물론, 죽음까지도 호칭을 달리했으니 천자는 붕崩, 제후는 몽蒙, 대부는 졸卒, 사는 부록不祿, 백성은 사死라고 했다. 지나치리만큼 복잡한 주례가 우리들의 역사를 지배했고 지금도 그 맥락에는 변함이 없다.

뿐만 아니라 중국 역시 동주에 접어들면서 여러 나라로 분열하여 춘추전국시대에 이르러 주의 이념이 퇴색되고 진대에 접어들면서 중앙집권적 군현제郡縣制[3]로 국가관리체제는 바뀌었으나 주의 전통은 국가사회의 이상개념으로 면면이 이어져왔다.

조선이 유교를 건국이념으로 설정하고 철저하게 주례를 신봉하게 됨으로써 조선의 사회는 철저하게 계급사회에 묶이고 내실보다는 형식주의적 정신세계로 오도되어 국제사회에서 낙오되는 단초까지를 제공하게 되었다. 하나의 예만 들어보면, 한낱 죽은 왕비의 장례절차에 불과한 예송禮訟으로 국론이 분열되고 죽기 아니면 살기의 피비린내 나는 당쟁의 사회를 연출했다. 필자가 어렸을 때만해도 외숙이 오시면 아버지는 의관을 정제하고 맞이했으며 우리들에게도 그렇게 시켰다. 심지어 모든 학문마저 주공의 이념의 틀에서 벗어나지 못하여 실용주의적 발상 자체가 차단되고 번문욕례繁文縟禮에 젖어들었다. 이 책은 주공에 관한 주론이 아니므로 여서 줄이고, 그러한 도덕적 질서의 이념사회에서도 인간의 야만은 잠재워지지 않아 피비린내 나는 광란이 있었음을 상기시키고 싶을 뿐이다. 춘추전국시대란 말 그대로 군웅이 활거하며 어린애들의 땅따먹기놀이 같은 전쟁에 휩싸였던 시대다. 그리하여 예도 없고 염치도 없고 의리도 없는 사회가 되었다. 그렇기 때문에 공자와 맹자가 나타나 인의예지仁義禮智를 인간덕목으로 설정하고 목이 터지도록 외쳐댔지만 공염불이었고 지금도 마찬가지다.

주

1 양공의 도덕성 : 〔기원전 638년 그해 겨울 12월 초 하루에 송나라와 초나라가 홍강泓江에서 전

쟁이 붙었다. 송나라 군사들은 이미 전열을 정비하여 작전태세를 갖추었으나 초나라 군대는 홍수를 건너는 중이었다. 송나라 장군이 양공에게 건의했다. "우리에 비해 초나라 군사가 압도적으로 많아 중과부적입니다. 지금 강을 건너고 있을 때 공격하면 승리할 수 있습니다." 양공이 제제했다. "아직은 안 돼!"

초나라 군대가 모두 강을 건넜다. 그러나 아직 전열을 정비하지 못해 우왕좌왕하고 있었다. 송나라 장군이 다급하게 건의했다. "지금이라도 공격하면 됩니다." 양공이 제지했다. "아직도 안 돼!"

이윽고 초나라 군대가 전열을 가다듬고 임전태세를 갖추었다. 그제서야 비로소 양공은 공격을 명령했다. 결과는 어떻게 되었을까? 송나라는 대패하고 양공 본인도 허벅지에 상처를 입었다. 송나라 백성들은 양공을 원망했다. 그러자 그는 이렇게 변명했다.

"군자란 이미 부상당한 군사는 더 이상 공격하지 않는다. 또한 머리칼이 허연 병사는 생포하지 않는다. 옛날에 전쟁할 때는 으슥한 곳에 숨어서 기습하지 않았다. 과인이 비록 주나라에 멸망당한 은나라의 후예지만 임전태세를 갖추지 않은 군대를 향해 공격하고 싶지는 않았던 것이다.(춘추좌씨전 희공 22년 8월-))

2 장삼이사 : 장씨의 셋째 아들과 이씨의 넷째 아들이란 뜻으로 못나고 평범한 사람들.

3 군현제 : 국토를 각각의 영주에게 분할하여 통치하는 봉건제도가 아니라 시·도·읍·면과 같이 행정의 체계를 일원화하여 중앙집권적으로 나라를 다스리는 제도.

4
사생아 황제
진시황

　진나라의 선조들은 하 · 은 · 주의 시대에 국가 요직에 봉직했던 사람들로 서주시대에 견융과 신후가 연합하여 포사에 정신 팔린 유왕을 침공할 때 진의 양공이 병사를 이끌고 주 왕실을 보위하여 큰 공을 세웠다. 이에 주의 평왕(유왕 다음의 주나라 왕)이 감동하여 기산의 서쪽 땅을 하사하고 제후에 임명함으로써 진나라가 출현하게 된다. 이후 진의 양공이 서융을 기산과 풍수일대에서 몰아내고 주 왕실로부터 그 땅을 하사받아 제후국의 반열에 등장하게 되었다.

　우리는 흔히 진시황이란 사람이 갑자기 일어나 진晉 나라와 제나라를 무찌르고 천하를 통일한 것으로 오해하기 쉽지만 진은 초대 왕 양공으로부터 B.C 221년 한 · 위 · 조 · 연 · 진 · 제 · 초 등을 멸하고 천하 통일의 진시황까지는 무려 530년이나 지난 후의 일이었으며, 주나라 또한 도읍을 낙양으로 옮겨 B.C 256년 진나라에 멸망할 때까지 존속하였는바 후대에 이르러 사람들은 그 시대를 동주라 칭했다. 진의 통일전까지는 동주가 천자의 나라로 명맥을 유지하고 있었다. 따라서 한ㆍ위ㆍ조ㆍ연 등은 제후국으로 활거하며 진이 통일하기까지 서로가 합종연횡하며 싸움을 계속하였으니 소위 그 시대를 춘추전국시대라 한다.

진나라의 천하통일은 9대 왕 목공에 이르러 기초가 다져졌다. 그가 여러 나라를 점령했기 때문이다. 그런데 진나라는 B.C 785년 문공에 이르러 3족멸三族滅의 행형제도를 법제화했다. 그 제도는 우리 반도에도 도입되어 이씨 조선은 피비린내 나는 살육을 자행했다. 더욱이 진의 무공은 B.C 677년 순장제도殉葬制度를 법제화했다. 그리하여 진의 통일에 크게 기여하고 성군이었던 목공이 죽자 무려 177명을 순장했다는 기록을 남겼다. 그 가운데는 백성들이 존경하는 엄식, 중행, 참호 등의 중신들도 끼어있었다. 백성들은 그들을 추모하여 '꾀꼬리'라는 다음과 같은 비가悲歌를 지어 불렀다. "지지배배 슬피 우는 꾀꼬리만 대추나무에 앉아있네. 누가 목공의 죽음에 순장을 했는고, 성은 자거요 이름은 엄식이라. 바로 이 엄식은 백성 중의 인걸이었네. 이 무덤을 보게 되면, 오들오들 떨리는 구나. 아아 하늘이여, 우리의 인걸을 죽이는 구나. 만약에 그를 대신할 수 있다면, 백 명을 보내서 대신하고 싶구나."1

세간의 많은 백성들은 목공이 진의 통일에 많은 공헌을 했지만 신하를 죽음에 대동한 순장에 대하여 한탄하고 맹주의 자격이 없었다며 비난하고 아쉬워했다 한다. 그러한 순장제도는 많은 세월이 흐른 후 진의 24대 헌공 때가 돼서야 사라진다. 그리하여 진시황 사망시에 인간이 순장되지 않고 병마와 인간을 대신하여 도자기로 구운 말과 사람을 매장했다. 그러나 2세 황제 호해는 후궁 중에 처녀들을 순장하고 관련 기술자들을 구조의 비밀누설을 막기 위해 묘실의 복도를 막아 죽게 했다고 역사는 기록하고 있다.

한편 진의 무왕은 힘이 세고 장난기가 많았는데 임비, 오혁, 맹렬 등

대역사들을 고관으로 임명하였다. 어느 날 무왕은 맹렬과 힘겨루기 시합을 청해 청동 항아리를 들어 올리다 무릎 뼈가 부러져 죽고 말았다. 그러나 더 가관인 것은 이 사건에 책임을 지고 맹렬은 자신을 포함해 온 집안이 몰살을 당했으니 참으로 어처구니 없는 시대의 참극이었다.

진나라가 삼족을 멸하는 혹형제도를 실시하고 순장을 하는 등 포악한 시대를 연출했으므로 사마천은 6국년표서六國年表序에서 진나라의 통일을 일컬어 '진취천하다폭秦取天下多暴' 이라고 하였으니 진은 천하를 취함에 악행이 많았다는 얘기다.

진시황은 과대망상에 취하고 불로장생의 허황한 욕구와 향락에 빠져 중과세와 강제노역이 강요되고 엄격한 법률로 백성을 다스렸기에 중신들은 황제의 눈치보기에 여념이 없었을 뿐 나라의 안위를 살필 겨를이 없었다. 그리하여 천하를 움켜쥐고 불로장생을 구원했던 그도 왕에 제위기간은 36년에 불과하고 장수하지도 못하여 나이 50세인 기원전 210년에 죽고 말았다. 그가 죽자 2세 호해가 왕위를 이었으나 불과 2년만에 처참하게 죽고 뒤이어 유영이 왕위를 이었으나 시황제의 통일 위업도 3대에 이은 불과 15년밖에 유지되지 못하였다.

더욱이 진시황은 자신을 지상 최초의 황제라는 망상에 사로잡혀 시황제로 자칭했을 뿐만 아니라 인류의 역사를 다시 쓰기 위해, 역사의 시작으로 자기의 등극을 생각했으니 과대망상의 극치라 할만하다. 또한 지식인과 언론을 탄압하기 위해 엄형을 실시하고 불로장생의 신선술을 다루며 사기한 방사들과 관련 유생들을 B.C 213년 무려 460명이나 함양에서 생매장하고, 지식의 중앙관리를 위해 이사의 건의를 받아들여 의약, 농업 및 점술을 제외한 전국의 서적을 모아 30일 이내에 불태우도록 한 분서갱유焚書坑儒를 자행했으니 어찌 사마천의 다폭多暴 정도로 그 포악성이 충분히 묘사되었다 할 것인가? 이러한 만행을 보다 못한 태자 부소가 시황을 말렸다. 시황은 분노가 폭발하여 오랑캐가

들끓는 먼 북쪽으로 그를 유배시켜버렸다.

이와 같은 분서사건은 20세기에도 발생했다. 1930년 히틀러가 총통이 된 후 공산주의의 탄압을 위해 그와 관련된 서적을 독일의 여러 도시에서 불태우면서 작가 토마스 만의 작품을 비롯하여 물리학자 아인슈타인의 과학서적 및 작가 G. H 웰스의 작품 등도 함께 태웠다. 2200여 년 전의 지시황의 만행이 금세기에 다시 재현되었으니 역사의 아이러니는 소멸되지 않는 피닉스의 불꽃같은 것인지도 모른다. 그러나 그것은 그 자체의 재생이나 부활이 아니라 인간 지성사의 퇴보나 진보의 정체 때문이라고 보아야 할 것이다. 인간들의 포악과 잔인성은 항상 인간 심층의 저부에서 화산처럼 꺼지지 않는 휴화산으로 남아서 기회만 되면 폭발을 기다리고 있다.

시황은 한비자 및 그의 유파 이사 등의 법가를 등용하여 가혹한 행형으로 나라를 다스렸기에 많은 사람들이 처참하게 죽어갔다. 이를 본 한나라 고조 유방은 법삼장法三章만으로 천하를 다스리려 하였다. 사람들은 법삼장이 법률인 것으로 오해하기 쉬우나 실정법이 아니라 은유적으로 법은 단 세 줄에 불과하다는 의미로 원문은 '여부노약 법삼장이與父老約法三章耳'이라고 사기는 기록하고 있다. 그러나 어찌 세 줄의 법만으로 나라가 다스려지겠는가. 곧 이어 소하가 구장률九章律이라는 긴 법을 제정했다.

시황제 36년에 운석이 떨어졌다. 그 운석에 누군가 '시황제가 죽으면 국토가 분열한다'라는 말을 새겨 놓았다. 황제는 그 범인을 잡지 못하자 운석이 발견된 마을의 모든 백성을 죽여 버리고 운석을 불태워 민심을 잠재웠다.

그는 또한 동서 700미터, 남북 120미터에 이르는 2층의 거대한 궁전인 아방궁을 짓고 있었으나 미완성의 상태에서 항우에 의해 불태워졌다고 전한다. 출입문에는 거대한 자석을 붙여놓아 무기를 은닉하고 들어오는 자는 문짝에 저절로 달라붙게 해 놓았다는 얘기도 전해지고 있다. 그뿐만이 아니라 만리장성을 쌓아 북쪽 기마민족의 침입을 막고자 했다. 그러나 장성은 진시황시대에 완성된 것이 아니라 6국시대에 쌓은 장성을 몽념 장군과 그의 차남 부소가 흉노를 정벌한 후에 흙벽돌로 쌓은 낮고 좁은 성으로 보수 축조한 정도에 불과했고, 지금의 넓고 벽돌로 된 만리장성은 명조 때에 완성된 것이라고 한다. 그러나 시황제 때 그러한 역사가 이루어졌음은 두말 할 나위 없으니 "하룻밤을 자도 만리장성을 쌓는다"는 전설이 그때부터 내려왔기 때문이다.

한 선비가 길을 가다 날이 저물었다. 불빛을 보고 어느 한 집으로 찾아 들었다. 젊은 여인이 혼자 있었다. 마음이 동한 그 선비가 그녀를 범하려 했다. 그녀는 편지 한 통만 성 쌓으러 간 남편에게 전해주고 오면 그의 요구를 받아들여 주겠다고 했다. 선비는 희희낙락 길을 달려 성 쌓는 곳에 도달해 그 편지를 관리에게 주며 전달을 부탁했다. 관리가 검열을 위해 뜯어보니 그녀의 남편 대신에 선비를 대신 보낸다는 글이 적혀있었다. 선비는 영문도 모르고 잡혀서 노역하게 되고 그녀의 남편은 고향의 현숙한 색시에게 돌아오게 되었다는 전설에서 그러한 속담이 나왔다고 중국인은 설명했다. 만리장성은 세계적인 관광지가 되어 중국의 달러박스가 되었지만 그 성을 쌓기 위해 한 번 징집되면 영원히 돌아올 수 없는 가혹한 노역을 진시황은 그들의 백성들에게 요구했다.

시황은 즉위하자 곧 역산에 죽음 후의 그의 능묘를 만들기 위해 70만 명을 차출하여 능묘 작업을 시작하여 무려 37년이나 죽을 때까지 계속되었다. 황릉은 봉토, 릉원 및 릉구로 구성되어 있는데 봉토의 규모는 동서 485미터, 남북 515미터, 높이 76미터이며 능원과 능구 전체의 넓이는 25만 평방미터(약 7만6천 평)에 이른다. 능의 내부에는 수은을 묻고 입구에는 자동발사장치의 쇠뇌가 설치되고 진기한 보물로 가득찼다고 문헌은 기록하고 있으나 아직까지 발굴된 것은 병마용갱에서 6000여 점의 도용(도기로 된 사람)과 도마(도기로 된 말)를 비롯하여 일부만이 발굴되고 아직도 발굴이 진행되고 있지만, 수은이 봉토 밖으로 증발되고 있어 발굴에 어려움이 있다고 한다.

도용과 도마는 하 · 은 · 주 시대의 순장에 백성들의 원성이 높아지자 그를 대신하여 진흙으로 구운 말과 병사를 배치하여 사후의 시황을 보호케 한 것이다. 그러나 2세 황제 호해는 후궁들 중에 처녀들은 모두 순장하고 묘 내부에 기계장치를 만든 기술자들과 보물을 안치한 사람들을 기밀 보호를 위해 무덤 안에 두고 출입구를 봉해 죽게 하고 묘 위에는 나무를 심어 보통의 산처럼 보이게 위장했다.

시황은 진제국을 통일하고 5회에 걸쳐 전국을 순수하며 자신과 제국의 위대함을 칭송하는 비를 태산 · 낭아 · 지부 · 동관 · 갈석 · 회개에 세웠다. 그는 장생처방으로 먹은 수은 중독으로 병을 얻어 여행 중 하북성 광동현 사구에서 50세의 나이로 죽는다.

잠시 진시황의 출생에 관하여 알아보자. 진시황의 아버지 장양왕 자초는 어린시절 조나라의 수도 한단에 인질로 가 있었다. 전국시대는 나라 간에 우호를 상호 담보하는 방법으로 서로 인질을 교환하는 풍습이 있었다. 자초의 아버지는 진의 27대 왕 소양왕의 태자 안국군으로 그에게는 20여 명의 아들들이 있었다. 그러나 안국군이 총애하는 화양부인에게는 아들이 없었다. 이때 거상 여불위가 큰 투자처를 찾다 조나라에서 고생하고 있는 자초를 지목하고 화양부인에게 재물을 바쳐 환심을 산 뒤 자초를 양아들로 삼기를 권유하여 자초는 그녀의 양아들이 되었으니 화양부인은 태후가 되었다. 불행하게도 효문왕은 즉위 3일만에 죽고 자초가 30대 장양왕이 되었다.

여불위는 자초의 왕위계승에 큰 공을 인정받아 승상이 되고 낙양에 봉읍지로 10만 가구를 받아 명실공히 왕 다음 가는 권세를 누리게 되었다. 장양왕 자초가 진나라에 있을 때 여불위의 애첩 조희의 미모에 반하여 태기까지 있는 그녀를 자초에게 넘겨주고 말았다. 그리하여 자초가 조에 있을 때 조희에게서 난 아들이 바로 후일 진시황이 된 정이다. 그러니 진시황은 장양왕 자초의 아들이 아니라 여불위의 아들인 것이다.

장양왕 자초는 즉위 3년만에 죽고 그 뒤를 이어 정이 13세의 어린 나이로 왕위에 오르니 태후였던 조희는 섭정이 되고 승상인 여불위와 더불어 진나라의 실권자가 되었다. 더욱이 진시황은 아직 어렸으므로 조희와 여불위는 정을 통하고 있었다. 그러나 꼬리가 길면 잡힌다는 속담처럼 후환이 두려워 노애嫪毐라는 건장한 청년을 수염을 뽑고 고자라 하여 태후에게 환관으로 들여보내고 태후를 멀리하였다. 시황이 22세 되던 해에 세력이 커진 노애가 반란을 꾀하다 밀고 되어 태후에게서 난 두 아들을 처형하고 노애는 3족을 멸하는 극형에 처하여졌으며 여불위는 관직을 박탈하여 촉 땅으로 유배나 다름없는 좌천을 시켰다. 그러나 점점 시황의 칼자루가 자신에게 닥쳐옴을 이기지 못한 여불위는 스스로 자결하고 말았다. 또한 분노한 시황은 여불위의 장례식에 우는 자들까지 모조리 죽여 버렸다.

여불위는 당시 주위의 나라들에, 즉 제나라 맹상군, 초나라 춘신군, 조나라 평원군, 위나라 신능군과 같은 부귀와 권세를 갖고 많은 식객을 불러 모아 인재를 육성하고 추천하였으며 그의 집에서 밥을 먹는 자들만도 1일에 3천 명이 넘었다 한다. 그는 식객들에게 자신의 특기를 집필케 하여 마치 백과사전과 같은 '여씨춘추'2라는 20만 자에 달하는 저작을 간행했다.

장사꾼에 불과한 그가 투자에는 귀재여서 그는 재물과 권력의 극치에 도달한 천하의 인물로 부상했고, 일개 거렁뱅이 같은 노애 또한 여불위에 발견되어 재색이 겸비된 태후와 더불어 질펀한 색정과 권력을 휘둘렀으니 역사의 아이러니, 아니 인간사의 복과 화를 가리기 어렵게 되었다. 시황은 불로장생을 꿈꾸며 봉래산에 수천의 동남동녀를 보내 불로초를 구하려 했지만 사기만 당하고 말년에는 죽음의 공포 때문에 밤마다 거처를 옮겨야 했던 불운한 인생을 마치고 말았다.

얼마 전 중국의 총리 후진따오가 서복공원徐福公園이란 자필휘호의 비석을 제주도의 서귀포에 보내와 서복공원에 세웠다. 진시황이 불로초를 구하기 위해 보낸 서복이 서귀포를 지나갔다고 한다. 그 증거로 어느 때 새겨진 것인지는 알 수 없으나 정방폭포엔가 서시과차徐市過此라는 각서刻書가 있기 때문이다.

그러나 일본의 와까야마 현에는 서복의 묘비가 있다고 한다. 과거 중국은 동아시아의 맹주국이었다. 그리하여 변방의 국가들은 중국에 조공을 바치거나 지배를 받았다. 따라서 일찍이 중국인이 자기 나라에 왔던 것을 영광으로 생각했던 것 같다. 그런데 서복은 많은 사람과 돈을 갖고 불로초를 찾아 중국을 떠났지만 그는 본국으로 돌아가지 않은 배신자였다.

그런 사람이 지나 간 것을 영광스럽게 생각하여 기념공원을 만들고 그런 비석을 세운 것도 가소로운 짓이지만 후진따오가 휘호를 보낸 것도 결코 의미가 간단하지 않다. 일찍이 자국 국민이 지나갔거나 살다 죽었다면, 그것도 2000여 년 전에 그런 일이 있었다면 그것은 그 땅이 진시황이 선점한 땅이라는 의미를 갖고 있어 동시에 중국의 땅이라는 주장을 가능케 하기 때문이다.

우리들은 중국의 호의라며 감사하고 들떴지만 중국인들의 가슴엔 먼 미래를 바라보는 저의가 없지 말란 법이 없다. 수백 년 아니 수천 년 후에 중국의 후예들이 후진따오의 만년대계에 감탄할 날이 올지도 모른다. 중국의 화동사범대학 교수 위치우위는 그의 저서 『세계문명기행』에서 '중국은 남을 괴롭히기를 좋아하는 민족'이라고 스스로 밝히고 있다.

중국인의 야망은 세계의 중원화에 있고 그들의 마음은 야심으로 가득 차 있음을 반도의 우리는 알아야 한다. 역사는 언제나 강자의 것임을 명심해야 할 것이다.

2009년 2월 4일 중앙일보는 '원자바오도 신발 맞을 뻔'이란 기사를 내보냈다. 내용인즉 영국을 방문 중인 원자바오가 명문 켐브릿지대 캠퍼스를 찾았다. 캠퍼스는 친중과 반중의 시위대로 어수선했다. 총리가 강연장에서 강연을 시작했다. 연설 도중에 티셔츠 차림의 27세의 한 청년이 "이런 행사는 수치스럽다"며 총리를 향해 신발을 벗어 던졌다. 다행히 신발은 총리에 미치지 못했지만 청년은 보안요원들에 끌려 나가며 "여러분은 어떻게 독재자가 하는 거짓말을 듣고 앉아 있느냐"며 소리쳤다고 한다.

총리는 연설을 재개하며 "이런 졸렬한 행동으로는 중국과 영국의 우정을 막지 못한다"고 강조하고 "나라가 강대해지면 패권을 추구한다는 말은 중국에 맞지 않다"며 "나라와 민족이 달라도 서로 존중하고 포용해야 한다"라고 말했다 한다. 그러나 그들은 지금 이어도를 자신들의 영토라고 주장하고 있다. 세월이 지나면 제주도도 자신들의 영토였다고 주장할 것이다. 독자 여러분도 원자바오의 말에 공감하는가? 각성하고 경계해야 할 나라요 국민들이다.

주

1 사기본기. 사마천. 새로 쓴이 이인호 (주)사회평론 2004. 155-156pp.

2 여씨춘추 : 여불위가 그의 식객들에게 각자의 지식을 모아 무려 20여 만 자에 이르는 백과사전식의 책을 만들었다. 그 책을 만들어 놓고 감격하여 책 위에 천금을 올려놓고 이 책의 한 글자라도 고칠 수 있는 자가 있다면 그 돈을 주겠다며 호기를 부렸을 정도로 방대하고 훌륭한 책('토끼 사냥이 끝나면 사냥개를 잡아먹는다' 김진영 편역, 서해문집, 1993에 여불위 편을 참조).

5
유방의 악녀
여태후

　진을 멸하고 항우와 대결하여 한나라를 세운 한의 고조 유방이 아직도 최말단 관리에 불과한 정장亭長이던 시절이었다. 어느 날 현령에게 귀한 손님이 와 연회가 열린다는 소문을 듣고 정장인 유방도 그 연회에 참석했다. 그날 현령과 절친한 여공이라는 자도 연회에 참석하였다. 여공은 훗날 유방의 아내 여태후가 되는 여치의 아버지였다.

　여공은 딸의 관상이 앞으로 봉황이 될 귀상이라며 여치를 무척이도 아꼈다. 그 여공이 연회장에서 한낱 정장에 불과한 유방을 보고 그 기개와 골상이 한 시대의 풍운아가 될 인물임을 점치고 여치를 유방에게 시집보냈으니 그가 후에 한의 고조가 되자 태후가 되어 한 세상을 뒤흔든 여인이다.

　진나라를 타도하고 유방과 초한지쟁楚漢之爭을 벌린 항우가 어린시절 진시황의 행차를 보고 "저걸 뺏어 내가 해봐" 했다는 일화가 있다. 또한 유방도 한때 함양에서 강제노동을 하고 있었는데 진시황이 지나갔다. 그도 항우처럼 "사나이 대장부라면 저 정도는 되어야지" 하며 장탄식을 했다는 일화가 있다. 역시 영웅호걸의 기상은 처음부터 다른 것인가 자문해본다.

여공이 비록 관상을 볼 줄 알았다하나 일개 정장이면 십 리 정도 행정의 우두머리이니 요즘으로 치면 마을 이장 정도에 불과하거나 두세 개의 마을을 합친 정도의 관리밖에 되지 않는다. 현령의 잔치 자리에서도 진중하게 처신하지도 않았고, 떠벌이 허풍쟁이 노릇을 했을 뿐이라는데 그런 그를 여공이 지목해 딸을 주었다는 것은 어떻든 대단한 사람 보기의 능력이라 아니할 수 없다.

기원전 205년 2월 유방은 항우의 초나라 도읍지 팽성을 접수. 궁성의 금은보화를 탈취하고 미녀들을 불러 모아 질펀한 나날을 보내고 있었다. 항우가 3만의 기병을 거느리고 기습하여 유방의 연합군 56만을 격파한 팽성대첩 때의 일이다. 유방은 황망하여 패현의 처자식도 구하지 못한 채 도주하기에 바빴다. 도중에서 우연히 아들 호혜와 딸 노원과 마주쳐 같이 마차에 싣고 패주하고 있었다. 위급한 상황인데 많이 타서 마차의 속도가 느렸다. 유방은 세 번이나 아들과 딸을 마차 밖으로 밀어내버렸다. 그때마다 동승한 등공이 집어 올렸다는 일화가 있으니 영웅은 역시 무지하고 잔혹해야 하는 조건을 갖추어야 하는 지도 모를 일이다. 물론 유방은 중국의 황제 중에 유일하게 일자무식이었다. 그리하여 배운 유생들을 미워해서 그들의 모자를 벗겨 오줌을 싸는 짓도 했고, 지식으로 천하를 통일한 것이 아니라 말과 칼 한 자루로 천하를 통일했다며 방자하기도 했다. 그러자 신하 한 사람이 "폐하께서는 말 위에서 천하를 제패하셨는지 모르지만, 어떻게 말 위에서 천하를 다스릴 수 있겠습니까?"라고 말하였다. 유방은 곧 자기의 잘못을 깨닫고 고칠 줄 아는 사람이었고 사람을 부릴 줄 알아 천하를 통일하고 중원의 주인이 될 수 있었다.

유방은 그런 장점을 가진 사람이었지만 여치라는 왕후가 없었다면 어떤 상황이 전개되었을까를 가정해 볼 필요가 있다. 통일에 공을 세운 병장兵將들의 관리가 어떠했을까를 생각해 볼 수 있기 때문이다. 무식한 유방이 시정잡배들을 긁어모아 맹장으로 키워 천하를 통일했으니 따라서 개국공신 대부분은 평민이나 천한 자들이었다. 사마천이 사기를 집필하기 위해 유방의 고향을 찾아가 그들의 출생가문을 조사해 보니 유방은 이미 말한 바와 같고, 명군·명신이란 자들도 피리 불던 자, 소나 돼지를 잡던 백정이거나 비단이 장사 왕서방 같은 사람들이 대부분이었다고 한다. 그러나 이미 고조는 용의 아들로 전설이 만들어져 있었으니 예나 지금이나 요행을 탄 패거리들이 세상을 움켜쥐고 한바탕 놀이판이 정치라면 과한 말인가?

　어떻든 그렇게 천하고 보잘 것 없는 무리들이 무식쟁이 유방을 도와 천하를 손에 넣었으니 오만방자하기 그지없이 하루가 멀다 하고 연회를 벌이고 고성방가에 칼질까지 해대니 궁정의 체면이 말이 아니었다 한다. 다 아는 바와 같이 한신 같은 명장도 거의 거렁뱅이나 다름없는 잡배에 불과했지 않는가. 유방은 법도를 제정하여 지키게 함으로써 궁정은 간신히 조용해질 수 있었다. 그러나 후환이 두려운 명장·명신들을 정리해야 했다. 그러한 지략을 고조에게 건의한 자가 바로 여태후였다. 그리하여 한신을 장락궁에서 참수하고 그의 일족은 물론 친구들까지 모두 죽여 버렸다. 그때 한신은 "토끼 사냥이 끝나면 사냥개는 삶아 먹고, 하늘을 나는 새가 없어지면 좋은 활도 창고에 집어넣고, 적국을 멸하고 나면 모신도 망한다."더니 라는 말을 읊조리며 저항없이 죽었다고 한다.

　모반을 권유하던 친지들의 말을 듣지 않았음을 한탄하고 분해했지만 이미 때는 늦고 말았으니 여태후는 그들의 모반 가능성을 이미 알고 있었던 것이다. 한신 뿐만 아니라 팽월·경포·영포·도간 등을 비롯하여 많은 공신들을 죽여 없앴다. 더욱이 팽월은 시신을 여러 토막으로 잘라 경고의 의미로 제후들에게 보냈다니 조선의 형벌들도 모두 다 이미 있었던 중원을 모방했다. 잘한 일이든 못한 일이든 모두 다 중국의 옷을 입고, 그들의 관을 쓰고 수레나 어가를 타고 그들의 흉내를 낸 것이 조선이라면 과한 말인가? 포청천 드라마를 보면 하나도 그들과 다른 것이 없어보여서 하는 말이다.

어떻든 여치의 지략에 힘입어 자기들에게 우환이 될 수 있는 제후와 명신들을 싹쓸이로 없애버렸다. 그리하여 여태후 또한 고조와 같은 권력을 쥐어 잡게 되고 마침내 고조가 죽자 여태후의 천하가 되었다.

고조가 죽자 그녀는 고조가 총애했던 척부인과 고조가 태자로 삼으려 했던 그녀의 아들 여의를 제거하기로 살생부의 1차 명단에 올렸다. 정치인들은 예나 지금이나 여색을 좋아한다. 그래서 정치인들은 적수를 공격할 때 모든 험담을 다 퍼부어도 계집질에 대해서는 말하지 않는 불문율을 지키고 있다. 우리나라에서도 모인이 쿠데타를 일으켰을 때 그의 정적을 제거하기 위한 모의과정에서 누군가 정적의 여성편력을 얘기하자 "야! 사내가 배꼽 밑에 얘기는 하지말라우"했다는 얘기가 진실은 알 수 없지만 한때 세인의 입을 오르내렸다.

유방도 산동에서 진시황에 봉기할 때 미모가 수려한 여인을 첩으로 들였는데 바로 그녀가 척부인이며 그녀의 아들이 여의다. 당시 초한지쟁楚漢之爭이 치열할 때도 그들은 첩이나 마누라들을 아예 전쟁터에 대동하고 다녔으니 항우도 애첩 우희와 더불어 장렬한 최후를 마쳤으니 그를 경극화한 패왕별희覇王別姬는 중국인들이 우리들의 춘향전만큼이나 좋아하는 드라마다.

어떻든 한 고조는 척부인의 사랑에 빠져 왕후 여치를 멀리했다. 더군다나 태자마저 바꾸려 하였으니 여태후는 척부인에 대한 증오를 불태우고 있었지만 고조가 있는 한 어찌할 도리가 없었다. 그러나 마침 척부인의 방호벽인 고조가 죽자 증오는 현실로 나탔다.

여태후는 척부인의 손과 발에 수갑과 족쇄를 채우고 머리를 잘라 죄수복을 입혀 미양궁의 별처에 유폐하여 종일 돌방아를 돌리도록 했다. 그리하여 척부인은 신세를 한탄하는 노래를 부르며 방아를 돌려 구슬픈 노랫소리가 바람을 타고 미양궁을 새어나왔다. 분노한 여태후는 척부인의 손과 발을 자르고 눈을 파내고 귀머거리로 만들었을 뿐만 아니라 약을 먹여 벙어리로 만들어 돼지우리에 처넣고 '인간돼지'라고 저주하며 그의 아들 혜제 유영에게 그러한 참상을 보도록 했다.

또한 척부인의 아들 여의도 그간 갖은 방법으로 없애고자 하였으나 황후의 아들 유영이 낌새를 채고 보호하고 있었으나 잠깐 자리를 비운 사이에 독배를 마시게 하여 독살시켜버리고 말았다. 이러한 사건들로 마음이 착하고 유약했던 그녀의 아들 왕 혜제 유영은 충격을 이기지 못하고 주색에 탐닉하게 되어 결국 재위 7년만에 병들어 죽고 말았다.

저주하던 척부인 모자를 처치한 여태후는 제2단계로 자신의 권력강화를 위하여 자신의 딸 노원공주와 사위 장오에게서 출생한 외손녀를 아들인 혜제의 황후로 삼았다. 재언하면 외삼촌과 질녀가 결혼을 한 것이다. 그러나 그 정도는 그 시대에 문제가 될 수 없었다. 신라의 골품제에 의한 왕실의 결혼도 대부분 근친결혼이었으며 네로는 자기의 어머니 아그리피나의 품을 떠나지 못했고 앙드레 지드의 좁은문은 외사촌간의 사랑얘기지 않은가?

노원공주에게서는 아들이 없었다. 태후는 후비가 낳은 아들을 장황후(노원공주)의 양자로 삼아 태자로 봉하고 그 아이의 생모인 후궁을 없애버렸다. 적자가 없었으니 당연히 후궁의 아들이 태자가 되었겠지만 당시 종법제 사회에서는 어떻든 후궁의 아들은 서자이기 때문에 적법성을 확보하기 위해 양자로 삼고 권력 강화와 후환을 없애기 위해 생모를 처치해버린 것이었다. 그리하여 혜제가 죽자 후궁에서 태어난 태자가 소제로 왕위에 올랐으나 실권은 여태후가 갖게 되었다.

고대 중국은 황제 아래 자식이나 삼촌 조카 등 왕족들이 지방을 통치하는 제후왕 제도를 취하고 있었다. 따라서 고조의 큰아들 유비劉肥(혜제의 이복형), 혜제의 이복동생들인 유여의 · 유항 · 유회 · 유우 · 유장 · 유건 및 고조의 동생 유교, 고조의 형 아들 유비 등이 제후왕으로 봉해져 있었다. 여태후는 여씨일족을 제후왕으로 삼기 위하여 고조일족들의 직위를 높이거나 여씨 여자들과 통혼케 하여 여씨들도 슬금슬금 직위를 높이거나 제후왕에 봉해졌다. 이때 유우는 여씨일족의 딸과 결혼했으나 그녀보다는 후궁을 맞이하여 그녀를 더 좋아했다. 이를 유우의 부인이 질투하자 여태후는 유우를 유폐하고 음식을 주지 않았다. 몰래 음식을 주던 자를 찾아내어 처형하고 유우를 굶겨 죽여 버렸다. 겁에 질린 유씨일족들은 여태후를 두려워하여 이때부터 입을 다물고 여태후의 눈치 보기에만 여념이 없었다.

여태후는 중요 고위직에 여씨일족을 포진시키고 완벽하게 권력을 장악 무소불위의 행세를 하기 시작했다. 어린 왕 소제는 아무런 실권이 없는 허수아비에 불과했다. 그러나 영악했던 그는 태후에게 불만을 품고 복수의 날을 기다렸으나 들통이 나고 말았다. 태후는 소제가 병이 났다고 속여 감금하고 궁녀나 환관 등 아무도 만나지 못하게 한 후 얼마 지나지 않아 신속하게 살해 처치해버렸다. 소제를 없앤 여태후는 혜제의 또 다른 아들 유의를 황제에 옹위했다.

척부인과 그의 아들 여의를 죽이고 그 외에도 많은 사람을 죽였던 여태후도 결국 병이 들어 죽고 말았다. 여씨일족들에게 사후의 권력유지 책까지 일일이 타이르고 죽었으나 여씨일족들은 여태후의 죽음과 함께 뒷길로 사라지고 말았다.

여태후가 죽자 고조의 장손 유양과 고조의 충신, 장군 진평과 주발 등이 군대를 일으켜 여씨일족을 씨도 없이 몰살시키고 고조의 또 다른 아들 유항을 황제로 옹립하니 그가 바로 전한의 태평성세와 전성기를 연 문제(기원전 179-기원전 157)이며 뒤이어 경제 및 무제(기원전 140-기원전 87)로, 서양의 로마제국도 곧이어 막나니 악동 황제들이 죽고 사는 시대로 등장하게 된다.

6
추녀의 환락과 포악
가남풍

   서진의 무제가 위나라를 멸하고 삼국을 통일하여 서기 265년 왕으로 등극할 때 무제를 도와 건국에 공이 큰 가충의 딸이 가남풍[1]이다. 중국사에 관심이 없는 한국인들은 중국의 왕조를 하·은·주·진·한·당·송·원·명·청 정도로 왕조를 기억하지만 그들 왕조 사이사이에 많은 나라들이 있었다. 오죽했으면 5호16국이나 춘추전국시대라는 말이 있었겠는가? 서진 역시 그중의 하나로 후한이 망하고 위·촉한 및 오의 삼국이 패권을 겨루다 서기 265년 사마염이란 자가 오를 멸하고 서진이란 나라를 건국하여 자신을 황제로서 무제라 칭했다.

   무제에게는 무려 26명의 자식들이 있었으나 무제는 황후 양념을 좋아했으므로 그녀의 차자 사마충을 태자로 삼았으나 그는 백치에 가까운 바보였다. 가남풍의 어머니가 황후 양념과 궁녀들은 물론 중신들에게도 뇌물을 주어 딸을 태자비로 들어가게 되었는데 처음에는 장녀인 가남풍이 너무 박색이어서 차녀를 출가시키려 하였으나 너무 어려 하는 수 없이 가남풍을 대신 간택시켰다 한다.

가남풍이 얼마나 못 생겼는지 조정은 물론 온 세상에 그 추녀상이 알려질 만큼 상상을 초월하는 추녀였으니, 중국 역사에서 황후로서 그처럼 못생긴 여자를 찾기가 어렵다고까지 중국의 사가들은 말하고 있다.

무제가 천하를 통일하고 국정이 안정되어 태평성대의 호사와 환락을 일삼고 있을 때 황후 양념이 병들어 죽고 그의 여동생(처제) 양지가 황후 자리를 이어 받았다. 양지 또한 미인이었던지 무제는 황후를 잃은 슬픔을 잊고 나날이 환락을 즐기고 있었다.

이때 문제가 생겼다. 괴물 같이 못생긴 태자비 가남풍이 극악무도한 사고를 쳤다. 태자의 궁녀가 태자의 소생을 임신하게 되었는데 그만 그녀의 배를 칼로 가르고 아직 제대로 형태마저 갖추지 못한 핏덩이를 꺼내어 땅바닥에 내동댕이쳤다. 꿈틀거리는 핏덩이나 다름없는 태아를 그녀는 짓밟아버리는 가공할 만행을 저질렀기 때문이다. 그럼에도 불구하고 그의 포악이 얼마나 심했던지 누구 하나 말 한 마디 못하고 벌벌 떨며 눈치만 보았다고 한다.

무제는 무자비한 악녀 가남풍을 폐서인으로 하고자 하였으나 황후와 대신들의 만류로 단행하지 못하였다. 무제는 태자를 폐하는 게 좋다고 생각했다. 백치 같은 태자가 황제가 된다는 것은 국가의 종사를 위태롭게 할 뿐만 아니라 생모인 태자의 어머니 양념도 죽었으므로 폐태자는 쉬운 일이라고 생각하고 있었다. 그러던 차에 태자가 궁녀와의 사이에 황손을 낳았다. 가남풍과 태자 사이에 오랫동안 손이 없어 무제는 사구라는 자신의 궁녀를 몰래 태자에게 보내 동침토록 한 결과였다. 그리하여 무제는 태자의 폐위를 없던 일로 하게 되었다.

어느덧 무제가 죽었다. 태자 사마충이 황제(혜제)가 되고 악녀이며 추녀인 가남풍이 황후가 되었으며 태자와 사구 사이에 태어난 사마휼이 자연스럽게 태자가 되었다. 그러나 가남풍의 악성과 야심이 점점 고개를 밀고 표출되기 시작했다. 어차피 황제는 백치임으로 자기가 권력을 틀어쥐고 싶었기 때문이다. 우선 1단계로 황태후 양지의 부친 양준의 막강한 권력이 혜제를 능가했음으로 그를 처치하기로 마음먹었다. 혜제는 백치의 수준이어서 가남풍의 말이면 무엇이든 들어주었음으로 혜제로 하여금 사사토록 할 계획이었다. 더욱이 양준에게 원한을 품은 자들이 있었음으로 그들에게 양준을 제거토록 했다. 또한 가남풍은 혜제에게 양준의 관직을 삭탈케 하고 양준에게 원한을 품은 맹관과 이조에게 양준을 체포토록 사주했다.

이를 낌새 챈 황후 양지가 그의 아버지 양준을 구할 계획을 세우다 발각되어 가남풍의 공세를 받아 마구간에 숨어 있던 양준을 병사들이 찾아 죽였다. 그뿐 아니라 관리들 중 양씨를 비롯하여 관련자들을 모두 다 처형하고 양준의 삼족을 멸해버렸다. 그런 와중에도 백치 혜제는 속수무책으로 보고만 있었다.

또한 황태후 양지에게 양준의 구명거사를 이유로 반역죄를 씌워 서인으로 폐하고 금융성에 유폐시켰다. 이러한 기회를 이용해 아첨꾼들이 양준을 모반죄로 몰아 구족을 멸하고 그의 처 방씨까지 처형을 들고 나왔다. 이에 가남풍이 양지 황후의 생모 방씨를 처형하려 하자 황태후는 엎드려 대신 죽겠다며 통곡했으나 가남풍은 비웃으며 방씨를 처형, 머리와 몸통을 분리하여 들판에 버려 짐승들의 먹이가 되도록 했다니 믿어도 되는 사실인지 의심스러울 뿐이다. 양준이 난도질당하던 하룻밤 사이에 수천 명이 죽었다고 역사는 전하고 있다.

뿐만 아니라 유폐된 양지에게는 음식을 주지 않아 굶어죽게 하고 그도 모자라서 그녀는 양지의 시신을 엎드려 관에 넣고 저주의 부적으로 도배를 해 죽은 자의 저승길마저 열리지 않도록 극악을 극했으니 인간이 그토록 큰 원한이 어떻게 쌓일 수 있는 것인지 그 얘기를 여기에 인용해 전할뿐이다.

가남풍의 계략으로 황후 양씨일족을 완전히 괴멸시킨 혜제는 여남왕 사마량을 태제太帝로, 위관을 태보로 임명하여 국사를 담당케 하고 초왕 사마위를 위장군으로 임명해 병권과 함께 궁정의 수비대장에 임명했다. 가남풍은 그들 모두가 자신의 수족이라 생각했지만 위관이 강직하여 가남풍의 뜻대로 정사가 움직여지지 않았다. 사마량과 위관에 비위가 거슬린 사마위가 위관과 사마량을 제거할 음모를 가남풍에게 귀띔했으므로 양자는 합세하여 그들에게 칼을 뽑았다. 왕으로 하여금 가남풍은 그들 관직을 삭탈하고 조서를 내리게 했다. 위관과 사마량의 근친들이 저항을 기도할 겨를도 없이 사마위가 병사들을 끌고 그들의 집을 습격하여 사마량을 난도질하고 공신 위관을 비롯하여 그의 모든 자손들을 처치해버렸다.

이렇게 되자 위관과 사마령을 처치한 사마위가 대권을 휘두르게 되었다. 사마위의 측근들이 사마위에게 모반을 사주했다. 그러나 사마위가 주저하는 사이 소부 장화란 자가 그들의 위험성을 가남풍에게 밀고하여 그녀는 혜제로 하여금 충신 사마량과 위관을 모해한 죄명을 씌워 처형하라는 조서를 내리도록 했다. 이리하여 억울하게 사마위 또한 사마량과 위관의 신세가 되었으니 어찌 그러한 운명을 누가 예측이나 했겠는가?

가남풍은 혜제와 궁녀 사구와의 사이에 태어난 총명한 태자 사마휼도 제거키로 했다. 포악한 가남풍은 하인을 막론하고 자기에게 걸림이 되는 자는 모조리 처형해 왔고, 이제 또 태자마저 처치키로 한 것이다. 그러던 차에 태자와 사이가 좋지 않은 가밀이 태자가 가씨가문을 몰락시킬 계획을 하고 있다며 가남풍에게 밀고했다. 더욱이 가남풍은 태자를 대신할 태자를 만들고자 그녀의 동생 가오의 아들을 입궐케 하여 혜제와 조신들에게 그의 아들이라고 속였다. 황제가 붕어하여 밖에서 길렀다고 변명했다. 아무도 믿지 않았지만 가남풍의 말은 곧 진실로 통했으니 누구도 입을 열지 않았다. 혜제 마저도 마찬가지였다.

진의 진시황이 죽고 환관 조고가 승상 이사 등이 태자 부소를 죽이고 둘째 호해를 왕으로 추대하여 조고가 실권을 장악하고 호해를 농락했다. 조고는 사슴을 가리키며 말이라고 했다(지록위마指鹿爲馬). 아무도 감히 사슴 이라고 진실을 말하지 못했다. 그러나 진실을 말한 자는 쥐도 새도 모르게 다 죽었다. 가남풍의 위세가 어찌 진의 조고에 미치지 못했을 것인가?

가남풍은 태자에게 독약을 먹여 혼미한 상태에서 황후가 황제를 죽이겠다는 엉터리 역서를 쓰게 하여 해제에게 그를 유배시키게 하고 나중에 사약을 보내 먹도록 하였으나 거절하자 사약을 가져간 손려란 자가 태자를 때려 죽였다. 지배자만 독해서 되는 것이 아니다. 억울하게도 히틀러는 유대인 학살의 죄를 혼자서 짊어지고 갔지만 그만이 죽인 것이 아니라 독일인이 죽이고 구라파 인들이 합세하여 죽였다. 예수를 죽인 자도 빌라도가 아니라 오히려 그의 동족 유대인들이었다는 사실을 그들 그리스도인들은 애써 외면하며 죄 없는 빌라도만 밤낮으로 저주하고 있다. 가남풍 곁에는 가남풍 보다 더 독한毒漢들이 있었다. 반도의 이씨 조선에서도 그렇고 대한의 독재 폭군들 뒤에 아니 앞에는 더 무섭고 사나운 여우와 살쾡이들이 있었다.

백사하고 다시 가남풍으로 돌아가 보자. 그녀는 살인이 오락이라도 되는 것처럼 조금만 그의 비위에 거슬려도 참지 못하고 모두 다 죽이거나 쫓아 버렸다. 그런 악녀를 그녀의 남편 백치 해제는 훌륭한 황후라고 치켜세웠다니 백치에게도 본능적인 살아남기의 처세를 신은 알게 했던 것일까?

황후는 권력을 독점하고 중신들의 입을 봉한 후 젊고 발랄한 사내들을 무수히 끌어들여 황음의 나날을 보냈다. 누구나 폭력과 권력 뒤에는 광란의 섹스가 있기 마련이었다. 그런데 가남풍은 특이하게 사디스트였는지 그녀와 정을 나눈 자들은 모조리 죽여 버렸다니, 죽임 또한 전대미문의 엑스타시요 오르가슴이었던 것이다. 그런 소용돌이 속에서도 살아남은 청년이 있었다니 그 청년의 행운이 가남풍의 포악을 넘어선 것이었던 모양이다. 절대의 죽음에서도 살아서 콧노래를 부를 수 있었던 청년의 행운을 가리켜 진짜 행운이라 할 것이다.

　그런 가남풍에게도 운명의 사신은 발길을 돌리지 않았다. 모든 장애물을 제거하고 권력을 움켜쥔 가남풍은 천하무적의 입지를 세워놓고 향락을 즐겼으나 어찌 영원한 권좌를 그에게만 허용할 것인가? 민심이 그를 떠나고 수많은 조정의 중신들과 무장들 중에 아무도 정의를 모르는 자들로만 들끓을 수는 없지 않겠는가? 조선 500년의 역사를 폄하하니 누군가 세종대왕을 말하고 실록을 얘기한 자가 있었다. 그렇다면 500년 역사에 왕 같은 놈이 한 놈도 없어서야 어찌 그것이 나라라고 말할 수 있겠는가라고 되물은 이가 있었다. 군계일학이란 말이 있다. 닭이 많으면 그중에는 봉황도 있는 법이다. 가남풍의 칼날 앞에서도 정의는 죽지 않고 살아서 어둠의 장막을 걷어낸 자가 있었다.

　때가 왔다. 여남왕 사마량의 동생 조왕 사마륜이 목숨을 구걸하기 위해 가남풍의 휘하가 되었다. 사마량은 손수 가남풍이 태자를 모략 살해했다는 조서와 격문으로 군사를 일으켜 일격에 노도처럼 가남풍을 습격하여 해제를 협박 그녀를 폐서인으로 하여 금용성에 감금한 후 그녀의 모든 일당과 함께 처형해버렸다. 금용성은 가남풍이 그의 모태후 양지를 감금했다 처치한 곳이었다.

　그리하여 가남풍 일족을 타진한 사마륜이 황제에 올랐으나 해제는 독살되고 나라는 내란에 휩싸여 서진 왕조도 역사의 뒷길로 자취를 감추고 그런 일도 있었다는 얘기만 역사를 들추어 알게 되니 어찌 그런 세상이 정말로 있었던가 싶다.

---

1 본 장의 내용은 지은이 장유유, 옮긴이 허유영, 펴낸 곳 (주)에버리치홀딩스, 2007. 8. 16 발행의 『황제배후의 여인』을 많이 참조하였음.

7
어미와 백성의 꼭두각시
네로

  네로의 본래 이름은 루키우스 도미티우스 아헤노바르부스였다. 서기 37년부터 68년까지 살았던 인물로 17세에 로마황제에 등극하여 마지막에는 자살로 생을 마친 비운의 황제였다.

  그가 네로란 이름을 갖게 된 것은 그의 양아버지 클라우디우스 황제와 그의 어머니 아그리피나가 재혼하여 양자로 입적하면서 네로 클라우디우스 카이자르 아우구스투스 게르마니쿠스라는 이름으로 불러졌기 때문이다.

  그의 어머니 아그리피나는 권력욕에 집착이 남달랐던 여인으로 네로를 낳은 첫 남편 아우구스투스의 종손 도미티우스 아헤노바루스와 둘째 남편 크리스푸스 파시에누스를 살해하고 세 번째로 황제 클라우디우스에 접근하여 그녀의 연적들을 살해하거나 물리치고 황후가 되었다. 그녀는 황제에게 적자가 있었음에도 불구하고 그의 아들인 네로를 황제로 만든 인물이다. 따라서 네로가 폭군이 아니라 그의 어머니 아그리피나야 말로 세 명의 남편을 살해한 폭녀였다.

아그리피나가 클라우디우스 황제와 결혼했을 때 황제는 나이가 70세에다 몸도 불편하고 언어장애까지 겹쳐 아무래도 사랑과는 관계가 없는 결혼이었을 뿐이다. 물론 그 시대는 근친결혼이 문제되는 것은 아니었지만 남편 황제는 아그리피나의 숙부였다. 그녀는 그를 사랑해서가 아니라 오직 아들 네로를 황제로 만들고 싶은 권력의 야망 때문이었다. 그러므로 황제에게는 세 번째 아내 발레리아 메살리나와의 사이에 출생한 황태자 부르타니쿠스가 있었지만 그녀는 태자를 간질병 환자로 몰아 황제의 마음을 돌려 자기의 아들 네로를 양자로 입적시키고 마침내 황제를 살해하고 14세의 네로를 황제로 만들어 섭정으로 권력을 휘두른 권력의 화신이었다.

그녀는 일찍이 "아들이 황제가 될 수 있다면 아들에게 죽어도 좋다"고까지 했던 권력의 태풍 같은 여걸이었다.

그녀는 네로를 황제로 만드는데 걸림돌이 될 수 있는 존재들의 제거 작업에 착수했다. 물론 노쇠한 황제를 무시하고 사실상의 권력을 틀어쥐고 전횡을 부리고 있었다. 그녀는 황제를 사주하여 황제의 등극에 영향력이 큰 친위대의 사령관들로 황제의 세 번째 아내 메살리나의 측근인 루시우스 게타와 루프리우스 그리스피누스를 파면하고 그녀의 측근인 아프라니우스 부루스를 친위대장으로 삼아 충성심을 자극하여 네로의 황제 등극에 기틀을 마련한 후 남편 황제의 살해 계획을 실천했다.

독약 제조에 전문 실력을 가진 로쿠스타 노파에게 독약을 만들도록 하고, 황제의 식사 시식 담당관 할로투스를 끌어들여 음식에 독약을 넣어 자연스럽게 치료과정에서 죽게 하는 방법을 택했다.

그렇게 하여 황제가 죽었을 때 겁에 질린 열두 살의 태자 브루타니쿠스를 껴안고 옥타비아와 안토니아 자매들을 껴안으며 그녀 역시 겁먹고 애통한 표정과 몸짓의 연기를 했다. 뿐만 아니라 그녀는 점성술사들이 당일이 네로의 황제 등극에 길일이 아니라는 조언에 길일을 기다리기 위해 황제를 침대 위에 산 사람처럼 똑바로 앉혀놓고 연주회를 하며 시간을 끌기도 했다.

로마시대 황제가 되기 위해서는 원로원뿐만 아니라 친위대의 근위병들까지도 무시할 수 없었다. 따라서 그들에게도 환심을 사기 위해 하사금을 주어야 했다. 이때 아그리피나는 근위병 1인당 1만5천 세스테리티우스를 지급해야 했는데 오늘날의 우리나라 화폐에 대입하면 청와대의 경호원들이 2천3백만 원씩을 받은 샘이었으니 꽤나 큰 돈이었다. 그러나 아그리피나의 재산은 1억8천만 세스테리우스였다니 역시 예나 지금이나 권력은 곧 돈이었다.

그는 측근 부루스를 요즘으로 하면 경호실장으로, 당대의 유명한 철학자이며 저술가이고 법학자인 세네카를 네로의 가정교사로 삼아 정적을 없애고, 경호부대원들에게는 은사금까지 주었으니 네로의 황제등극은 무리가 없었다.

이미 우리나라의 지식인이나 학생들도 알만한 로마의 세네카는 간통죄로 네로의 양아버지 황제 클라우디우스에 의해 훗날 나폴레옹이 태어나고 네로의 어머니 아그리피나가 역시 간통죄로 유배되었던 코르시카 섬에 8년간이나 유배생활을 하고 있었는데, 아그리피나가 풀어 데려와 네로의 가정교사로 삼았으니, 그는 아그리피나의 충견으로서 네로의 황제 즉위 연설문을 써준 사람이 되었다. 네로는 세네카가 써준 연설문을 열심히 연습하여 훌륭하게 취임사를 마침으로써 원로원과 시민들의 열렬한 환영을 받았다. 또한 그는 원로원의 요구에 의해 전임 황제 시절에 빼앗겼던 권리를 회복시킴으로써 원로원의 전폭적인 지지까지 받을 수 있었다.

그러나 네로는 황제가 무엇인지도 몰랐다. 오직 그는 예인藝人으로서 음악가 또는 배우가 되고 싶었던 연약한 심성의 소유자였을 뿐이다.

네로는 자기 스스로 황제가 되고 싶었던 것이 아니라 권력욕에 사로잡힌 어머니 아그리피나의 전략에 의해 황제가 되었고, 아그리피나는 황제의 섭정으로써 전권을 움켜쥐고 명실공히 동양의 여태후나 측천이 되었던 것이며 네로는 정치보다 예술적 활동에만 몰두했다.

아그리피나는 색정이 넘치는 여자였다. 심지어 아들인 네로까지도 유혹하여 그를 범하게 하는 짓이 한두 번이 아니라 아예 연인처럼 끼고 살았음을 연대기 작가 수에토니우스는 기록해 두었다.

아그리피나는 자신의 남편 황제 클라우디우스의 질녀였고, 전 황제 칼리굴라는 그녀의 동생이었으며 그녀의 부친은 전설적 야전의 영웅인 게르마니쿠스였다. 그는 황제 티베리우스의 조카이며 또한 황제 아우구스투스의 종손이었다. 따라서 아그리피나는 황실의 피가 섞인 여자였다. 그런 그녀가 삼촌인 클라우디우스와 결혼을 했고, 동생인 칼리굴라 황제와도 통정했으며, 그의 아들인 네로와도 동침을 일삼았다. 뿐만 아니라 칼리굴라는 아그리피나만이 아니라 다른 두 여동생과 동침을 했다니, 그 뿐인가 야곱도 외삼촌의 두 딸을 아내로 맞이했으니 후세인들은 그 시대의 풍습과 도덕이나 윤리를 알 수 없지만, 참으로 기이한 세속이 아닐 수 없다는 생각을 저버릴 수 없다. 인류의 도덕은 호모 사피엔스로 인간이 진입하면서부터 변하지 않는 진리로 이어지고 있기 때문이다.

2천년이 지난 우리들의 마음속에 철학자, 정치가, 법률가로 알려진 세네카도 간통죄로 8년이나 코르시카 섬에 유배되고, 그를 풀어준 아그리피나에게 은혜를 갚기 위해 아그리피나의 클라우디우스 황제의 살해에 침묵을 지킨 채 네로의 황제 취임사를 써주고 그의 사부가 되고 고문이 되었다니, 예나 지금이나 권력과 아첨과 살아남기의 치열함과 비열함에는 변화가 없다. 뿐만 아니라 원로원은 네로의 취임을 미끼로 자신들의 권리회복에만 급급했으니 오늘날의 지방이나 국가의 의회들이 자신들의 이익에만 몰염치하게 집착하는 꼴과 조금도 다르지 않으니 그 역시 예나 지금이나 다름이 없는 것이 인간들이다.

어떻든 아그리피나는 원로원으로부터 의전관리 2명을 배정받고 미혼이 아니면 될 수 없는 신선한 여사제들의 제사장이 되었으며, 최고의 칭호인 아우구스투스의 칭호까지 원로원으로부터 부여받아 명실 공히 7천만 백성을 거느린 대제국 로마의 섭정 자리를 굳혔다.

그러나 그녀의 위치는 물론 네로의 재위마저 항시 불안했다. 아그리피나는 아우구스투스의 남동생인 클라우디우스 황제, 즉 그녀의 남편이며 네로의 의붓아버지의 딸인 어린 옥타비아를 네로의 아내로 삼고자 마음먹고 있었다. 아시아 속주의 총독 유니우스 실라누스의 남동생이 아그리피나의 마음을 모르고 옥타비아에게 청혼을 했다. 아그리피나는 집정관까지 오른 그가 여동생과 동침했다며 소문을 퍼뜨렸다. 실라누스의 동생은 자결하고 말았고 옥타비아와의 약혼은 깨지고 말았다. 더군다나 실라누스는 황제의 종손이기 때문에 네로에게 황제의 자리를 내놓으라고 할 수 있는 위치에 있었음으로 그녀의 생명만이 아니라 네로의 황위까지 위협할 가능성이 있으므로 그를 자살로 몰아갔다.

그녀는 또한 클라우디우스 황제의 비서관이었던 나르키수스를 처형했다. 나르키수스는 황제가 오스티아 항구의 공사 현장을 둘러보기 위해 궁정을 떠났을 때, 시대의 미남으로 남봉이었던 가이우스 실리우스가 황후 메살리나와 불륜의 관계를 갖았음을 황제에게 밀고한 자이다. 그럼에도 불구하고 황후 메살리나는 자숙하지 않고 오히려 정부 살리우스의 집으로 가 그의 아내 율리아 실라노에게 이혼을 요구하기까지 했다. 이러한 사실이 고발되어 황후 메살리나를 처형하고, 나루키수스 또한 메살리나의 무덤 옆에서 처형되었다.

당시의 성관계가 문란했음은 잘 알려진 사실이다. 영화 '막시무스'에서 막시무스가 검투에 이겼을 때 그의 주인이며 지배인이 막스무스에게 무엇을 원하는 가라고 물으며 "Lady or Boy !"라는 대사를 듣고 놀란 적이 있다. 필자는 미처 로마시대의 남색이 성행했음을 모르던 시절이었다.

네로는 수 명의 12~15세의 미남들을 거느렸다. 그러나 메살리나의 겁 없는 행동은 이해할 수 없는 처사였으며, 어쩌면 그런 것들도 아그리피나가 메살리나와 노예 출신으로 권력과 거대한 재산을 가진 나르키수스를 제거해 버리기 위한 음모였는지도 모른다는 생각이 들기도 하지만, 그 사회는 모자간의 상간이 이루어지고 남매간에 상간이 이루어지던 시절이니 혹시는 진실일지도 모른다.

아그리피나는 아름다움을 지녔고, 허영심과 명예욕이 강한 여자이면서 동시에 음탕한 매춘부였고, 자상한 어머니였으며, 냉혈적인 차가움을 지닌 여자였다고 사가들은 기록해 놓았다. 그러한 권력욕이나 성격 등은 자기의 아버지 게르마니쿠스가 왕위를 잇지 못하고 장작더미에 태워지던 불운으로부터 시작되었다고 사가들은 분석하고 있다.

게르마니쿠스는 칼리굴라 황제의 아버지이며 티베리우스 황제의 조카일 뿐만 아니라, 아우구스투스 황제의 손자로서 황제가 되어야 할 사람이었으나 해외 원정 중에 티베리우스가 황제에 올랐다는 소식을 들었다. 그는 부대원들의 격렬한 항의에도 불구하고 티베리우스에게 충성을 서약했다.

그러한 사실을 어른이 되어 안 아그리피나는 아버지와 달리 정반대의 간악한 여자로 권력을 탐닉하게 되었고, 죽은 남편 클라우디우스 황제에게 신격 황제였던 아우구스투스의 시호를 부여함으로써 그 또한 신의 황제의 미망인 황후로서 스스로 신격을 부여받고 네로를 황제로 만들어 섭정을 하며 로마를 손에 넣었다.

아그리피나가 네로의 친부 아헤노부르스와 결혼한 지 9년이 되도록 아들이 없었다. 그간에 아그리피나는 두 자매와 함께 동생 칼리굴라 황제와 통정하고 있었고, 그 사실은 로마에 널리 퍼진 소문이어서 그녀가 아이를 임신했을 때 칼리굴라의 아이일 것이라고 파다한 소문이 나돌았다. 그러나 낳고 보니 아헤노부르스와 꼭 닮은 아이였다. 그 아이가 바로 네로로 발부터 먼저 나왔으며 그의 아버지는 탐탁치 않게 생각했다. 더군다나 네로의 어머니 아그리피나는 간통죄로 고발되어 그의 동생 황제 칼리굴라의 명으로 코르시카에 추방되었고, 그의 아버지 아헤노부르스는 성격이 대단히 포악하기로 소문난 사람이었다. 그는 두 살도 안 된 네로를 돌보지 않고 숙모집으로 보내버려 무용수와 이발사가 돌보았는데 이 두 남성은 동성애자들이었다. 따라서 그러한 과거가 네로에게 영향을 주었으리라고 사람들은 생각했다. 아그리피나가 유배되어 있을 때 그의 남편 아헤노부르스는 40세로 세상을 떠났다.

아그리피나는 코르시카의 유배에서 풀려나 변론가 크리스푸스 파시에누스와 결혼한 상태였지만 삼촌 클라우디우스 황제의 황후 메살리나를 처형한 후, 황제가 황후감을 낙점하지 못한 상태에 있을 때 아들을 황제로 만들기 위해 자기가 황후가 되리라 작정하고 남편을 살해해버렸다. 곧 이어 황제인 삼촌을 유혹하여 33세에 원로원의 추천을 받아 삼촌 황제와 결혼하기에 이르렀으니 서기 49년의 일이었다.

아그리피나의 명령에 모든 시민과 원로원과 근위대가 복종하여 그녀는 늙고 힘없는 황제를 제치고 로마의 1인자가 되어 아들을 황제로 만들기 위해 작업에 착수했다. 그녀는 황제의 딸 옥타비아를 며느리로 삼기 위해서 앞에서 밝힌 바와 같이 실라누스와 그녀의 약혼자를 자살케 하고 집정관을 사주하여 원로원을 설득 네로의 나이 16세에 그의 의붓 아버지 황제의 딸 13세의 옥타비아와 결혼하게 했다.

아그리피나는 아들을 교육하기 위하여 세네카를 스승으로 삼고 스토아 철학자 자이레몬과 아리스토텔레스 일파에 능한 알렉산드로스를 보조교사로 모셔왔다. 그리하여 네로는 그리스 철학을 배우고 예술에 대해서도 일가견을 갖게 되었다.

또한 아그리피나는 네로를 황제의 양자로 삼아 후계자로 확정짓고자 했다. 그리하여 그녀는 그녀와 비밀리에 통정하고 있는 팔라스를 황제의 비서로 추천하여 임명하고 그를 통해 황제에게 양자삼기를 권하게 하여 황제의 허락을 받았다. 그리하여 루키우스 도미티우스 아헤노부르스는 양부의 성을 따라 네로가 되었다.

한편 아그리피나는 황제를 대신하여 황권을 거머쥐고 아우구스투스라는 신격 칭호를 부여받았으며, 그가 태어난 고향 오피둠 오비오름을 그녀의 이름이 들어간 아그리피넨시스라 개명하였다. 그리하여 거의 2천년이 지난 후에 그를 따라 레닌그라드와 스탈린그라드가 생기고, 케네디 공항이 생기고 서울에는 도산로와 원효로가 생겨났다.

그녀는 황제와 제사장만이 출입할 수 있는 카피톨루스 언덕의 성소에 출입했다. 여자로서는 30년 동안 순결을 지키며 살아야 하는 사제들만이 출입할 수 있는 곳이었다. 그녀는 그 사제들의 제사장이 되었다. 그리하여 신성한 카피톨루스 언덕의 성소는 색녀의 놀이터가 되고 네로에 의하여 순결한 성녀들은 하나 둘씩 성의가 벗겨졌다.

지금까지 아그리피나가 자기의 아들 네로를 황제로 만들고 자신의 권력을 위한 음모와 오만과 잔인함을 살펴보았다. 그러면 과연 네로는 우리가 알고 있는 바와 같은 폭군으로서 로마시내에 불을 지르고 즐거워했던 인물이었을까?

필자는 동양의 폭군 걸과 주와에 대비시키기 위하여 네로의 역사를 뒤적이기 시작했다. 그러나 네로는 결코 서양의 걸도 주도 아니었다고 말하고 싶다. 그렇다고 그가 아우구스투스와 같은 로마의 5현제賢帝와 같은 대열에 미치는 사람이라고는 물론 생각하지 않는다. 그러기에는 어림도 없는 인물이지만 폭군이기에는 너무나 약한 황제였다. 오히려 그가 표독했다면 로마의 황제들은 모두 다 포악했다고 말해야 한다. 그는 포악하기 보다는 순진하고 나약했다.

그는 나약한 청년이었고, 어머니의 품속에서 성년이 되어서도 어머니의 젖을 빨고, 어머니의 성노리개가 되고, 어머니의 권력욕에 희생된 아들이었으며, 로마 시민들에게 즐거움을 주기 위하여 본의 아니게 때로는 폭군이라는 사가들의 얘기를 만들어내게 했고, 시민들의 엔터테이너가 되어 노래를 부르고 연주를 하고, 마차경주를 했던, 시민들의 피에로가 되기도 했다.

아크테라는 여인이 있었다. 해방노예의 신분으로 황후의 시녀이며 동시에 창녀였다. 물론 창녀가 본업은 아니고 부업이었다. 물론 그 시대에는 귀부인들까지도 창녀 노릇을 했으니 돈만이 아니라 색남들은 그녀들에게 풍부한 섹스를 제공했기 때문이다. 그렇다 하더라도 황후의 시녀로서 창녀의 활동이 네로의 스승이며 집정관이었던 세네카에까지 알려질 정도라면 지금 시대의 우리들에겐 이해되지 않는 존재였다. 물론 매춘부인 그녀가 네로에게는 알맞은 여인이었다. 네로는 근위대장에 명하여 그녀를 몰래 침실로 데려오도록 했다.

네로의 성벽은 어머니의 섹스 영향을 받아 자기보다 나이가 많고, 남편이 있어야 하며, 그의 어머니를 닮은 여자를 좋아했고 소년들을 통한 남색을 즐겼다. 그러나 그 시대 남색은 네로만의 즐거움이 아니었다. 보편적이었다. 또한 그는 금기시된 여사제들을 범하고 관계하고 싶은 여자이면 그녀가 누구이거나 가리지 않았다.

네로는 노예 출신 아크테에게 빠져서 옥타비아와도 이혼까지 하려 했다. 그러한 사실을 안 아그리피나는 분노하여 광적인 상태가 되었다. 무엇보다도 노예였던 여자가 그것도 자기 시녀가 자신의 연적이 된다는 것에 심히 자존심이 상했다. 그러나 화내고 꾸짖어서 될 일이 아니었다. 아그리피나는 아들을 달래기 위해 자신의 많은 재산을 네로에게 주었다. 그리고 보다 유연한 자세로 네로를 대했다.

아그리피나는 요염한 몸짓으로 네로를 유인하였다. 소년 네로는 어머니의 자극에 굴복하여 기이한 자세로 사랑을 나누었다고 반덴베르크는 기록해 놓았다. 그러나 이러한 묘사는 아그리피나의 색욕을 능멸하기 위해 지어낸 묘사라고 필자는 생각한다. 그들은 돈을 벌기 위해 네로 얘기를 썼기 때문이다. 그 점에서는 톨스토이도 세익스피어나 괴테도 마찬가지였으니 그를 폄하한 얘기는 아님을 독자들은 이해해주기 바란다. 러시아의 문호 레오 톨스토이도 "돈이 아니면 누가 그런 작업을 하겠는가?" 라고 반문하기도 했다.

그때에도 아그리피나는 정부를 높은 지위에 앉혀 궁내에서 살게 하고 있었고, 비단 네로가 아니라도 얼마든지 남자를 취할 수 있기 때문이었다. 어떻든 아크테를 원인으로 마음이 상한 모자는 서로를 미워하고 심지어 제거하려고 음모를 꾸미기 시작했다.

네로는 아그리피나의 정부情夫 팔라스를 직위해제하여 궁정에서 쫓아내버렸다. 아그리피나는 대노했다. 그리하여 네로의 어머니 아그리피나는 전 황제의 친자 부르타니쿠스를 황제로 삼겠다고 공언했다. 그러나 네로는 독약 전문가인 로쿠스타 할멈을 시켜 독약을 제조케 하고 결국은 부르타니쿠스를 살해해 버렸다. 브리타니쿠스가 독약이 든 음식을 먹고 죽어가던 식탁엔 아그리피나도 있었다. 아그리피나는 정신이 아찔하게 죽음의 사신이 그녀에게도 다가오고 있음을 절감했다.

네로는 궁정에서 그녀를 내쫓고 경호원들의 봉급마저 주지 않았다. 그간 아그리피나도 네로를 제거하기 위해 갖은 노력을 하고 방법을 동원했지만 이미 황제가 된 네로에게는 역부족이었다.

드디어 아그리피나는 자살을 몇 번이나 시도했지만 실패했다. 평소에 두려움을 이기기 위해 복용했던 해독제에 의해 독약에 면역이 생겼던 것이다. 드디어 네로는 그녀를 살해해 버리고 말았다. 결국 아들이 황제가 되면 죽어도 좋다던 말대로 그녀는 아들에 의해 피살되었다. 네로는 피살되었다는 보고를 받고 달려갔다. 어머니의 시신을 본 네로는 "아름다운 젖가슴을 봐라!"고 외쳐댔다고 한다. 죽은 어미의 성노리개로 죽은 후에도 그 젖가슴에 네로의 눈이 꽂혔다면 굳이 그녀를 죽이지 않았을 것이다. 더욱이 그녀는 이미 전 재산을 네로에게 주었고 태도도 유하게 바뀌어 있었기 때문이다. 네로와 아그리피나의 삶과 죽음을 현대인의 입맛을 돋우기 위해 포르노로 각색한 작가의 얘기이리라 믿는다. 인간들은 역시 잔인하다. 네로와 함께 아그리피나를 죽여 덕을 보려하기 때문이다.

일세를 풍미하던 아그리피나가 살해되자 즉시 그 자리에서 불태워졌다(로마의 장례는 화장이었다). 화장되어 항아리에 담겨진 유골은 표식도 없이 묻혀졌다. 네로가 죽은 후에야 사람들은 묘지를 만들어 주었다.

네로는 항상 아그리피나의 옆이나 뒤에 있었다. 실질적인 황제는 네로가 아니라 아그리피나였던 것이다. 그러나 이제는 명실공히 황제가 되어 카피톨루스 언덕의 성전에 올라가 승리와 감사의 기도를 드리고 비로소 그는 로마의 황제가 되어 유아독존의 존재로 변신했다.

먼저 해야 할 일은 포파이아와 결혼하는 것이었다. 네로는 노예 출신 아크테와 결혼하기 위해 별별 수단을 다 동원했지만 그녀가 노예였었기 때문에 결혼하지 못했다. 그녀는 상심한 네로에게 자기의 별다른 애인인 오토를 소개해 주었다.

오토는 노는 데는 일가견이 있는 자였다. 오토는 갖가지 사치와 향락을 네로에게 보여주었다. 그는 그런 자리에 아름다운 부인 포파이아를 대동했다. 포파이아는 네로를 유혹했고 네로는 포파이아에게 빠졌다. 그녀는 자신을 허락하지 않은 채 네로의 간장만을 녹였다. 이미 결혼한 황후 옥타비아를 두고서는 네로를 모실 수 없다는 것이 포파이아의 변이었다.

네로는 옥타비아를 아예 없애버리기로 했다. 네로는 자신의 어머니 살해에 공을 세운 아니케투스에게 그녀의 살해를 지시했다. 옥타비아가 아니케투스를 유혹하고 그와 살기 위해 네로의 뱃속 아이를 때어냈다는 모함으로 기소되어 판다테리아 섬으로 추방되었다. 네로는 곧 이어 군인 자객을 보내어 그녀를 살해해 버렸다.

반덴베르크는 그녀의 죽음을 이렇게 묘사해 놓았다.

"나는 황제의 누이동생이라는 것 외에는 아무 죄가 없어요!"라고 그녀는 말했다. "그러나 포파이아가 자객들에게 부여한 임무는 소름끼치는 악행이었다. 군인들은 옥타비아를 결박시키고 팔목과 발목의 혈관을 잘랐다. 옥타비아는 공포에 질린 채 그대로 당할 수밖에 없었다. 피가 충분히 솟아나지 않자 그들은 죽어 가는 옥타비아를 욕실로 끌고 갔다. 뜨거운 증기 때문에 피가 분수처럼 솟아 나왔다. 옥타비아는 완전히 의식을 잃은 채 죽어갔다. 자객이 칼을 뽑아 시체의 머리를 동강냈다. 살인부대는 옥타비아의 머리통을 자루에 넣어 로마로 가져갔다. 포파이아는 경쟁자였던 여인의 머리통을 바라보며 기뻐했다."[1] 헤롯 왕의 생일 파티에서 세례 요한의 머리통을 받아든 헤로디아의 기쁨이나 원한이었을까?

네로는 포파이아와 결혼하여 딸까지 낳고 포파이아의 성적 기교에 황홀한 세월을 보냈지만, 그는 점점 변태적이고 광적으로 변해갔다. 밤이면 저자에 나가 싸움질을 하고, 매춘부들과 놀아났다. 때로는 만신창이로 얻어터지기도 했으며, 국사에는 관심이 멀어졌다.

황제는 요즘의 찜질방 같은 것을 만들어 온·냉욕을 즐기며 포식을 하고 티베르 강가의 정자에 많은 색녀들을 모아놓고 술과 음식과 색을 과용하고 탐닉하여 많은 미美 소년들을 거닐었다.

네로의 변태와 광기를 역사가 수에토니우스는 이렇게 묘사했다고 반덴베르크는 옮겨 놓았다.

"네로는 어느 정도 술이 취하면 손님들 중에 마음에 드는 사람을 고른다. 남녀를 불문하고 일단 선택된 사람은 옷을 벗고 알몸 상태로 기둥이나 말뚝에 묶인다. 그런 다음 네로가 사자나 호랑이 가죽을 뒤집어쓰고 맹수 우리 안으로 들어간다. 잠시 후에 네로는 야생 짐승처럼 갑자기 우리를 뛰쳐나와 남자들의 페니스를 애무하거나 혀로 여자들을 즐겁게 해준다. 이때 황제가 특히 좋아한 것은 쾌락의 신음소리였다. 남자 노예가 자신의 몸을 만져주면 황제는 강간당하는 여자를 흉내 내며 비명을 지르거나 고통을 호소했다."2

황제가 밤늦게 돌아오자 포파이아가 투정하자 네로는 홧김에 그녀를 발로 걸어찼다. 그만 유산이 되고 그녀도 죽었다. 고의라기보다는 과실이었다. 그녀를 가문 묘지에 안장하고 네로는 직접 조사를 읽었다.

여자를 찾던 네로의 눈에 스포루스라는 남자 동성애자가 걸려들었다. 네로는 그 자를 거세시켜 화려한 결혼식을 올리고 마치 다정한 부부처럼 만천하에 내놓고 살았다. 스포루스는 황제에게 최선을 다해 헌신했고, 거세도 그의 동의하에 이루어졌었다. 네로가 죽자 그는 후임 황제 오토, 그후의 황제 비텔리우스까지 모셨으나 결국 자살해 죽고 말았다.

포파이아가 죽고 스포루스와 남색에도 염증을 느낀 네로는 집정관 타우루스의 딸 메살리나에게 시선이 꽂혔다. 그러나 그녀는 네로의 친구 부인이었다. 메살리나는 네 번째로 베스티누스와 결혼한 사이였다. 베스티누스와 네로는 친구간이지만 본래 앙숙이었다.

네로는 많은 노예를 거느리고 호위받으며 빌라에 살고 있는 베스티누스가 네로를 죽일 음모를 꾸미던 밤에 호민관 게렐리우스를 시켜 그를 살해케 했다. 군인들이 그를 결박하고 대동한 의사가 그의 혈관을 잘랐다. 게렐리우스는 피를 흘리는 그를 욕실로 끌고가 피가 잘 흘러나오도록 뜨거운 욕조에 쳐박았다.

곧이어 네로는 메살리나와 결혼해서 행복한 세월을 보냈다. 그녀는 네로가 죽은 뒤에는 다음 황제 오토의 청원을 받기도 했다니 그녀 역시 대단한 미인이었던 모양이다. 그녀에게 네로가 다섯 번째의 남편이었으니 그렇게 여러 번 결혼을 한 미망인을 7천만의 백성을 거느린 로마 제국의 황제가 2대에 걸쳐 청혼을 했다니 로마의 여인들과 황제들은 모두 다 지금의 사람들에겐 미스테리의 인물들로 무소불위의 파렴치한 들이었다.

성적인 문란은 전임 황제들에 비하면 네로는 정도에 있어 비교가 되지 않는다. 또한 정적이나 연적 또는 민중을 죽인 포악성에 있어서도 네로는 게임이 안 될 정도였으니 네로는 순진하고 심약한 군주에 불과했다.

당시 로마의 여성들은 오늘날의 현대 여성들보다 더 자유롭고 분방했으며 이혼 같은 것은 다반사였으니, 황제의 여인들도 대부분이 몇 번씩 결혼의 경력을 갖고 있다. 그러나 그 내면의 세계에 있어서 오늘날의 여성들만큼 자유롭고 비윤리적이었지만, 그런 것은 문제가 되지 않았고, 동성애 또한 공공연히 만연하여 황제들도 그런 것을 수치로 여기지 않았다. 심지어 근친상간도 은밀하거나 거의 공개적으로 소문이 날 정도였다. 네로 모자의 상간 이야기가 타키투스나 수에토니우스 등의 역사가들에 의해 후세까지 전해지고 있는 것을 보면, 일반 시민들의 근친상간은 더 말할 나위 없었던 것 같다. 그 사회가 부도덕이 횡행했지만 그 시대에도 여인들의 모범은 역시 현모양처로 불려지고 있었고, 대부분의 여성들은 그렇게 살았다고 하니 그 시대를 살지 않았던 우리들은 그저 "그랬구나!"할 뿐이다.

반덴베르크는 역사가 및 작가들의 기록을 인용하며 다음과 같이 그 시대의 여성상을 기록했다.

"여성해방이란 말이 현대에 들어와서 생긴 용어인 것 같지만 고대 로마에서는 여러 가지 장단점을 지닌 채 이미 실천되고 있었다. 네로시대에는 그 이전의 어느 시대와 비교할 수 없을 정도로 이혼 사례가 많았다. 세네카에 의하면, 당시 공식적으로 연도를 계산하는 방법은 집정관이 교체되는 횟수에 기준을 두었으나 남편의 수를 기준으로 삼는 여자들도 많았다고 한다. 그리고 타키투스와 동시대에 살았던 풍자작가 유베날리스는 특유의 반어적 표현법을 구사하여, 신혼부부의 대문 앞에 걸어두는 푸른 나뭇가지가 시들기도 전에 이혼하는 여자들이 많았다고 비꼬았다. ……, 프로페르티우스 같은 작가는, 여자로 하여금 죄를 짓지 못하게 하느니 차라리 바닷물을 마르게 하고 하늘의 별을 따오는 일이 더 쉬울 거라고 개탄했다. 그런가 하면 오비디우스는, 로마에는 모든 것이 다 있지만 여성의 미덕은 없으며 아무도 거들떠보지 않는 여자만이 순결하다고 했다. 세네카는 그보다 한 술 더 떠서, 여성의 순결은 못생긴 여자임을 말해주는 증거라고 강조하고, 결혼이란 오직 한 남자와 관계하는 것을 의미하는데 그것조차 모르는 여자는 구식이요, 따분한 여자라고 말한 바 있다.

로마 작가들이 넌지시 비꼬았던 말들은 오늘날의 상황에 적용하더라도 놀라울 정도로 딱 들어맞는다.

'당신이 멋대로 행동했으니까 나도 내 맘대로 살겠어요!' 외간 남자의 품에 안긴 어느 여자가 내뱉은 이 말은 현대소설에 나오는 구절이 아니라 서기 60년 무렵에 태어난 유베날리우스의 책에 나오는 구절이다."[3]라고 친절하게 설명해 놓고 있다.

그 시대 매춘은 심지어 귀족부인들에게까지 만연되어 있었고, 방탕한 성의 향연은 비단 궁중에서만이 아니라 시정에서도 공공연하던 시대였다. 기독교가 로마에 들어오면서 비로소 부도덕한 행위로 인식되기 시작했다.

그러나 로마인들이 좋아하고 황제의 인기를 평가하는 척도인 자극적이고 음탕한 연극의 공연이나 검투사와 검투사의 대결 또는 검투사와 맹수와의 싸움에 의해 짐승이 인간의 칼에 찢기거나 인간이 맹수의 이빨에 물어뜯기는 잔혹한 경기를 로마인들은 좋아했고 아무런 제제도 없었다.

그러한 대표적 연극은 음탕한 파스파이 왕비와 무스다이달로스와 그의 아들 이카로스에 관한 무언극이었다. 파스파이의 연극은 황소를 사랑하게 된 왕비가 암소 가죽을 둘러쓰고 황소를 유인하여 교미하는 연극이며, 이카로스는 크레타 섬에 감금된 이카로스가 밀납의 날개를 달고 탈출하는 내용으로 그만 밀랍의 날개가 녹아버려 추락하여 피 튀기며 죽는 내용의 연극이었다. 그러나 그러한 연극은 네로시대 이전부터 만연했던 추세로 국민들의 여망에 황제가 부응하는 것일 뿐, 그렇게 음탕하고 잔인한 연극이나 포악한 경주는 황제의 자체적 의도는 아니었다. 로마의 시민들이 음탕하고 잔인한 것을 좋아했다.

로마인들이 진정으로 예술을 사랑하는 지성과 식견이 있었는지는 몰라도 로마인들이 가는 곳마다 극장이 만들어지고 경기장이 만들어졌다. 로마인들의 정서가 그렇게 된 데는 절대 다수의 로마인들이 생산에 종사하지 않고 국가가 그들을 부양함으로써, 그리고 노예제도에 의해서 생산이나 전쟁 등이 노예들에게 맡겨짐으로써 시민들은 남은 시간을 소일하기 위하여 그러한 예술적 방법을 생각해내었다. 그러나 시간이 지나면서 점점 더 흥미를 고조시키지 않으면 따분해질 수밖에 없었기 때문에 그들은 결국 과격한 스피드와 폭력의 마차 경주나, 맹수와 인간의 잔인한 혈투 또는 검투를 비롯하여 음탕한 연극으로 그들의 예술은 추락하고 인간들의 향락을 위한 섹스의 개방과 혼란이 만연해 갔다.

또한 황제는 시민들의 그러한 욕구를 충족시킴으로써 권좌를 더욱 공고히 하고, 시민적 포퓰리즘에 편승하여 더 호사로운 궁전과 검투장과 마차경기장과 극장 등을 만들어 낼 수 있었다. 그리하여 네로도 전임자들의 전철을 밟았고 그것은 자연스럽게 더 크고 더 자극적으로 발전해 갈 수밖에 없었다.

　다만 네로가 전임 황제들과 달랐던 점은 그 자신이 직접 연극이나 마차경주 또는 검투에 주인공으로 참여했고, 시 낭송을 하고 노래를 불렀을 뿐이다. 그러한 과정에서 다소의 무리가 발생했지만, 그것들이 결코 잔혹하거나 시민들의 생명에 위해롭지 않았고 오히려 넌센스적인 즐거움을 주었다.

　오히려 그는 관행화된 예술 영웅들의 만행과 약탈을 금지하고, 한 사람의 노예도 함부로 죽이지 못하게 했다. 또한 그는 경기 선수들의 연금을 제정하여 예술진흥에 힘썼다. 그는 호화로운 경기장과 궁전을 지었지만, 그런 것들이 그의 광기와 폭력적 기질이기 보다는 그 시대 그 시민들의 여망에 부응일 뿐 자신의 호사를 위하여 한 일은 아니었다.

　오히려 폭군 황제들은 네로 전이나 그후에 많았다. 네로는 폭군에 끼일 수 있는 자질도 없었고 성격도 과격하지 못했다. 칼리굴라 황제는 고상하고 관중의 시선을 끄는 관객이 있으면 그를 경기장에 밀어 넣어 검투사들과 싸우게 해 처참하게 죽게 했고, 클라우디우스 황제는 1,900명이나 되는 사형수들을 동원하여 서로 싸우게 해 죽게 만들었다.

　중국의 고대 하와 은나라의 걸왕과 주왕이 인공호수에 술을 채우고, 벗은 미녀들을 수천이나 수천의 배에 태우고 말뚝에 고기를 매달아 광란을 즐겼던 것처럼 네로도 인공저수지에 바닷물을 끌어들여 희귀 어류들을 풀어놓고 400명의 원로원과 600명의 귀족을 집어넣어 싸우게 했다. 그러나 그런 것들은 유희였을 뿐 노예나 검투사들의 죽고 죽이는 싸움은 결코 아니었다.

　이미 기원전 100년 시대에도 검투사들의 경기가 만연되어 개인의 검투사 소유 수를 제한하기에 이르렀다. 카이자르가 기원전 65년에 검투경기를 열었을 때는 640명이나 출전했고, 아우구스투스 같은 현제 때에도 1만 명이 넘는 검투사들을 출전시켜 서로 팔과 다리를 자르고 몸을 찔러대는 경기를 시켰다. 그러나 그러한 것들은 이미 지적한 바와 같이 그 시대의 상황이었지 황제들의 연출은 아니었다.

네로도 심지어 여자들끼리의 검투를 시키기도 하고, 때로는 완전히 발가벗은 여인들과 난쟁이들이 대결하는 코믹 경기나, 흑인 여자 대 흑인 또는 남자의 경기나 인간과 짐승들의 대결 경기도 주최했다.

경기에 저서 죽은 자들은 악마로 분장한 시체 운반인들이 죽음을 확인하기 위해 달구어진 쇠창으로 시신을 지지고 마지막에는 시체실로 끌어다 버리면 티베르 강으로 사라져 버렸다. 만약에 살아 꿈틀거리는 자가 있으면 다시 목을 베어 버렸다.

검투사들은 전쟁에 패한 나라들로부터 붙잡혀 온 노예들로 구성되었다. 어차피 그들은 죽을 운명이었고, 조금이라도 더 살아남아 자유인이 되고 부와 영광을 누릴 수 있는 기회를 잡기 위해서는 죽기 아니면 살기로 동료 검투사들을 죽여야 했다. 그것도 가급적이면 시민들이 열광하도록 비참하게 죽여 피가 펄펄 솟아나면 더할 나위 없었다.

경기에서는 노예인간만이 죽어 가는 것이 아니라 수많은 맹수들도 인간과의 대결에서 죽어야 했다. 그러나 네로 때에는 시저나 폼페이우스 때보다 훨씬 적었다고 한다.

또한 네로는 정원에 말뚝을 세워 죄수들을 묶어 놓고 야수들을 풀어 뜯어 먹게 하거나, 불에 잘 타도록 옷을 입혀 불을 질러 태우거나, 맨손으로 야수와 싸우다 죽게 했다. 그러나 그러한 것들은 네로의 취향이기 보다는 관중의 요구였고 네로는 단지 묵인했을 뿐이다. 관중들은 격렬한 흥분에 면역을 보이고 있었다. 그리하여 지배자는 더 자극적이고 극적인 감동과 흥분을 창출하여 그의 시민들을 만족시켜 주어야 했다.

네로는 또한 장군들이 정복한 속주로부터 많은 세금을 거두어 로마 시민들에게 나누어주었다. 그 금액이 무려 1년 분의 생활비가 될 정도였다. 뿐만 아니라 면세제도를 통하여 시민들의 지지를 강화코자 했다.

네로는 보았다. 황제라 하더라도 시민들의 지지를 받지 못하면 비참한 말로가 기다리고 있다는 것을. 따라서 황제의 자리를 지키고 살아남기 위해서는 시민의 지지가 절대 필요했고, 그를 위해 네로는 갖은 노력을 다 할 수밖에 없었다.

집정관이 노예에게 맞아 죽는 사건이 발생했다. 당시의 법률에 의해 노예가 주인을 살해할 경우에는 그 집의 노예 전체를 사형에 처하게 되어있었다. 한 노예가 사랑하는 소년을 주인이 빼앗았다는 이유로 주인을 죽였다. 주인이 노예의 애인인 젊은 노예를 빼앗은 것이다. 네로는 노예들의 처형에 동의해야 했다. 그러나 시민들이 반대하고 나섰다. 그리고 원로원도 처형을 말렸으나 그는 그 집의 노예 4백 명 전체를 처형하도록 명령했다. 노예에 의존하여 유지되는 당시 로마사회의 노예는 전체 인구의 80%에 육박했다. 따라서 노예를 엄격히 다루지 않으면 로마는 일격에 무너질 위험마저 감수해야 했다. 그러므로 그는 엄벌을 실천한 것이다. 그러나 그후부터 네로는 심한 불안에 시달리기 시작했다.

노예가 절대다수인 로마에서 노예는 무서운 폭발물 같은 것일 수도 있었다. 더욱이 자유를 허락받은 해방노예는 그 또한 많은 노예를 거느리고 일반 시민과 같이 정치권력의 행사에도 동참하고 있는 사회였다. 황제에 소속된 노예들은 세금관리인이나 점령지 속주의 토지관리인과 같은 중요한 직무에 종사했고 많은 부분은 노동에 종사했다. 네로도 개인적으로 2만여 명의 노예를 소유하고 있었다. 따라서 많은 노예의 처형은 심약한 황제에게 부담이 되었던 것이다.

네로가 25세 되던 해에 그를 받치고 있던 두 명의 인물이 그의 곁을 떠나갔다. 친위대장 부루스가 죽고, 스승인 세네카가 소추를 받아 유배는 아니었으나 재산을 네로에게 헌납하고 떠나갔다. 이 두 사람 다 로마 시민들로부터 사랑과 존경을 받던 사람들이었다.

그러나 훌륭한 명장 코르불로(네로의 전전 황제 칼리굴라의 마지막 아내였던 카이소니아의 이복동생)의 해외 원정의 성공과 전쟁도 없이 속주가 되는 지역이 발생함으로써 내국의 평화가 유지되고 국력이 대외적으로 강해졌다. (그러나 코르불로는 카파도키아와 칼라티아의 총독이 되었으나 부하들의 음해로 스스로 자결하는 비운의 장군이 되었다)

그리하여 야누스의 신전에 문이 닫혔다. 이 사원의 정문은 전 로마에 평화가 찾아올 때만 닫게 되어 있었다. 따라서 로마는 언제나 어딘가에서 전쟁이 진행되고 있었기 때문에 이 문은 언제나 열려 있었다. 이 문은 아우구스투스와 베스파시아누스 그리고 네로 때에만 닫혀졌다니 네로의 시대가 평화시대였음을 의미한다. 물론 네로는 전쟁보다는 연극이나 문학 또는 음악을 좋아했던 예술적 인물이기도 했지만 훌륭한 장군들이 로마의 내외를 잘 통치했기 때문이기도 했다.

그러나 평화스럽던 로마에 대재앙이 닥쳤다. 기원 67년 7월 10일 막시무스 경기장과 팔라티우스 언덕에 화재가 발생했다. 당시 로마는 인구 125만 명이 운집한 도시로 도시 환경은 지극히 열악하여 화재에 취약했다. 기원 6년 아우구스투스 시절에도 화재가 발생했고, 기원 27년에는 첼리우스 언덕의 밀집지대가 화재로 전소되었으며, 기원 36년에는 아벤티누스 언덕 지역이 전소됨으로써 티베리우스 황제는 막대한 경비를 들여 복구하기도 했다. 또한 칼리굴라와 클라우디우스 황제 때에도 큰 화재들은 있었다. 따라서 아우구스투스 황제는 7천 명이나 되는 소방대를 창설하였고 모든 황제들이 화재대비와 사후 계획에 신경을 써서 곡물창고를 교외에 짓기도 했다. 곡물은 속지에서 대부분을 들여와 창고에 보관해 두고 적절히 방출해서 공급되고 있었기 때문에 곡물창고에 불이 나 전소라도 된다면 로마는 일대 위기에 직면할 수 있기 때문이었다. 그들은 요즘 말로 하면 리스크 매니지먼트를 잘 하는 사람들이었다.

네로는 화재가 발생하자 45킬로미터나 떨어진 안티움 별장에서 보고를 받고 허겁지겁 두 시간이나 말을 달려 현장에 도착했다. 화마는 네로의 호사로운 궁전은 물론 아우구스투스 궁전과 팔라티우스 언덕의 아폴로 신전 등을 재로 만들어 버렸다.

6일간이나 계속된 화재로 로마시 14개 행정구역 중 10개 구역이 피해를 입었고, 그중 3개 구역은 전소되었다. 네로는 공공기관에 이재민들을 수용하고 창고의 곡물을 풀어 이재민을 구제했다.

그럼에도 불구하고 네로가 로마에 불을 질렀다고 기록한 역사가들이 있다. 최초로 그 가능성을 시사한 사가들은 타키투스와 수에토니우스였다.

수에토니우스는 "네로는 허름한 주택들과 비좁은 골목들이 보기 싫어 시내에 불을 지르라고 명령했다"라는 식으로 단정적인 기록을 남기고 그후 다시 카시우스 디오는 "로마 전체와 제국을 파괴하고 싶었다"고 더욱 확실한 것처럼 기술했다. 더욱이 수에토니우스는 "네로는 마이케나 궁전의 탑에 올라가서 불이 타오르는 광경을 지켜보았다. 그는 평소에 애용하던 무대의상을 차려입고 불길이 치솟는 아름다운 장면에 도취되어 트로이의 함락 장면을 노래로 읊었다"라고 마치 자신의 눈으로 본 것처럼 기록해 놓았다.

후세에 올수록 네로를 방화범으로 확정하는 사가들이 생겨났다. 그리하여 네로가 방화를 하고 기독교인들에게 그 죄를 덮어씌워 교인들을 박해했다는 식으로 기록하게 되었다. 그러나 현세의 사가들은 그렇다면 그가 평생을 바쳐 수집했던 로마와 그리스의 예술품들을 안전한 곳에 미리 옮겨 보관하지 않고 타버리게 놔두었겠는가라고 반문하고 있다.

네로는 엄청난 사재를 들여 로마의 재건에 노력했고, 화재에 안전하고 보다 실용적이며 아름다운 도시를 만들고자 노력했다. 또한 거창한 황금의 궁전(도무스 아우레아)도 지었다. 그가 이러한 궁전을 지은 것은 살해 위험을 피하기 위함이었다고 사가들은 분석하고 있다. 마치 진의 시황이 그 같은 궁전을 지어 놓고 밤마다 방을 옮겨 잠으로써 자신의 위치를 알 수 없게 했던 전략과 유사하다. 네로보다 200여 년 전의 일이었으니 진나라에 사신을 보내 네로가 시황에게 자문이라도 받았을지 모른다.

그 이전의 황제 티베리우스를 비롯한 여러 황제들처럼 네로도 항상 살해 위험을 두려워했고, 거대한 방벽과 넓고 깊은 해자를 만들어 자기와 궁전을 보호하고 그 궁전의 오묘함 속에 자기를 숨기고자 했다.

물론 궁정이 자기의 생명을 보호할 수 있는 철옹성의 의미만을 갖는 것은 아니었다. 유명한 건축가들이 인류사에 처음으로 시멘트를 발명하여 정교한 갖가지의 디자인을 현실화 할 수 있었고, 궁정 안에 저수지를 만들고 수십 킬로미터의 운하를 만들어 해수를 끌어들임으로써 해수욕과 온·냉의 목욕을 즐길 수 있었다. 웅장함과 호화로움과 사치스러움은 인류사에 어떠한 궁전도 비견될 수 없는 극치를 구사했다. 역사가 타키투스는 "무모한 사업"이라고 평했을 뿐만 아니라, "믿어지지 않는 일을 했다"고 기록하고 있다. 또한 그는 오늘날에도 말이 많은 운하를 230킬로미터나 건설하려 계획하기도 했다.

수에토니우스는 도무스 아우레아 궁전을 다음과 같이 묘사해 놓았다.

"현관은 30m에 달하는 네로의 거대한 입상이 들어설 정도로 높고, 300m 길이의 기둥을 세 줄로 세운 홀이 건물 전체를 둘러싸고 있다. 건물 내부에 조성된 인공 연못은 건물들로 둘러싸인 바다와 같다. 그 내부에는 곡식을 심는 경작지와 포도밭이 있고, 초원과 숲이 다채롭게 펼쳐진 가운데 각종 가축과 야생 짐승들이 가득하다."

네로는 궁전의 현관에 30미터가 넘는 자신의 석상을 세웠다. 그렇다 영원한 욕망은 누구에게나 존재한다. 대 로마제국의 황제요, 거대한 황금궁전의 주인으로서 자신을 영원히 후세 인들에게 자랑하고 싶었을 것이다. 그러나 그 석상 얼굴은 두 번이나 황제들에 의하여 바뀌고 지금은 그곳은 도로로 변하였다. 그 궁전마저 네로 사망 후 46년만에 화재로 인하여 사라지고 말았으니 덧없음의 인생진리는 영원한 진리로 남는다.

네로가 그처럼 거대한 궁전을 짓고 극도의 호사를 부렸지만, 그 시대는 노예제 사회였고, 정복의 시대였다. 따라서 그러한 건설사업에 동원된 인력은 외국으로부터 잡혀온 패전의 노예들이거나 범죄자들로 구성되었고, 재정 또한 네로 자신의 것이거나 해외로부터 징수된 것들이었다. 그러므로 그러한 화려의 극치가 로마시민의 고혈로 이루어진 것이 아니었기 때문에 네로를 폭군으로 몰아붙이기에는 미흡하다. 오히려 네로는 "나는 로마를 위해 그리고 로마시민의 즐거움을 위해 최선을 다했다"라고 항변할 지도 모른다. 그러나 후세 사람들은 그러한 궁전의 잔해와 편향적 사가들의 주장에 따라 그를 폭군으로 몰고, 확실한 근거도 없이 기독교를 박해했다고 전하여 영원히 기독교 박해자로 누명을 쓰게 되었다. 그리고 그러한 기록들은 세월이 갈수록 더욱 사실적이고 박진감 넘치는 생명력을 갖고 그를 폭군으로 몰고 갔다.

네로의 사생활을 기록한 카시우스 디오의 저서에는 기독교에 대한 얘기가 전연 없다고 한다. 더욱이 기독교가 로마 상류사회에 스며든 시기는 네로가 죽고도 수십 년이 지난 1세기 말경부터라니 더욱이 네로의 기독교 박해는 진위가 모호해진다. 대제국 로마의 신들을 부정한 기독교가 배척되거나 박해를 받았음은 그 시대에 당연한 처사이기도 했다. 따라서 네로가 특별히 심하게 기독교와 그 신도들을 박해했다는 말은 와전인 것 같다.

더욱이 그 시대에 누가 하나님의 아들이라는 말을 믿을 것이며, 누가 구원을 믿고, 누가 동정녀가 아이를 낳았다는 황당한 말을 믿을 것인가? 그 시대 예수의 이야기는 사가들의 말처럼 핍박받는 자, 가난한 자, 아녀자 등의 비교적 하류계층의 사람들에게만 기독교가 스며들던 시대여서 세계를 지배하는 대 로마가 신경을 쓸 필요조차 없는 하잖은 일에 불과했다.

티베리우스 황제 시절 속주 이스라엘의 재정관 빌라도가 예수를 사형에 언도했을 때도 그것은 로마의 기독교 박해가 아니라 유대인들의 고발에 의해 빌라도는 몇 번이고 고개를 젓고, 손을 씻으면서 하는 수 없이 심판에 임했을 뿐이었는데, 기독교인들은 마치 빌라도가 기독교 박해를 위해 자의적으로 예수를 처형한 것으로 일부러 각색했다.

유대 사회에 예수는 하나의 이단이었다. 그리고 그들의 생각처럼 죽지 않는 메시아가 아닌 죽어버린 메시아였다. 그래서 지금도 유대인들은 예수를 믿지 않는다. 따라서 그들은 그들의 신과 메시아를 모독하는 이단의 처단을 위해 무리지어 총독 관저로 몰려가 고발하고 몇 번이고 단죄를 망설이는 총독 빌라도로 하여금 사형언도를 내려 예수를 죽이도록 발작적인 간구를 했던 것이다. 그럼에도 불구하고 기독교인들은 빌라도를 예수를 핍박한 자로 몰아세워 영원히 저주의 사도신경을 예배 때마다 암송하고 있으니 잘 못된 처사라 생각된다.4

예수나 기독교는 로마에, 특히 네로에게 문제의식을 제공하지 못했다. 따라서 네로에게 예수는 신경도 쓸 필요가 없는 하잖은 존재였을 뿐이었다. 그러므로 네로는 기독교의 박해를 위해 불을 질은 일은 결코 있을 수 없었다. 그것은 오히려 기독교를 핍박받은 종교로 부각시켜 전도에 효과를 기하기 위한 기독교인이나 그쪽 사가들의 고의적 날조라고 생각하는 사가들도 많이 있다.

결코 로마에 불을 지르고 누대에 올라 불타는 시가를 바라보며 술을 마시며 즐거워하는 폭군의 기질보다는 문화와 예술을 사랑한 젊은 청년이었다. 그는 시와 노래와 연주와 검투와 경주뿐만이 아니라 많은 조각품과 미술품들을 수집했고, 아름다운 로마를 재건하기 위해 노력했다. 그러나 화재로 대부분 그의 수집품은 소실되고 말았다. 그러나 화재 후에도 그는 로마만이 아니라 그리스까지 가서 예술품을 모으는데 열중했다.

1506년 미켈란젤로와 그 일행이 황금궁전을 조사하다 쓰레기더미 속에서 발견한 라오콘 군상은 트로이의 목마를 들여놓지 말라는 트로이 군중의 경고에도 불구하고 들여놓아 분노를 산 트로이의 사제 라오콘과 그의 두 아들이 두 마리의 뱀에게 물려 죽는 상황을 묘사한 작품이다. 이 작품은 로도스 출신의 세 조각가가 만든 것이며 세계적 걸작으로 현재 바티칸 미술관에 소장되어 있다. 황금궁전에도 일부 벽화가 남아 있는데 마치 고구려의 집안 벽화와 비슷한 느낌을 주는 신화적 그림들이다.

또한 바티칸 성당의 마당에 세워진 오벨리스크도 네로 경기장에 1586년까지 서 있던 것을 교황 식스투스의 5세의 요망에 의해 오늘날의 베드로 광장에 옮겨진 것이다.

어느 시대나 정치권력이란 잡는 자의 것이다. 왕족들의 세습왕조가 많았지만, 과거의 역성혁명이나 오늘날의 쿠데타나 또는 민주적 선거에 의하던 간에 권력은 잡는 자들의 소유물이다. 그래서 민주사회도 대중은 권력자들의 희생물이 된다. 민주시대에도 그러한 논리가 성립한다면 로마의 제정시대에는 더 말할 필요도 없는 것이다. 네로도 그의 양아버지인 클라우디우스 황제를 그의 어미 아그리피나가 살해하고 왕위에 올렸으니 네로 또한 항상 피살의 위험에서 자유롭지 못했다.

드디어 황제의 측근들로부터 암살 계획이 세워졌다. 그러나 거사 전에 발각되어 오늘날로 말하면 정보부장이나 경호실장 격인 친위대장을 비롯한 그의 예하 대장들을 비롯해서 집정관 등이 가담하여 피의 숙청이 불가피하게 자행되었다. 거기에도 시저에게 칼을 꽂은 부르터스가 있었고, 박정희에게 권총을 쏜 김재규가 있었다. 그는 바로 네로를 가장 가까이에서 보호할 책임을 진 친위대장 루푸스였다. 그러나 많은 사람들 중에서 진정으로 민중을 위해 역모에 가담한 자는 단 한 사람 집정관 라테라누스 뿐이었고 나머지 사람들은 자신의 영달과 네로와의 사소한 감정 때문이었다. 그들도 우리 조선의 기축옥사와 똑같이 갓을 삐딱하게 쓴 송강이 있었고, 그를 조종한 구봉이나 우계가 있었으니 세상 사람들은 동서고금에 변함이 없다.

또한 음모에 가담하였다는 혐의로 어릴 적부터 그의 스승이었던 세네카까지도 피소되어 결국은 자살하고 말았다.

이때의 상황을 타키투스는 "도시는 사람의 시체로 가득하고 카피톨루스 언덕은 제물로 바쳐진 짐승들의 시체로 가득했다."라고 묘사해 놓았다. 언제나 그랬던 것처럼 네로도 반란의 진압에 공을 세운 자들에게 훈장과 막대한 하사금을 내려 그들의 충성심을 고양코자 했다. 황제를 죽이려는 음모였으니 그 시대 역모자들을 처형하는 것은 네로에게 당연한 일이었다. 아무튼 그때 죽은 세네카의 시체도 장례마저 치르지지 않고 화장하여 버렸다. 유방에게 충성을 다하고 유방에 의하여 죽은 토사구팽의 한신의 죽음을 연상케 한다. 역사는 언제나 승자의 것이었다. 그리고 그것은 지금도 진리다. 그러나 네로를 폭군으로 단정할 수 있는 이유는 될 수 없다. 그러한 역모사건이 아니라 하더라도 조선조 말기 시구문 밖에는 장사도 치루지 못한 시신들이 무수히 썩어가며 파리 밥이 되고 있었으니 조선의 군주들은 네로가 폭군이라면 모두 다 폭군이라 해야 할 터이다. 네로에 대한 반란은 피의 숙청으로 끝났다.

역모죄는 어디에서나 가혹했다. 역적들의 처단에 네로가 직접 관여할 필요는 없었다. 법으로 처리해도 충분하고 역모의 주동자 친위대장을 시기하고 미워하는 티겔리누스만 있으면 되는 일이었다. 굳이 네로를 포악하다 할 이유가 없었다. 누군가 법에 따라 집행만 하면 되는 일이었다. 다시 말하면 그 시대가 포악하고 그 시대의 법이 무자비했을 뿐이다.

로마의 12동판법은 대역죄인이 로마 시민일 경우에는 참수형으로 집행했지만, 노예나 비자유인인 경우에는 산 채로 불에 태워 죽이거나 심한 태형을 가한 후 기둥이나 십자가에 묶어 놓고 때려죽이도록 되어 있었다. 그러한 사형이 집행될 때에는 모든 로마 시민들이 마치 축제라도 즐기려는 듯 몰려나와 법석을 떨고 아우성을 치며 광란했다.

죽음이 구경거리가 되던 시대가 바로 로마시대였다. 검투사들의 잘린 목과 터져 나온 내장에 환호하는 로마인들, 전차경주에 마차에 끌려가며 찢어져 죽어 가는 죽음에 열광하는 로마 시민들, 사자와 호랑이에게 물어뜯기는 장면을 보고 환호하던 로마는 진정 악마의 시대였다.

그런 악마의 시대는 20세기 미국에서도 있었고 지금도 있다. 흑인 강간 소년의 처형을 보기 위해 기차까지 대절하여 수 없이 많은 인파들이 몰려들어 마지막 불타는 죽음 앞에 광란했던 시대가 있었다. 마지막 세기 바로 우리들의 광주에서 사냥한 인간들을 거꾸로 질질 끌고 다니던 악마의 행렬이 있었다.

네로 시대에 기독교의 박해가 없었던 것은 아니지만, 반역자들의 의법처리처럼 기독교인들의 처형 또한 법에 의한 처분일 뿐 결코 특별법으로 그들을 가중 처벌한 것은 아니었다. 십자가의 처형은 법이고 관습이었다. 예수만이 십자가에 매달린 것이 아니었다. 십자군전쟁 때도 연도엔 수없이 많은 병사들이 십자가에 매달려 몇 키로미터를 장식하고 있었다.

네로 시대에 기독교인들이 세인의 이목을 크게 받지도 않았다. 그들 또한 외부에 대놓고 공개적인 전도를 하지도 않았고 모임 또한 은밀히 사회의 이목을 피했기 때문에 기독교가 사회문제로 크게 대두되지 않은시대였다. 오히려 기독교의 박해는 후대에 와서 강화되었다. 기독교 역사가인 오리게네스가 249년에 저술한 책에는 "소수에 불과"했다고 기록하고 있는 것으로 보아 그때까지는 큰 사회문제로 대두되지 않았고, 박해가 있었다 하더라도 제국의 신들을 부정하고 외래의 신을 숭상함은 당연 제제의 대상이었고, 그것은 법의 문제일 뿐 특별히 기독교인들을 가해하기 위한 것은 아니었다.

더군다나 바울이 속주에서 유대인 선동죄로 재판을 받게 되자 자기는 로마시민이기 때문에 네로 황제에게로 가서 재판을 받겠다고 속주의 총독에게 청하여 실제 네로의 재판을 받기까지 했다. 그는 석방되어 전교 활동을 했고, 네로가 죽기 1년 전에 사형에 처해졌지만, 네로가 그들을 박해하기 위한 것이 아니라 그저 법에 의한 집행이었을 뿐이다.

타키투스에 의하면 "기독교인들은 조롱을 당하면서 처형되었다. 일부는 짐승 가죽을 뒤집어쓴 채 사나운 개들에게 물려 죽었다. 다른 일부는 십자가에 묶인 채 맞아 죽거나, 어둠이 찾아온 뒤에 횃불을 밝히듯이 불쏘시개처럼 화형에 처해진 사람들도 있었다."[5]고 전하고 있지만 그 역시 법률에 의한 집행이었을 뿐 결코 네로의 포악은 아니었다. 네로 시대 뿐만 아니라 기독교의 초기 300년 역사에 희생당한 교인의 숫자가 사가들은 적게는 400명에서 많게는 1,100만 명에 이른다고 했지만, 작은 수치를 제시한 당시의 기독교 저술가 오리게네스는 249년에 발행된 그의 책에 "몇몇 순교자들은 결단성 없는 신자들의 신앙심을 강화하고 죽음을 두려워하지 말라는 가르침을 주기 위해, 때때로 자신들의 확고한 의지를 본보기로 보여주었다. 그러나 그런 사람들은 소수에 불과하여 헤아리기가 어렵지 않다"[6]라고 기록해 놓았다. 물론 베드로와 바울이 순교함으로써 순교가 기독교사에서는 획기적인 사건이지만 로마의 사가들은 누구도 그들의 죽음을 거론한 사람이 없었다니 그들의 순교가 당시 로마에 큰 사건으로 인식되지 않고 단지 통상적인 사건일 뿐이었다. 더구나 그들은 중죄로 화형에도 처해지지 않았고 베드로는 자청에 의해 십자가에, 바울은 참수형에 처해졌을 뿐이다.

네로는 기독교의 박해나 정치보다 연극이나 음악, 문학 등에 더 심취하여 자기를 이해해 주는 그리스까지 오랫동안 여행을 하며 예술 활동을 하자 집정관들이 찾아가 귀국하여 정치에 전념할 것을 간청하였으나 듣지 않았다. 민심은 물론 장군들과 집정관 및 근위대에까지도 인심을 잃었다.

네로는 반군들이 쳐들어오자 스스로 차고 있던 단도를 자기의 목에 찔렀다. 쉽게 죽지 않자 측근의 시종관이 칼을 더욱 깊게 꽂아 그의 죽음을 도와주었다니 네로는 끝내 외로운 예술인으로 스스로 죽어야 했던 어설픈 황제로 세상을 마감했다.

네로의 시대는 난정의 시대였다. 황제들이 독살당하거나 피살되고, 로마인들은 잔인했으며 귀족사회는 물론 왕족들을 포함한 소위 상류계층의 사람들 대부분이 도덕과 윤리로부터 멀어져 문란한 시대로 근친상간을 비롯하여 간음과 남색과 잔혹이 난무했던 상실의 시대였다.

네로는 또한 어머니의 성적 노리개가 되어 결국은 어머니를 죽여야 했던 비운의 황제였으며, 원하지도 않은 황제의 자리에 앉아 어렵고 지루하게 14년의 제위를 지킨 불행한 인간이었을 뿐 결코 악인도 선인도 아닌 평범한 황제에 불과했다. 더군다나 그는 31년도 다 채우지 못한 요절의 짧은 세상을 살았다.

우리가 폭군이라고 배우고 들은 네로보다는 다른 황제들의 포악이 더 극에 달했으니 몇몇 황제의 포악을 조금만 살펴보기로 하자.

전 황제 티베리우스(서기 14-37 재위)는 네로의 외조모이며 동시에 자신의 며느리인 아그리피나(네로의 어머니 아그리피나는 어머니와 동명임)를 불손하다는 이유로 벤토테네 섬으로 유배시킨 후 사람을 보내 그녀를 폭행케 하여 한 눈을 잃게 하고 식음을 전패한 그를 또다시 건강한 청년

5명을 보내 억지로 음식을 목구멍으로 쑤셔 넣게 하자 토해내고 결국 자살에 이르게 했다.

자신의 아들을 살해한 며느리의 정부를 아들이 경박했다는 이유로 처벌하지 않았으나 나중에야 그의 역모가 발각되어 사형에 처했다.

그는 게르마니쿠스(네로의 어머니 아그리피나의 남편)의 자녀들을 없애고자 하여 9명의 자녀 중 5명이 굶어죽거나 살해되고 나중에 황제가 된 칼리굴라와 아그리피나, 두루실라 및 리빌라 세 자매만 살아남았다.

네로의 어머니인 아그리피나를 황제로부터 보호한 사비누스라는 로마 귀족을 감방에 집어넣어 죽게 했다. 또한 수많은 미소년, 소녀를 전국에서 찾아내어 그가 말년의 10년을 보낸 카프리 섬으로 데려와 추악한 성노리개로 삼았는데 그에 저항한 부모나 아이들은 아무도 모르게 처치해버렸다.

세계 3대 미항이라 불리는 지중해변의 나폴리에 가까운 카프리 섬에는 오늘날 관광명소로 소문난 그로타 아줄라라는 해면 동굴이 있는데 성적 불구자였던 티베리우스는 벽을 갖가지 조각으로 장식하고 횃불을 밝혀 아름다운 지중해의 쪽빛 바닷물을 더욱 아름답게 보이도록 해놓고 미소년, 소녀들과 수영을 즐기며 그의 성기를 빨게 했다고 한다. 물론 지상에서도 젖먹이들을 데려다 그러한 행위의 변태를 부렸다. 그런 역사를 몰랐던 필자는 1979년 스위스로 공부를 하러 가던 도중에 그 동굴에 배를 타고 들어가 무심하게 아름다움만을 감상한 적이 있다. 동굴은 크지는 않으나 작은 배가 드나들 수 있었으며 수심은 그렇게 깊지 않아 수영하기에 좋았으며, 물은 켜 놓은 전등불에 연한 오동빛을 띠고 있었으나 벽은 제대로 보지 못했다.

티베리우스는 성적 도착만이 아니라 포악하기로도 유명했으니 누구나 그 앞에서는 떨지 않은 사람이 없을 정도였다. 그는 정신이상이라 할 정도의 기행적 폭행도 서슴치 않았으니, 어느 날 어부가 큰 생선을 잡아 진상했다. 황제는 어부에게 감사의 표시로 물고기의 독침을 어부에게 쏘았다. 그런 다음 바닷가재를 가져 오게 해서 가재의 집게발로 어부의 얼굴을 물어뜯게 해 엉망으로 만들어버렸다. 뿐만 아니라 그의 집권시대에 로마에서 가장 많은 사형이 집행되었다고도 한다.

그러한 사형마저 통상적 방법에 의한 사형집행이 아니라 기괴하고 가공스럽게 집행했으니 반덴베르크는 이렇게 묘사해 놓았다. "만일 죄인이 여성이거나 어느 정도 명성이 있는 경우에는 황제가 밤중에 직접 잔인한 방법으로 처형하고, 이튿날 아침에 시체를 바위섬의 가파른 절벽으로 끌고가 껄껄 웃으면서 바다에 던져버렸다. 남자 죄인에 대해서는 지하실에서 성기를 묶어 놓고 포도주를 부어 넣은 다음 같은 방법으로 처형했다." 지금은 그 절벽에는 기둥을 세워 도로를 만들어 놓아 승합차들이 관광객을 부두에서 카프리 섬의 정상으로 부지런히 실어 나르고 있다.

광적으로 포악한 티베리우스는 진시황처럼 자객이 두려워 매일 머무는 장소와 자는 방을 달리 했다. 황제는 80이 넘도록 건강하게 장수하다 자연사 직전에 친위대장 마크로에 의해 목이 졸려 죽었다. 그러나 그는 이미 죽었다 잠시 깨어난 상태였으니 어차피 멀지 않아 죽을 운명이었다.

티베리우스가 죽고 칼리굴라가 황제가 되어 그 역시 선정을 베풀고자 노력했으나 곧이어 정신병적인 기행과 폭행을 일삼다 친위대 대장들에 의해 피살되었고 그의 시체는 모반자들에게 난자당했으며 심지어 성기는 짓이겨졌다. 그는 성적으로 공공연히 파렴치한 행위를 했을 뿐만 아니라 세 자매를 동시에 사랑한 근친상간을 일삼았고, 한 여동생과는 정식으로 결혼까지 시도했었다. 남의 여자를 뺏어오기도 하고, 결혼식장에서 신부를 훔쳐오기도 해서 네 번이나 결혼을 했다. 그가 죽자 세네카는 "최고 권력자가 지닐 수 있는 최고의 결점이 무엇인지 보여

주기 위하여 그를 창조한 것 같다. 그를 보기만 하면 그가 미쳤다는 사실을 알 수 있었다."라고 했고, 타키투스는 "영리하게 미친 사람", 수에토니우스는 "광기가 만들어낸 괴물"이라고 하여 그가 정신 이상이 생겼음을 이구동성으로 말하고 있다.7

그의 뒤를 클라우디우스가 그리고 다음에 네로가 황제를 이었으나 클라우디우스는 독살당하고 네로는 자결했으며 네로가 죽고 1년 반 동안에 네 명이 황제가 바뀌었으며 마지막 황제를 제외한 세 명의 황제들은 비운에 죽었을 뿐만 아니라 그후의 황제들도 단명했다.8

네로를 전후한 로마의 역사는 도덕과 윤리가 상실된 시대였으며 인간의 이성이 죽은 시대였다. 사람들은 네로를 그 시대를 대변하는 속죄양으로 삼아 모든 저주를 그에게 퍼부었으니 플리니우스는 그를 "인류의 파괴자"이며 "세상의 독"이라고 했다.9

빌라도가 억울하듯 네로의 삶은 억울한 누명으로 덮혀 있다. 어차피 인간들은 물리적 두 눈은 있으나 가슴에 눈은 한 눈도 뜨지 못하며 살고 있다. 네로편이 길어진 것은, 역사적 진실의 왜곡으로 한 인간이 영원히 저주의 대상이 되는 것이 안타까웠기 때문에 그를 신원하고 싶어서였다. 역사에는 물론 그러한 인물들이 허다하다. 우리의 근대사에도 죽산 조봉암을 비롯한 많은 사람들이 억울하게 죽어갔다. 죽산은 명예가 회복되었지만 얼마나 많은 사람들이 구천에서 떠돌고 있는지 아무도 생각해 보지 않는다. 거의 2천년 전의 네로에 대한 애착 때문에 많은 부분을 할애하여 한 인간의 비극을 반추시키려 했다.

사가들이나 작가들은 네로를 악의 화신으로 만들고 현대판 포르노의 주인공으로 각색했다. 정말로 그런 인물이었을까?

빌라도와 더불어 가장 억울한 저주와 악령이 씌어진 그들을 살려내는 것도 후세인의 몫이라고 생각했다. 네로도 어미의 권력욕에 농락당한 불운한 인간이었다. 역사적 현실 속에서 미쳐버린 광기였다.

역사는 무심해서 뒤돌아보고 진위를 가리지 않는다. 앞으로도 많은 사람들이 그렇게 죽어갈 것이다.

주

1 필립 반덴베르크, 최상안 역, 한길사, 2003, 네로 광기와 고독의 황제, 146p, 본장은 본서를 많이 참조하였음을 밝힘.

2 전서148p.

3 전서156p.

4 본 기도문은 주후 325년 니케아 종교 회의에서 제정한 신조임.

5 전서318p.

6 전서319p.

7 비비안 그린, 최은진 역, 말글빛냄, 2007, 권력과 광기 42p.

8 네로 이후 1년간의 황제들 : 네로 광기와 고독의 황제, 413p.

황제	즉위년도	사망년도
네로	기원전 54	기원전 68
갈바	68	69
오토	69	69
비텔리우스	69	69
베스파시아누스	69	79

9 권력과 광기 52p.

8
여황제의 야망과 잔혹
측천무후

　중국 역사상 유일한 여성 황제인 무측천은 수나라 시대 당나라를 건국한 이연의 수하 무사학의 딸로 서기 624년에 태어났다.

　무사학은 상인으로 이연의 휘하에 들어가 후방의 군수물자 보급에 공을 세워 태종 때에는 이주도독이 되었다. 측천은 당 제국의 2대 태종의 아홉째 아들 이치 고종의 궁녀로 입궐한 재인才人[1]으로서 처첩 중 가장 낮은 지위로부터 출발하여 왕을 제치고 황제에 이르고 국호를 '당'에서 '주'로 바꾼 가히 영웅적 일생을 살았던 여걸이다.

　고종의 아버지 당 태종에게는 문덕황후 장손씨에게서 출생한 이승건을 비롯하여 무려 14명의 아들들이 있었다. 그럼에도 불구하고 아홉 번째인 이치가 왕위를 계승하게 된 것은 그에게는 기적 같은 행운이었다. 이미 주나라 때부터 확립된 종법제에 따라 장자에게 왕위 계승권이 있고 더군다나 이치 위에도 장자 이승건 뿐만 아니라 친형으로서 4남 이태도 있었고 후궁이나 비빈으로부터 출생한 형들이 여럿이나 있었음에도 9남인 그에게 왕위가 내려간 것은 기적일 수밖에 없다.

그러나 행운은 인간 내면의 저주스런 포악성의 원인이 되었으니 이미 태종의 장손 이승건이 태자로 있었으나 4남 이태가 태자보다 영명하여 태자에게 위협이 됨으로 그와 태종을 처치하고 왕위찬탈을 기도한 사건에 연루되어 태자는 서인으로 강등되고 이태도 처벌을 했다. 이태에게는 별 죄가 없었으나 형과 싸운 죄를 물어 처벌하고 만약에 이태가 왕이 되면 장차 장남 이승건이나 4남 이치 등의 안위에 문제가 발생할 것을 우려하여 이태만 못한 이치를 태자로 삼았다 한다. 그러고 보면 못난 것도 행운이었다.

태종도 그의 맏형 이승건이 황태자로 있었으나 그가 동생인 이원길과 공모하여 이세민을 죽이려 하였다. 이세민이 아버지 이연을 도와 당 제국의 건설에 획기적인 기여를 하고 세력이 커졌기 때문에 이승건에게 위협이 되었기 때문이다. 그러나 그 음모가 새어나가 이세민이 먼저 기원 626년 6월 현무문에서 그들을 살해해버리고 태자가 되어 왕위를 계승했으니, 당의 건국자들에게는 기마민족의 무사정신이 흘러내려 모두 다 포악했던 모양이다.

당 황제 이연의 선조는 몽골계의 유목민인 선비족 출신이라는 설도 있고, 태종의 모친 문덕황후 장손씨의 부모는 양친이 다 선비족이었으니 그들에게는 유전적으로 기마민족의 기질이 전해져 내려오고 있었는지도 모를 일이다. 2대에 걸쳐 형제간에 왕권을 다툰 불미한 사건이 발생했으니 후대의 사람들이 그렇게 생각하는 것도 무리는 아닐 것이다.

태종은 장자 태자 이승건을 검주로, 4남 이태는 균주로 유배시켜 서로 부딪치지 않게 했다. 이승건은 유배지에서 죽었지만 이태는 그후 역사에 다시는 말이 없다. 왕권도 좋고 종사도 좋지만 모두들 무자비한 혈연들이 아닐 수 없다.

진시황이 죽자 그의 아들 호혜는 궁녀 중에 황손이 없는 여인들을 모조리 순장시켜버렸다. 그러나 순장제도가 사라지면서 궁녀들은 궐 밖으로 나가 비구니가 되게 하였으니 그런 제도까지 조선왕조는 모방해서 조선의 궁녀들도 그와 비슷한 처지로 내몰리는 비극이 연출되었다. 무측천이 태종의 궁녀가 되어 말단의 첩인 재인이 되었으나 구설에 밀려 서인으로 다시 강등되고 태종이 죽자 당시의 법도에 따라 감업사의 비구니로 전락했으니 인생만사 일장춘몽이요 또한 세옹지마였다.

그런데 무후가 어렸을 때 관상쟁이가 그녀를 보고 황제가 될 상이라 하였다니 그렇게 몰락할 측천은 아니었던 모양이다. 서인으로 강등되었을 때 이미 태자로 봉해진 이치가 그를 보고 흠모하여 둘이 대범하게도 밀회를 즐기고 애까지 임신했었다는 설이 있기 때문이다. '자치통감'이나 '구당서' 등 역사서는 고종, 즉 이치가 선 황제의 기일에 감업사에 참배를 왔다 우연히 그녀를 만나게 되었다고 기록하고 있다지만, 승자의 역사에서 어찌 불미스러운 밀애설이 있을 수 있을까? 아버지의 궁녀와 밀애를 한 이치나 궁녀로서 태자와 밀애를 한 측천 모두가 간덩이가 부은 사람들이라 할 것이다. 들키면 죽음이 뻔하기 때문이다. 그러고 보면 측천이야 황제가 될만한 간을 가진 사람이지만 고종은 사리가 어두웠던 태자가 아니었을까. 일설에는 측천이 남성적인 면이 있어서 태종의 총애를 받지 못했다는 말도 있었으니 그 연유는 이러하다. 태종에게 명마가 있었는데 길들일 수가 없어 고심하고 있었다. 그것을 본 측천이 "쇠채찍과 철퇴 그리고 비수가 있으면 말을 길들일 수 있습니다. 쇠채찍으로 먼저 때리고, 그래도 듣지 않으면 철퇴로 머리를 후려치고, 그래도 소용이 없으면 비수로 목을 따버리면 됩니다."[1]라고 했다 한다. 그러나 믿어지지 않는 말이다.

20세도 되지 않은 궁녀가 그렇게 무지막지한 말을 했다는 것도 그렇고, 설혹 폭한적 기질이 측천에게 있었다 해도 왕의 총애를 받기 위해서는 내숭을 떨고 예쁜 짓을 했어야 할 터인데, 더욱이 황제의 자리에까지 오를 수 있는 지략을 가진 여인이 그런 어리석은 짓을 했으리라고 볼 수 없기 때문이다. 아마도 후세에 누군가 측천의 포악을 비난하기 위해 퍼뜨린 말일 수도 있겠으나, 그의 포악을 보면 사실일지도 모른다는 생각이 들기도 한다. 그러나 고종이 태자 시절부터 좋아했다면 측천은 교태를 부릴 줄도 알고 미모도 있었던 것이 아닐까 싶다. 어떻든 감업사를 다녀온 고종은 그녀에게 다시 후궁의 첩지를 내려 왕궁으로 불러들였으니 아버지의 여인을 아들이 부른 것이나 진배가 없다.

고종의 황후는 왕 황후였다. 그녀는 당시 나이 20을 넘지 않았으나 아들이 없었다. 후궁의 아들인 진왕 이충과 이소절 등이 태자로 거론되었다. 고종은 이소절의 어머니 소숙비를 견제하고자 감업사의 측천을 후궁으로 불러들이고 왕의 외삼촌인 장손 무기의 추천으로 진왕 이충을 태자로 봉하게 했다. 그리하여 고종은 왕위계승 문제를 해결하고 자신이 연모하는 측천을 머리가 길 때까지 기다려 궁정으로 끌어들이는 일이 가능하게 되었다. 그러나 측천은 고종의 아버지인 태종의 궁녀로서 비록 후궁 중 말단이기는 했지만 재인의 첩지를 주고 한때 사랑했던 여인을 아들이 후궁으로 맞이한다는 것은 떳떳치 못한 처사였다. 그러나 유목민의 피가 흐르는 그들에게는 그런 것쯤이야 문제가 아니었던 듯하다.

중국의 역사는 아들의 연인을 빼앗은 자나 며느리를 빼앗은 자 등의 기록이 허다하다. 양귀비만 하더라도 그러한 여인 중의 한 사람이지만 중국의 문인들은 양귀비의 아름다움만 극찬할 뿐 결코 부도덕 같은 것은 일체 언급이 없으니 공자 나라의 사람들로서는 아 다르고 어 다른 사람들이었다. 한편 성경의 구약을 보면 아버지의 첩과 동침하는 사례들이 많이 나온다. 뿐만 아니라 근친상간의 경고가 수없이 반복되고 있다. 동서를 막론하고 고대 사회의 성은 지금으로서는 상상할 수 없는 패륜의 시대였던 모양이다. 지혜의 왕 솔로몬도 처첩이 천 명이나 되었

다고 성서는 밝히고 있다.[2]

다시 측천으로 돌아가 보자. 측천은 구빈의 후비서열[3] 중 첫째인 소의 첩지를 받고 다시 입궁하여 고종의 사랑을 독차지 하게 되자 점쟁이의 말처럼 황제의 꿈을 안고 먼저 왕후가 되기를 작정하여 악행의 비수를 꺼내 들었으니 일차로 왕 황후를 처치해버리는 일이었다.

측천이 입궐하여 곧 왕자 홍을 낳고 뒤이어 공주를 낳았다. 고종은 공주에 대한 사랑이 지극하여 백일잔치를 궁정에서 떠들썩하게 차리는 등 공주사랑에 빠졌고 왕 황후 또한 공주를 무척 귀여워했다. 측천은 황후의 공주사랑을 제거의 계략으로 삼았다. 황후가 공주를 보고 나가자 공주의 얼굴에 베개를 올려놓고 눌러 질식시켰다. 공주에게는 백일잔치 때의 일이었음으로 겨우 태어난 지 백일밖에 안 된 때의 일이다. 측천은 자신의 영달을 위해 눈이 멀어 자신의 손으로 자신의 딸을 죽이는 천륜을 배반한 행위를 자행했다. 그는 그렇게 공주를 죽여 놓고 밖으로 나갔다. 곧이어 고종이 공주를 보러 들어왔다. 이미 공주는 싸늘한 시체로 변해 있었다. 고종은 경악하여 큰 소리로 측천을 불렀다. 측천이 뛰어 들어왔다. 아무것도 모른 것처럼 측천은 엎어져 대성통곡했다.

측천의 이런 악행은 자치통감의 기록에 의한 것인데 어찌 인간으로서 그럴 수 있었겠느냐며 측천을 악인으로 만들기 위해 후세 사람들이 꾸며낸 이야기로 보는 학자들도 있다고 한다.

어떻든 고종은 황후를 폐서인 하기로 했다. 왕 황후는 억울해서 졸도하리만치 분통터지는 일이었지만 그 덫에서 빠져나올 방법을 찾지 못했다. 그러나 폐서인이 그렇게 쉬운 일이 아니었다. 그녀를 옹호하는 조정 대신들이 많이 있었기 때문이다. 측천은 그런 무리들에게 뇌물을 보내고 눈짓을 보내는 등 그들을 끌어들여 결국은 폐서인이 되게 했다. 그리하여 급기야 자신이 황후의 자리에 올랐다. 그렇다. 어찌 말이 없겠는가? 아버지가 데리고 놀던 여자를 아들이 왕비로 맞이한다는 것이 말이나 되는 짓인가? 그러나 고종은 황후로 받들게 하고 거창한 즉위식을 거행하며 신하들로 하여금 "황후만세"까지 부르게 했다니 무슨 놈의 역사가 그런가 싶어 팬을 던져버리고 싶은 생각이 들었다. 어떤 자는 북방 소수민족에는 아버지가 죽으면 아들이 어미와 결혼하는 풍습이 있었다 하지만, 소위 형제간에 있었던 형제계승혼을 확대해석한 것이라며 강한 비판 또한 없지 않다.

재미있는 얘기가 있다. 측천의 황후 추대자인 허경종이란 자의 말이다. "시골 촌놈도 보리 열 석의 여유만 생기면 아내를 바꾸고 싶은 법이다. 하물며 천자가 황후를 결정하는데 다른 사람들의 평판에 신경을 쓸 필요가 있겠는가?" 그리하여 대세를 눈치 챈 모든 중신들이 고종의 어의에 찬동하였고, 고종은 그의 선왕 태종이 자기에게 측천을 하사했다는 명목으로 황후를 삼았다니 지금도 웃기는 얘기지만 모든 중신들은 뒤돌아서며 "웃긴다" 했을 것이다.

한편 폐위된 황후 왕씨와 숙비 소씨는 별처에 유리되었다. 고종의 구명을 눈치 챈 측천은 그들을 곤장으로 치고 수족을 잘라 술독에 쳐넣으며 "뼛속까지 저리게 하라"는 저주를 퍼부었다. 죽어가던 황후와 소숙비는 "다음 생에 내년은 꼭 쥐새끼로 태어날 것이니 나는 고양이가 되어 너의 목을 물 것이다"는 원한에 피눈물나는 말을 남겼다 한다. 정말로 그녀들은 고양이가 되고 쥐가 되었을까?

그래서 생겨난 말인가. 길을 함부로 내지 말라는 말을 백범은 남겼다. 잘 못된 길을 다음 사람들이 따라오기 때문이다. 그 말은 정말 맞는 말이다. 여태후가 척부인을 처참하게 죽이더니 측천이 왕 황후와 숙비를 그녀를 따라 죽였다. 팽함이 먹라에 빠져 죽자 굴원이 그를 따라 먹라에 빠져 죽고 근래에 모기업체 부사장이 물에 빠져 죽자 모 시장이 따라 죽고 연이어 전직 장관이 따라 죽는 연쇄 자살사건이 발생했다.

모두들 삶과 죽음에 보다 신중할 일이다.

왕씨와 소씨의 악몽에 시달리던 측천은 몇 번이나 거처를 옮기며 살다 왕씨와 소씨의 성까지 싫어하는 동물을 의미하는 '망'과 '효'로 바꾸어 그들의 망령으로부터 벗어나고자 했다. 소름끼치는 여자였다. 참으로 치가 떨리는 여자였다. 망자들에게까지 영원한 저주를 퍼붓고 가혹했던 측천은 과연 희대의 악녀였다. 황후가 되어가는 과정에서 왕 황후와 측천의 세력 키우기 다툼에서 상호견제로 수많은 사람들이 다치고 죽어나갔다.

황후 추대에 반대했던 거물 장손 무기는 모반죄를 둘러쓰고 유배되었다 스스로 자결하고 말았다. 왕비와 숙비를 처단하는 고종을 후궁이나 비빈들이 가까이 하지 않았다. 그러던 차에 측천의 언니와 그녀의 딸이 궁정에 들었다. 고종의 눈에 뜨였다. 고종은 처형인 언니에게 한국부인의 첩지를 내리고 짝짝꿍이 되어 밀회를 즐겼다. 그러던 어느 날 들통이 났다. 그럼에도 측천은 태연하게 고종을 보살펴 주어 고맙다는 인사를 언니에게 했다. 그러나 며칠 후에 한국부인은 시체로 발견되었다. 모두들 범인을 알고 있었지만 아무도 입을 열지 못했다. 한국부인이 살해되자 그녀의 딸을 위국부인에 봉하고 즐겼다. 그녀 또한 얼마 못가 측천에게 살해되었다. 위국부인의 살해를 눈치 챈 그의 오빠 하라만치도 무고한 죄를 쓰고 유배되어 가던 길에 목이 졸려 죽었다. 결국 측천은 그의 언니 조카들을 모두 죽였다.

어느 날 측천이 궁중의 안정을 위한 굿판을 벌렸다. 그를 안 측천의 반대세력이 고종에게 폐비를 부추겼다. 측천은 고종에게 눈물로 하소연 했고 이미 측천에게 실권을 빼앗긴 고종도 두려워 없던 일로 하였다. 고종에게도 측천은 무섭고 두려운 존재로 부상했다. 물론 폐비를 건의한 자들과 그들의 측근 모두가 때죽음을 당했다.

대권을 휘어잡은 측천은 중신과 관료들을 돈으로 매수하거나 칼로 위협하여 모두 다 자기 손 안에 넣고 천자만이 거행하는 태산의 봉선의식4마저 직접 거행하기에 이르렀으니 그를 통하여 그는 자신이 황제위에 있음을 운연중 선포했다. 그리하여 그는 태자에 책봉된 진왕 이충을 갖은 방법을 동원하여 스스로 물러나게 하고 이홍을 태자로 책봉케하였다. 이충은 그의 지지와 보호자였던 왕 황우와 장손무기, 유석, 기타 모든 충신들이 사라졌음으로 폐위 압력을 스스로 눈치 채고 물러나그의 백부 패태자 이승건이 유배 가서 생을 마감한 검주로 옮겨가 짧은생을 마감했다.

측천이 반대 세력을 제거한 얘기들을 다 기록할 수가 없다. 갖가지구실과 함정과 모략을 날조하여 처형된 자가 부지기수이기 때문이다.수많은 중신들이 유배되거나 옥사되어 사라지고 그들의 처자들도 삼족과 함께 멸하거나 노비로 삼았으니 완전히 태풍이 쓸고 간 폐허요 쑥대밭 같은 풍경의 고요가 측천의 시야에 펼쳐지고서야 측천은 한숨을 돌릴 수 있었다.

측천이 반대파를 척결하는데 왼팔과 오른팔의 역할을 한 두 사람이있으니 허경종과 이의부였다. 허경종은 태종에게도 신임을 받았던 사관으로 죽은 후 태종의 황묘 옆에 묻히기를 허락받을 정도였으나 사관으로서 정직하지 못했고, 딸을 만족에게 시집보내며 뇌물을 받아 탄핵을 받았다. 또한 그는 아내가 죽자 그의 시녀였던 여자를 놓고 아들과다툴만큼 천성과 가문이 천한 사람이었다.

이의부 역시 겉은 온화했으나 웃음 속에 독이毒齒를 숨긴 고양이였다고 한다. 또한 그도 허경종과 같이 호색가여서 범인으로 옥에 갇혀 있는 비녀를 풀어 첩으로 삼고 매관매직도 서슴치 않았다. 그들은 반대파제거에 세운 공로로 허경종은 문하시중, 이의부는 중서령이 되었으니측천에게는 만고에 충신이었지만 모두 다 20세기 히틀러의 괴링이요,히물러요, 아히히만이며 아우슈비츠의 아돌프 해스였다.

그런 측천의 권력잡기가 진행되고 있는 과정에서도 당나라는 세력을 확장해 가고 있었다. 측천의 남편 고종 자신은 허약했지만 태종이 국력의 기반을 닦아놓아 말갈과 고구려까지 그들의 손아귀에서 자유롭지 못했다.

수의 양제가 고구려 원정의 실패로 국가의 쇠망을 제촉하고, 태종도 몇 번의 정벌 시도로 혼줄이 나고 눈에 화살을 맞아 애꾸눈이 되었으나 소정방 등의 명장들이 있었기에 고구려 정벌이 가능했다. 그 당시의 상황이 태종의 실록인 정관정요5에 상세하게 기록되어 있다. 호시탐탐 고구려 정벌을 숙원으로 삼던 당나라를 간사한 신라의 무리들이 합세하여 삼국통일을 성취했다지만 신라는 고구려를 완전히 당에게 넘겨주고 지금의 삼팔선 부근을 국경으로 반토막 반도였는데 그것이 어떻게 통일인지 사가들은 말이 없고 지금도 남북통일 구호만이 요란하니 역사도 그렇고 학자들도 그렇고 중생들도 모두가 그렇고 그런 것이 측천시대나 다름이 없다. 그 신라인들의 눈가리기에 반도 역사가 천수백 년을 침묵하고 있으니 하는 말이다. 더군다나 백제도 당나라 땅이 되고 신라도 당의 지배를 받고 있었는데 누가 그를 삼국통일이라 역사에 기록했을까? 오히려 신라는 삼국통일을 한 것이 아니라 당나라를 도와 고구려와 백제를 당에게 넘겨준 민족사적으로는 역적의 무리들이었다면 그 신라인들의 후예들이 들고 일어날 것인가? 그럴 것 없다. 나도 진평왕의 부마 손이다. 어떻든 유약한 고종이 황제에 있고 측천이 피로 조정을 물들이고 있을 때였지만 당의 국력은 신장되고 나라는 평온했다.

측천은 소숙비의 두 딸도 없애고자 했다. 그들을 별궁에 감금했다. 그녀들을 본 측천의 아들 태자 이홍이 고종에게 아뢰어 풀어주기를 간청했다. 태자는 그런 짓이 어머니의 짓인 줄을 알고 있었다. 고종도 풀어주기로 했다. 그를 눈치 챈 측천이 서둘러 말단 병사들에게 시집을 보내버렸다.

난세에는 횡재도 있는 법이다. 질서가 잡히고 태평성세가 되면 출세도 어렵고 돈도 벌기 어려운 법이다. 세상이 어지러워야 자리가 보이고 돈이 보인다. 병사들이 어찌 공주를 마누라로 삼을 줄 상상이나 했겠는가?

제쳐두고 본론으로 가 보자. 그해에 측천의 아들 태자 이홍이 갑자기 요절했다. 사람이 죽는데 때와 장소가 정해지기야 했을까만 갑작스러운 죽음을 놓고 뒷얘기가 무성했다. 모두 다 측천의 짓이라고 단정했다. 이미 그녀는 자기의 딸을 백일잔치 때 죽이고 죄를 왕후에게 씌워 왕후와 소숙비를 포 떠서 술독에 담은 바가 있지 않은가. 범죄란 처음에는 어려워도 자꾸 하게 되면 죄의식이 마비되고 간덩이가 커져서 제2 제3의 범행은 쉽게 된다. 딸을 죽인 여인이 아들을 죽이는 일이라고 무어가 어려울 것인가.

이홍이 죽자 그의 동생 이현이 22세의 나이로 태자에 봉해진다. 물론 측천의 친자이고 총명하고 야물었다. 그러나 태자 이현은 어려서부터 어머니의 포악을 보고 자랐던 터라 심히 측천을 경계하고 대비했다. 그러나 측천은 그마저 죽일 양으로 사람들을 시켜 모함하고 반역을 꾀했다며 조사케 했다. 뜻밖에도 마굿간에서 많은 무기가 발견되었다. 경계와 호신용이었을 것이나 어찌할 것인가. 그것이 오히려 물증이 되어 죄를 뒤집어쓰고 패서인이 되어 멀리로 귀양갔다. 몇 년이 못가 측천은 자객을 보내 태자 이현은 물론 그의 손자 세 아들도 함께 죽여버렸다.

측천의 포악이 이쯤되면 누구나 간담이 서늘해지거나 식은땀이 흐를 만하다. 언니를 죽이고, 언니의 딸도 죽이고, 조카도 죽이고, 첫 딸과 큰아들, 작은아들, 손자까지 다 죽일 수 있는 비정의 역사는 속말로 모르면 몰라도 측천밖에는 없었을 것이다. 아우슈비츠 수용소장이었던 해스는 죽기 전에 쓴 그의 고백록에서 매일 수많은 사람들을 가스실로 보냈지만 집에 와서는 사랑하는 처자식들과 행복했다는 말을 남겼다. 미물도 새끼를 잃으면 슬피 울고 토끼도 죽은 새끼를 땅에 묻는다는데 인간의 탈을 쓰고 미물인 토끼만도 못한 인간이 이 세상에 있었고, 그녀의 등 뒤에서 그녀를 따라 출세가도를 달리며 칼춤을 추던 막나니 사내들이 있었으니 더럽고 추한 얘기를 더 들추어 무엇하랴?

서기 683년 또 다른 이름의 이현이 태자에 오르고 측천의 남편 고종은 측천과 대사를 논의하라며 중신들에게 이르고 세상을 떠났다. 이현이 왕위에 오르니 그가 중종이다. 측천은 황태후가 되었다.

중종은 황제가 되었으나 어머니 측천의 횡포에 휘둘려 불만이 많았다. 그는 높지 않은 지위에 있는 그의 장인 위헌정의 벼슬을 빨리빨리 높여 요즘으로 하면 총리로 쓰고자 했다. 기존의 권신들이 말들이 많았다. 분노한 중종은 "황제인 짐이 무엇을 못하겠느냐? 통째로 천하를 위헌정에게 준들 무엇이 잘못인가?"라고 외쳐댔다. 그 말이 측천에게 들어갔다. 측천은 나라 망해 먹을 놈이라고 생각되는 중종을 폐위시켜 버렸다. 모두 다 측천의 세력인데다 고종마저 없는 천하는 이미 측천의 손아래 있었으니 무엇인들 못할 것이 없었다.

측천은 중종을 폐하고도 새로운 왕을 결정하지 않았다. 당연히 측천의 막내아들 이단이 올라야 할 것이나 측천은 자기가 황제에 오를 생각을 꿈꾸며 여론을 지켜보고 있었던 것이다. 일부 아첨꾼들의 요청이 없지 않았지만 이단의 마음이 누그러지지 않아 할 수 없이 이단을 왕위에 앉히니 그가 예종이다. 그러나 예종은 아무런 실권도 없이 궁정 깊숙한 곳에 처박혀 있었다.

아직 고종이 살아 있을 때의 일이다. 측천이 위국부인을 죽이자 위국의 오빠이며 동시에 측천에게도 사촌 오빠인 하라민지가 통곡을 했다. 측천은 그 오빠가 자기를 의심하는 것 같아 유배시키고 유배지에 도착하기도 전에 목을 졸라 죽여 버렸다. 하라민지는 무씨 집안에 아들이 없었음으로 성을 무씨로 바꾸어 가계를 잇고자 했던 자였으니 측천이 많이 마음에 두고 사랑하고자 했던 오빠였을 터인데도 무자비하게 목을 졸라 죽여 버렸으니 측천은 가히 희대의 죽음의 사신이었다.

그녀는 필요할 때는 쓰고 불편하거나 쓸모가 없어지면 모조리 없애 버렸다. 황제의 자리에 오르는데 공이 많은 공신들도 나중에는 다 죽여 없앴고 패고 죽이고 목을 조르게 했던 혹리들의 무리도 모두 다 빗자루로 쓸듯이 쓸어 쓰레기통에 쳐 넣어 버렸다. 그녀는 괴승과도 놀아나며 불교를 중흥시키다 또다시 도교로 돌아서며 그 승려를 포함 수많은 여신도들도 죽여 버렸다. 미남인 두 형제를 동시에 끼고 놀았으면서도 고고한 척했다.

드디어 반란이 일어났다. 주모자는 독자들도 드라마에서 그 이름을 기억할지 모르지만 그는 측천의 고구려 정벌 때 성공적인 전투로 명성을 얻은 이적 장군의 손자 이경업으로 당시 유주의 사마로 요즘으로 치면 차관급의 벼슬에 있었다. 그와 정부에 원한을 품은 무리들이 반란을 도모하여 위세를 떨치는 듯했으나 곧 이론이 분열되고 전투에 미숙하여 1개월도 채 버티지 못하여 모두가 몰살되고 난은 평정되었다. 그리하여 이경업의 위로 3대의 무덤이 파해쳐져 유골은 산산이 흩어지고 생전의 관직과 작호는 물론 사성까지 파기되었다. 기원 684년의 일이었다.

반란에 놀란 측천은 공포정치에 돌입했다. 밀고를 제도화 하자 수많은 밀고자들이 생겨나고 때로는 높은 지위에까지 벼슬이 내려지는 자들도 많았다. 그러나 말이 그렇지 밀고자들이 어찌 훌륭한 인물이었을 것인가? 대분이 몰염치한 놈들이거나 아부와 아첨으로 한세상 살아보고 싶은 놈들일 뿐이라 대부분이 천한 놈들에 마음씨들도 포악했다. 측천은 그런 무리들을 등용하여 소위 스탈린의 케이지비나 나치의 케스타포 같은 무서운 폭력을 휘두르게 했다.

그때 등장한 사람들의 일부를 보면 색월래란 자가 있었는데 그는 이란계 유민으로 별 볼일 없는 떠돌이였는데 밀고로 발탁되어 유격장군이 되었고, 그는 측천이 본대로 포악하기 그지없어 공포정치의 대명사 악마가 되었다. 그를 이어 도둑질하다 잡혀 옥에 갇혀 있던 래준신, 가난뱅이 거지에 일자무식인 후사지, 무엇을 했는지도 모르는 만국준 등이 등용되어 혹리로서 공포정치의 주가 되었다. 더욱이 래준신과 만국준은 『나직경』이라는 고문기술 책을 만들어 누구든 걸려들면 자백은 물론 무고에 걸려들게 되었다. 뿐만 아니라 잡혀온 자들은 누구든 형리들이 벌려놓은 고문 도구를 보는 것만으로도 졸도할 정도로 무서운 도구들이 많았다.

이들이 개발한 기상천외한 고문 방법들이 그 책에 기록되었다 한다. 『측천무후』를 쓴 일본작가 도야마 군지는 이렇게 밝혀 놓았다. "온몸의 맥을 다 끊는 정백맥, 숨을 제대로 쉬지 못하게 하는 천부득, 갑자기 숨을 뱉게 하는 돌지후, 혼을 뺀다는 실현담, 죽은 돼지의 근심이라는 사저수, 바로 죽기를 바란다는 구즉사, 집안의 파산을 애걸하게 하는 구사파 등" 그 외에도 많은 종류의 고문법을 찾아내 놓았다.6

참고로 고래로 자행되었던 형벌을 조금 소개해 보기로 한다. 죄인의 목을 벤 뒤 시체를 사람들이 자주 오가는 데 버려 보게 하는 기시棄屍(우리나라도 한말에 시구문 밖에는 버려진 기시로 인해 말이 넘어질 정도로 많은 시체가 있었다고 외국 선교사는 기록해 놓았다), 정강이 뼈를 잘라내는 빈(손빈), 얼굴에 글자를 새기는 자자刺字, 허리를 자르는 요참腰斬, 마차에 사지를 매달아 발기는 거열車裂, 살펴야 할 노부모가 있거나 불가피하게 살려주어야 할 죄인에게 내리는 형으로 판자에 이름을 써서 삶는 팽형烹刑(이 형을 받으면 살았으되 사람 취급을 안함), 매를 치고, 코를 베고, 다리를 자르고, 귀를 베고, 혀를 자르는 오형五刑(진나라의 이사가 제정하고 자신도 오형에 죽음), 발꿈치를 자르는 월형刖刑, 그 외에도 오살육시五殺戮屍, 부관

참시剖棺斬屍, 포를 떠 소금에 절이는 저해菹醢 등 수많은 종류들이 있었다.

참으로 역사는 기이한 것인가 보다. 손빈의 법에 손빈이 걸려들어 죽고, 진나라에 무서운 행형제도를 마련한 이사가 이사의 법에 죽고, 불란서 혁명 때 대량 사형무기로 기로친이란 자가 그의 이름을 따 만든 기로친에 의해 자신 곧 기로친이 목이 잘리고, 측천의 시대에 그 고발제도를 만든 자도 앞에 언급한 반란자 이경업에게 무기를 공급한 자로 밀고 되어 죽었으니 자업자득인지 모를 일이다.

이러한 법들을 만들거나 혹형을 가하고 공포시대를 열었던 사람들은 그들의 이름이 역사에 기록되지 않기를 바랐을 것이나 어찌 그런 일들이 숨겨지겠는가? 수많은 역사서들이 그들을 기록해 놓았다. 유후의 『구당서』, 송기 및 구양수의 『신당서』, 사마광의 『자치통감』, 홍패의 『용재석필』 외에도 때로는 좋게 때로는 나쁘게 상세하게 기록해 놓았다.

세월은 측천에게도 영원한 부귀권세를 보장하지 않았다. 솔로몬의 권세가 들꽃 한 송이에도 미치지 못한다는 성서의 말씀이 떠오른다. 황제의 자리에서 측천을 끌어 내리려는 세력이 점점 커져가고 있었다. 측천 또한 80이 넘어 기력을 잃고 병세가 깊어가고 있었다. 705년 새로운 세력들이 병상의 그녀에게 황태자를 앞세워 치고 들어가 황위를 물리게 하니 그의 친자 중종이 황위에 올랐을 뿐만 아니라 측천이 마지막까지 끼고 돌았던 미남 장씨 두 형제도 즉결처단되고 일당의 무리들이 쓸려나가거나 목 베어졌다. 물론 측천이 바꾼 국호 주도 다시 당조로 복원되고 살인광 측천도 숱한 여운을 남기고 뒷길로 사라졌다.

군주가 악한 시대에는 백성도 악한 것이 인간들의 역사였다. 히틀러만 악한 것이 아니라 모든 유럽이 당시에 다 악한 것처럼 중국의 걸이나 주왕도 악한의 뒤를 받쳐줄 대중이 없으면 어떻게 한 사람의 폭군이 일일이 그 많은 사람을 죽일 수 있을 것인가?

주

1 측천무후 : 도야마 군지. 옮긴이 박정임. 도서출판 페이퍼로드. 2006. 32P(본장은 본서를 많이 참조하
  였음).
2 아버지의 첩과 동침한 자들 : 성서 야곱의 아들 루우벤이 아비의 첩 빌하와 동침, 다윗의 아들 압
  살롬이 아비의 후궁 10명과 동침.
3 비빈妃嬪서열표 : 부인夫人=귀비, 숙비, 덕비, 현비 각 1인.
                  구빈九嬪=소의, 소용, 소원, 수의, 수용, 수원, 충의, 충용, 충원 각1인.
                  첩여, 미인, 재인 각 9명.
                  보림, 어녀, 채녀 각 27명.
4 봉선의식 : 중국 고대의 왕의 즉위나 국가의 중요대사가 있을 경우 하늘에 고하기 위해 태산에
  올라 제사를 올렸던 의식.
5 정관정요 : 당나라의 태종 이세민의 정치철학과 당시의 사실史實을 기록한 책으로 국내 번역본으
  로 김원중 역, 1998, (주)홍익출판사 본이 있음.
6 측천무후 144P.

9
백인들의 식민지 만행
미국

미국이라는 나라는 백인들이 건너가 세운 나라다. 영국의 청교도들이 종교의 자유를 찾아 세운 나라라고 건국의 역사가 아주 그럴 듯하게 창조되어 있지만, 과연 얼마나 많은 청교도들이 건너갈 수 있었겠는가? 그보다는 영국정부가 미국이란 대륙의 점유와 개척을 위해 내보낸 죄수들을 포함한 저급의 사람들이 주종을 이루어 건국한 나라라 해야 마땅할 터이다.

인간들은 자기가 몇 년간 다녔던 직장에 사표를 내고 이직을 하거나 새로운 사업을 하는 일마저 그리 쉬운 일이 아니라는 것을 알고 있다. 또한 고향을 떠나 외지로 삶을 찾아 나서는 것도 쉽지가 않음을 알고 있다. 하물며 아직도 인간들의 삶이 저급했던 시대에 먼 미지의 세계로 삶의 터전을 일구기 위해 고국을 등지고 출항해야 했던 사람들이라면 당시 그들의 사회적, 경제적 상황이 어느 정도였을지 짐작할 만한 것이다. 물론 긍정적이고 미적으로 보자면 개척자 정신을 가진 프론티어들이 많이 건너갔을 것이라는 상상도 가능하다. 그러나 그러한 정신을 가진 자들이 집단을 형성하여 이주했다는 상상을 하기에는 너무나 합리성이 없다. 인간의 심성은 개척보다는 안주하고자 하는 성향이 더 강하기 때문이다. 따라서 삶의 바닥을 헤매던 자들이 집단을 이루어 건너갔을 확률이 훨씬 크다고 보아야 할 것이다. 안정적으로 사회적 기반이 잡힌 중산층은 물론 상류층은 말할 것도 없이 불가피한 경우가 아니면 절대 모험을 바라지 않는다. 따라서 조금 과격하게 표현하면 이판사판의 입장에 처한 사람들일 가능성이 훨씬 높다.

그들은 황무지로 방치된 땅이라 하지만, 그러한 땅들은 모두 다 원주민들인 인디언의 땅이었다. 서구인들이 부친 통칭적 인디언이 아니라 각각의 고유한 종족의 이름을 가진 사람들의 땅이었다. 버려진 땅이 아니라 분명히 점유하고 소유자가 있는 땅이었다. 인구밀도가 낮았던 그들은 광활한 대지를 다 경작하거나 개발하지 않아도 자연이 제공하는 자연적 산물만으로도 충분히 생활을 영위할 수 있었다. 따라서 그 광활한 대지는 그들에게 무의미한 것이 아니라 그들에게 옷감, 땔감, 주거, 먹이로서 과일과 육류를 공급하는, 소위 의식주를 공급하는 문자 그대로 자연의 밭으로서 경작지였고, 목장이었으며, 에너지를 공급하는 유전이나 땔감으로서의 숲이 있었다. 따라서 백인들은 버려진 땅을 개척한 것이 아니라 그들은 원주민들을 살상하거나 열악한 환경의 극지로 몰아붙이고 대지와 삼림과 강과 하천을 빼앗았다. 그리하여 원주민들도 죽지 않고 빼앗기지 않기 위해 그들과 싸웠다.

미국의 역사는 처음부터 침탈의 역사였다. 침탈엔 도덕과 인륜이 있을 수 없다. 침탈엔 잔인한 살생만이 있을 뿐이다. 고요히 아름다운 대지를 살육이 휩쓸었다. 그리고 백인들은 그 대지에 불을 지르고 삼림을 베어내고 밭으로 만들어 목화를 심고, 밀을 심고, 소와 말을 길렀다. 그곳에서 수확한 목화와 밀과 목재는 영국으로 건너가 그들의 옷이 되고,

밥이 되고, 집이 되었다.

그러한 과정에서 노동력이 급격히 대량으로 필요하게 되었다. 노동력의 공급 또한 침탈자답게 아프리카의 흑인들을 생각해 냈다. 그들은 이미 아프리카도 종횡으로 후비고 있었기 때문에 가난하나 순박한 아프리카 인들을 강제로 잡아다 쓰기로 했다. 아프리카란 에덴동산이 순식간에 지옥으로 변했다. 낙원의 인간들이 소와 말이 되어 미대륙으로 손발이 묶여 끌려와서 목화밭에 풀려졌다. 그러나 발은 묶어 놓았다. 도망을 방지하기 위해서였다.

노예제도는 고대 중국의 하나라와 은나라 및 진나라는 물론 로마시대에도 있었던 제도다. 그보다도 더 먼저 기원을 알 수 없던 때인 창세기의 시대 노아는 벌거벗은 자기의 모습을 보고 형들인 셈과 야벳에게 알린 함의 아들 가나안을 그의 삼촌들의 종(노예)이 되게 하였다. 아브람의 아내 사라의 여종 하갈은 이집트에서 잡혀온 노예였다. 사라가 아브람에게 하갈을 주어 그녀가 잉태하자 심히 교만해져 사라를 무시하자 사라가 그녀를 학대하고 죽이려 했다. 하갈이 사라를 피해 도망쳤으나 여호와의 사자가 그녀에게 "네 여주인에게로 돌아가 복종하라"라 하였다. 뿐만 아니라 모세, 다윗, 솔로몬 등도 노예를 소유했거나 자유인과 구분했고, 바울과 베드로도 노예제를 인정했으며, 예수도 노예제에 대한 고민의 흔적이 없다. 1998년 사무엘 프렌시스는 근대 이전에 기독교의 윤리에 노예제를 거론하거나 심각하게 생각한 신학자가 없었다고 서던 파르티잔 지에 썼다.

윌리암 하퍼는 문명의 기초는 노예제였으며 따라서 노예 없이는 서양문명의 기초인 헬레니즘의 그리스도 로마도 없었을 것이라고 주장했다. 그리스의 아테네는 귀족이나 자유인보다 노예가 더 많았으며, 로마는 전체 인구의 80%가 노예였으니 심지어 교육을 담당하는 선생, 의사, 세금징수원 등까지 노예로 충당되었기 때문이다. 로마의 네로는 2

만 명의 개인 소유 노예가 있었다고 전한다.

고대의 노예는 패전국에서 잡혀온 사람들이거나 사회적 범죄자 또는 정적의 자손 등 상황적으로 발생한 노예와 그 노예로부터 재생산된 세습노예로 구성되었다. 그러나 아예 먼 나라에까지 원정을 해서 인간사냥으로 잡아온 사람들을 노예로 쓰기로 한 것은 구라파의 백인들이 효시일 것이다.

그리하여 그들은 대서양상의 여러 섬들과 남아프리카 및 카리브 해 등에서 피부가 다른 원주민들을 노예로 부리기 시작했고, 그들이 가혹한 노동과 이주자들로부터 전염된 질병으로(면역력이 약하여 이주자들의 매독 기타 질병에 쉽게 감염되었음) 죽어가자 아프리카에서 대량의 노예를 공급하기로 했다. 이미 아프리카의 노예는 영국인들이 개발한 버지니아의 담배 농장에 1618년부터 수입되기 시작했다. 더욱이 이러한 노예제도는 생물학적 우생학에 기초한 19세기의 다윈이즘에 의해 타당성을 인정받았다. 그리하여 노예문제에 대해 절대적 다수는 일말의 양심적 가책도 느끼지 않았고, 그러한 사조는 전세계가 20세기가 다 지날 때까지도 만연했다. 미국에서 1913년 노예 한 사람의 가액은 30파운드에 불과했다. 모르는 일이지만 당시 100Kg의 돼지 한 마리도 그보다는 값이 비쌌을 것이다.

지금도 아프리카, 인도, 티베트, 스리랑카, 미얀마, 캄보디아 등 기타 많은 지역에서 노예나 다름없는 노동의 착취가 성행하고 있다.

우리나라도 일제가 망하고 해방된 상태의 1950년대에도 상민이 존재했다. 우리 마을의 경선네라는 사람은 마을의 궂은 일을 도맡아 했고, 마을의 회의 소집을 큰 고함의 육성이나 징을 쳐서 알리는 일을 했다. 당골네의 마님은 마을에서 시집 가는 새색시를 따라가 시가에 적응법을 가르쳐 주고 돌아왔고, 남정네는 잔치나 초상 등의 행사에 모든 허드렛일을 했다. 물론 대가없이 부려먹지는 않았다. 일을 시킬 때마다, 그리고 보리와 쌀이 수확될 때 보수를 지급했지만, 그들은 선천적으로 가난이 되물림되어 경작지가 없었기 때문에 대대로 내려오며 천한 일을 하고 살았다. 그러나 사람들이 천시하지는 않았지만, 나이가 들어도 젊은 아이들에게도 하대下待를 받고 살았다.

우리 마을에 옛날에 어떤 외지인이 와서 새로 좋은 집을 짓고 마을 사람들과 어울려 살았다. 그는 자신을 몰락한 양반의 자손이라고 소개했다. 그러던 어느 날 마을 아낙이 그 집의 뒤 헛간에서 무당들만이 갖고 있는 물건을 보았다. 그녀는 그 사실을 마을 어른께 고했고, 마을 사람들은 회관으로 그 집 주인을 초치 심문했다. 하는 수 없이 집과 전답을 싸게 팔고 마을을 떠나갔다. 그의 신분이 천인이었다. 그가 살던 집이 20년 전에도 있었으나 지금은 양옥이 들어서고 옛 얘기가 되었다.

그러나 우리나라의 그러한 사회적 관습은 미국의 노예제도와는 근본적으로 상황이 달랐다. 노예에게는 대가가 지급되지 않았다. 오직 노동력을 유지할 만큼의 기본생활의 필요조건만이 공급되었고, 인권 자체가 없이 강제 노동에 동원되었다는 점에서 극명하게 대조되는 위치였다. 물론 근세까지 농노제도가 구라파 및 러시아 등의 세계 곳곳에서 유지되고 있었다. 그리하여 세계적으로 우리나라를 포함하여 거의 동시대에 농민 또는 농노들의 폭동이 발생하고 인권운동이 발발했다. 그러나 노예제도가 그러한 운동과도 관계없이 강행되었던 사회가 바로 아메리카 대륙이었고, 그러한 지역에 스페인, 프랑스, 이탈리아, 네덜란드, 벨기에 등 여러 나라가 진출했지만 영국인들이 점유한 식민지역이 특히 심했다.

영국은 식민지 개척이 진출의 주목적이었기 때문에 많은 노동력을 필요로 했고, 여타 나라들은 황금을 찾거나 무역에 더 역점을 두었기 때문에 많은 노동력을 필요로 하지 않았다. 오히려 그들은 그들로부터 황금을 구하고 모피를 구하기 위해 인디언들과 우호관계가 필요했고 선의적일 필요까지 있었으며 굳이 노예를 수입하거나 쓸 필요가 없었다.

환경적 요인이 유전된다는 보고가 있다. 술주정뱅이나 싸움질하는 부모를 둔 자녀들은 그렇지 않은 자녀들보다 훨씬 포악해지기 쉽다고 한다. 그것은 환경이 무의식적으로 그들을 학습했기 때문이다. 공자는 제기를 갖고 놀았다 한다. 그 당시 공자의 주변에 제기가 많았다는 것은 선조에 대한 제사의 예가 많이 발전했다는 것을 의미한다. 따라서 공자는 공자다울 수 있는 환경이 있었고, 맹자는 맹자다울 수 있는 환경이 있었다. 그래서 맹모孟母는 세 번이나 아들을 위해 이사를 다녔다. 그리고 예수나 마호메트나 석가도 다 자연 및 사회적 환경의 산물이었다.

저변 사회의 사람들에게 고상한 인격이 형성될 수 없고, 도덕이나 윤리가 고양될 수 없다. 저변부의 사람들에게는 예와 염치도 설자리가 없다. 오직 생존을 위한 집착 외에 가치는 존재하지 않는다. 아메리카는 식민지 개척 시절 그러한 가치관이 추락한 무법지대였다. 아무리 멘델이나 다윈이즘이 서구사회를 풍미했다 하더라도 그러한 생물학 이전에 이미 노예제도는 대륙에 성행하고 있었으니 근본적으로 그러한 저변부의 사람들이 아니었다면 그러한 노예제가 대륙에 절대 조장될 수 없었을 것이다.

1607년 저변부의 영국인들 100명이 아메라카로 진출했다. 당시 영국에는 많은 실직자들이 일자리를 찾고 있었다. 이에 힌트를 얻어 식민회사인 '런던 컴퍼니'를 1606년에 설립하고 곧이어 사람을 모아 보냈던 것이다. 그러나 그들은 열심이 일을 해서 돈을 벌기 보다는 금광에서 일확천금을 기대했고, 그들이 거주하는 환경도 저지대의 늪지로 열악했을 뿐만 아니라, 나무를 베고 집을 짓는 일도 쉽지 않았고 원주민들의 습격도 잦았다. 많은 사람들이 병들어 죽고 일에 열성도 협력심도 없는 오합지졸에 불과했다. 결국 일을 거절하는 자들에게는 음식을 주지 않은 정책까지 동원하고서야 일을 시킬 수 있었다. 그들은 문명국가의 사람들이었지만 그 문명과는 거리가 먼 하층의 패거리에 불과했던 것이다.

식민지 개척을 위해서 더 많은 인력이 필요했던 런던 컴퍼니는 더 많은 사람들을 모아 대륙에 공급하게 되었고, 강압적 방법으로 질서가 잡히면서 그들이 경작한 담배가 성공적으로 수확됨으로써 그를 영국에 팔아 돈을 벌 수 있었다.

더 많은 경작지를 개척하고 더 많은 경작을 위해 대량의 노동력이 필요했다. 1619년 드디어 담배 경작을 확대하기 위해 아프리카로부터 노예들이 공급되기 시작했다. 니그로라는 말은 아프리카 사람이라는 말로 1443년부터 쓰이기 시작했다. 포르투갈의 탐험가들이 아프리카의 세네갈 강을 따라 내려가다 아프리카 사람들을 노예로 팔려고 포획하기 시작한 것이 아프리카 니그로 노예의 효시가 되었다.

1553년에 노예들이 런던에 처음으로 도착했고, 1576년부터 1591년 사이에 4~5만 명의 노예가 브라질에 도착했는데 그들은 얼마 지나지 않아 가혹한 노동과 열악한 환경으로 거의 죽어 나갔다. 노예수입금지법(강제조치가 없는)이 제정된 1908년까지 미국에는 50만 명의 노예가 수입되었다. 그러나 그 숫자는 겨우 6%에 지나지 않는다고 주장하는 학자들도 있다.

물론 아메리카에는 저변부의 사람들만이 들어온 것은 아니었다. 영국에서 홀란드로 이주했다 다시 미국으로 건너온 분리주의 기독교인들이 있었다. 이들은 홀란드에서 홀란드 인들의 호의에 힘입어 성공적으로 정착했으나 그들의 자녀들이 홀란드 말을 사용하고 홀란드 인으로 성장하는 것이 싫었다. 그리하여 다시 우리가 잘 아는 메이 플라우어 호를 타고 플리마우스에 도착하여 정착했다. 1620년 12월 21일이었다. 그러나 혹독한 자연환경으로 거의 절반이 봄이 오기 전에 죽어나갔다. 영국으로부터 소수의 분리주의자들이 더 들어왔지만 정착 10년 후에도 그들의 숫자는 작은 도시에 겨우 300여 명에 불과했다. 그리고 한 가지 간과할 수 없는 점이 있으니 그들도 인종분리주의자들이라는 사실이다.

다른 한 편의 무리는 영국에서 직접 도래한 청교도들이었다. 1628년부터 미국으로 들어온 청교들은 1640년에 이르자 2만여 명에 이르렀다. 그러나 그들이 종교의 자유를 원했던 것이지 아메리카에 증오와 야만이 없는 천국을 건설하기 위한 선한 하나님의 종들은 아니었다. 그들도 살아남기 위해서는 모두 다 식민주의자의 특성을 노출시킬 수밖에 없었고 황금 추구자들임에는 다른 이민자들과 다름이 없었다. 따라서 그들이 비록 하나님의 자녀들이었다 하더라도 선한 양의 무리는 아니었다. 또한 분리주의자나 청교도들이 많았다 하더라도 전체 이주자에 비하면 그것은 말 그대로 조족의 혈에 불과했다.

그들은 노예를 재생산했다. 노예에게서 난 자손들은 노예일 수밖에 없었다. 그런데 노예 여성과 백인 사이에 태어난 자손도 노예였다. 그러한 제도는 전세계가 동일했으니 러시아의 농노가 그렇고 우리의 조선도 마찬가지였다. 우리는 조선시대에 노예는 없었기에 조금 다르지만 천민과 교합하여 난 자손들은 천민이었다.

영국인들은 그들의 말처럼 태양이 지지 않는 식민제국을 건설해 놓고 앵글로색슨 족이 이 지상에 존재하는 모든 인종의 최고 정점에 있는 우수민족으로 자처했다. 그 다음의 인종이 서구인, 중동, 중국, 인도 등으로 서열을 매겼다. 그래서 인도의 가치는 세익스피어 한 사람의 가치만도 못했고, 맨 마지막 순위의 아프리카 인들은 노예로서의 가치밖에 없었다. 히틀러의 망령과 동일했다. 세익스피어와 인도, 얼마나 모독적인가! 영국신사란 말이 있지만, 그들은 황금만 가져오면 해적에게도 작위를 수여하는 사람들이었다.

그런데 그러한 사상이 20세기에 와서도 만연했었고, 21세기까지 이어지고 있다는 데에 문제가 있는 것이다. 남북전쟁이 발생하고, 미국이 전쟁을 통해 독립을 하고, 불란서 혁명이 발생하고, 수많은 흑인들의 폭동이 발생하고, 마틴 루터 킹이 죽고, 천지개벽의 시대가 되어도 별로 크게 변하지 않았다는 데에 문제가 있는 것이다. 더 무서운 것은 그 상황이 역전될 가능성마저 없지 않다는 것이다. 민주주의의 허실인 다수의 폭력이 지배하는 시대가 올 가능성, 백인이 흑인보다 인구가 적어지는 현상이 가속되면 야기될 수 있는 21세기의 만행, 보스니아의 야만이 언젠가 미국에서 재연되지 말라는 확신이 없다. 어느 해인가 미국의 뉴욕 시에 정전이 한 시간여 계속되었을 때 점포들이 털리고 폭력이 난무하는 아수라장이 된 적이 있었다. 모두 총을 들고 자신과 그들의 재산을 스스로 보호해야 했던 난장판이 불과 수년 전에 지상의 낙원 문명의 나라 최고의 도시에서 발생했음을 상기하면 그 가능성이 완전히 배재될 수 없음을 이해할 수 있다.

인류의 지성은 흑백의 차별을 없애고 동일한 지위를 확보하고자 노력했다. 그리하여 형식적으로는 많은 진보를 보았으나 그동안 흑인들은 공민권은 물론, 승차, 취업, 교제, 성적 접촉, 결혼, 군대, 노동, 의료, 미용 등 사회 활동에 전반적인 제약을 받았다. 가장 큰 문제는 흑인은 백인과는 다른 열등의 인종으로 그들을 백인과 완전히 분리시켜 통혼을 억제함으로써 특수인종으로 남기려 했다는 점이다.

1912년 미국의 제임스 바더멘(James K. Vardaman- 미시시피주 상원의원)은 "흑인종으로부터 나라 구할 필요성"이라는 연설에서 다음과 같이 역설했다.

"유색인종을 위한 정치적 평등은 사회적 평등을 낳는다고 나는 주저 없이 역설한다. 사회적 평등은 인종의 혼혈을 낳고, 인종혼혈은 타락과 분열을 낳는다. ……, 나는 백인종과 흑인종의 사회적, 정치적, 격리를 완성시킬 법률의 제정에 찬성한다. 우리는 링컨의 이념을 따를 수 없

119

고, 유색인을 그 자신의 나라로 보낼 수도 없다. 그러므로 차선책은 완벽한 격리를 창출하는 것이다."1

노예제 찬성론자인 헨리 헤몬드는 이렇게 말했다. "육체와 정신을 겨우 유지하고 일하는 동안에 누더기를 걸칠 수 있을 정도의 돈만 주면 된다. 적선하는 돈이나 구빈세를 내는 정도면 된다. 그런 나라들에서는 노예 종족을 어릴 때부터 입히고 먹이고 키워서 부리다 늙어서 연금을 주는 것보다 이게 더 싸게 먹힌다. ……, 이런 조건으로 경작할 수 있다면 나는 군말 없이 노예들에게 내 땅을 맡길 것이다. 필요가 없어졌을 때 그들을 적절히 처리할 수만 있다면 말이다"2 그는 노예를 값이 비교되는 물건으로 보았다. 물론 어느 시대에나 노예는 도구에 불과했다.

미국에서는 흑인은 곧 노예였다. 그러므로 흑인에 대한 그들의 태도는 곧 노예에 대한 것과 마찬가지다. 그러나 흑인들이 노예 상태에서 벗어난 시대에도 그들은 흑인들을 노예와 같이 인격이 없는 존재로 취급했다. 그들이 흑인들에 대하여 얼마나 야만적이고 잔인했으며 비인간적 악행을 저질렀는지 역사를 통하여 구체적 사례를 살펴보자.

1898년 사우스 케로라이나 레이크 시티에 흑인 우체국장이 임명되었다. 백인들은 집단으로 그 우체국장의 집으로 몰려가 집에 불을 질러 그를 불태워 죽이고 달아나는 가족들을 총을 난사해 쏘아죽였다. 흑인 우체국장의 가족은 인간이 아니라 마을에 죽음의 위험이 되는 늑대나 사자와 같은 야수에 불과했다.

1918년 한 여인이 남편을 죽인 백인들을 복수하기로 했다. 그러나 실행에 옮기기 전에 들통이 났다. 다시는 누구도 그런 생각을 할 수 없도록 백인의 한 무리들이 그녀를 잡아 살해하기로 했다. "사람들은 그녀의 발목을 한데 묶어 나무에 거꾸로 매달았다. 그리고 옷에 기름을 끼얹은 다음 불을 붙였다. 옷이 타서 그녀의 몸에서 떨어지자 이번에는 돼지 잡는 칼로 임신 8개월째인 그녀의 배를 갈랐다. 태아가 땅에 떨어져 울음소리를 냈지만 누군가가 아이의 머리를 발로 짓이겨버렸다. 그 다음 그녀를 총으로 쏘았다. 한두 발이 아니라 수백 발이었다."3

2차대전 때도 미군들은 흑인병사와 백인병사의 막사가 달랐고, 흑인 부대가 별도로 편성되기도 했으며, 흑인은 어떤 경우에도 한 부대에서 백인보다 계급이 높을 수 없었다. 죽어 가는 전장에서도 흑인의 피는 백인에게 수혈할 수 없었던 우행愚行까지 자초했다. 또한 흑인들의 거주의 자유도 박탈되어 구라파나 러시아의 유대인들처럼 그들에게도 주거가 한정된 게토 같은 것들이 있었다. 인종폭동이 자주 발생하게 되었다. 그때마다 백인들의 잔악행위 또한 상상을 초월했다. 인종폭동은 억압받는 흑인들의 폭동이 아니라 강자들의 만행으로 그 이유는 사소한 것들이었다.

"흑인 이민자들이 급증하면서 백인들의 폭동이 광범위하게 일어났다. 1919년 한 해 동안에만 북부 도시들에서 스물여섯 차례의 인종폭동이 일어났다. ……, 이 폭동은 암묵적인 인종적 경계를 흑인들이 침범했다는 백인들의 주장에 따라 발생했다. 가장 취약한 사람들은 직업상 백인 지구로 통근하는(흑인의 거의 2/3가 하인으로 고용되었다) 흑인들이었다. 많은 흑인들이 전차에서 붙잡혀 살해당했다. 합쳐서 38명이 죽고, 100명 이상이 상해를 입었으며 흑인주택에 대한 방화로 1,000명 이상이 주택을 잃었다."4 흑인들의 폭동이 아니라 백인들의 폭동이었다.

남부에서는 열등한 인종이 백인 부인들을 범하지 못하는 것이 전통이었다. 1932년 한 저널이 보도한 내용이다. "강간죄로 기소된 자는 대게 사지절단을 수반한 사형私刑을 당한 다음, 목을 매달아서가 아니라 서서히 목이 졸려 죽도록 했다. 1890년 미국 텍사스에서 헨리 스미스라는 한 흑인이 백인 어린아이를 강간한 죄로 기소되었을 때, 그 결과를 목격하기를 원했던 수천 명을 태우기 위해 특별열차가 마련되는 동안 그는 감금되어 있었다. 1만 명 이상이 지켜보는 가운데 스미스에 대한 형이 집행되었다. 집행자들은 먼저 달군 쇠로 스미스의 발등 살점을 지진 다음 혀를 태워 없앴으며, 마지막으로 그의 두 눈을 뽑았다. 열다섯 살짜리 백인 소년들이 집행의 상당부분을 담당했다. 최종적으로 기름에 담겼다가 산 채로 불타는 동안에도 스미스는 여전히 의식이 있었다."[5]

1955년 5월 14세의 흑인 소년이 백인 부인에게 휘파람을 불었다. 할아버지 집에 있던 그 소년은 밤에 백인 자경단에게 끌려갔다. 그들은 권총으로 그 소년의 머리를 두들겨 패고 발가벗겨 철조망으로 맨몸을 묶어 권총을 머리에 난사하여 강물에 던져버렸다.

미국인들은 흑인만이 아니라 유색인종을 차별하여 중국인과 일본인을 비롯하여 조선인들에게도 거의 흑인과 같은 사회적 입지만을 허용했다. 테디 루즈벨트(Tedy Roosevelt) 대통령마저도 일본인들의 영구 거주를 배제했고 중국인들도 마찬가지였다. 물론 종족의 순수성을 위해 통혼도 금지되었다. 1942년 분리주의자들의 압력에 따라 프랭클린 루즈벨트(Franklin Roosevelt) 대통령은 일본인과 그 자손들까지 분리하여 별도의 수용소에 감금하고 종교의 자유도 박탈했다. 그러한 상태는 1945년까지 지속되었고, 그 와중에 그들은 많은 재산을 백인들에게 헐값으로 처분해야 했다. 전쟁이 끝나고 살아남은 자들은 다시 일본으로 역이민을 왔다. 윌슨 대통령도 1912년 대통령 선거에서 "배제라는 민족정책을 지지한다"라고 선언했다. 윌슨의 민족자결주의가 한국의 독립에 긍정적인 영향을 준 것으로 평가되고 있지만, 그의 민족자결주의는 약소민족을 옹호하기 위한 사상이 아니라 민족을 차별하기 위한 민족차별주의였다.

미국인들의 중국인들에 대한 만행을 살펴보자. 중국인들은 콜럼버스의 대륙 발견 이전에 이미 진출해 있었다. 그들 중 더러는 본국으로 돌아가 울타리와 세금이 없는 그리고 여자들이 남자를 선택하는 천국 같은 원주민들의 실상을 중국에 소개했고 더러는 그대로 눌러 앉아 원주민들과 같이 살기도 했다고 한다.

대륙에 정착하여 식민지를 개척한 영국인들은 그들의 말대로 "신체적으로는 열등하지만 무거운 짐을 잘 지고 힘들이지 않고 우아하게 짐을 질 수 있는 중국인들을" 미국에 수입하기로 결정했다. 그렇게 하는 것이 하나님의 섭리여서 그들을 기독교인으로 만드는 기회도 되고, 그들이 중국으로 돌아가면 기독교를 전파할 수 있는 좋은 계기가 될 것이라고 주장했다. 그리하여 1850년에 불과 몇백 명에 불과했던 중국인들이 금방 2만 명으로 불어났다.

대릭 젠슨은 중국인들의 당시의 실상을 다음과 같이 묘사해 놓았다.

"미국 노동자들의 입장에서 보면 당혹스럽게도, 중국인들이 대륙횡단 철도 건설의 주역이 되었다. 수만 명의 중국인들이 철로를 건설하러 왔다. 센트럴퍼시픽 철도회사 사장들은 그들에게 불가능을 요구했다. 시에라네바다 산맥을 지나는 철로를 건설하라고 한 것이다. 그런데 중국인들은 그 일을 해냈다. 75도 경사면을 잘라내고 폭파하고, 갈대와 덩굴로 짠 바구니에 들어가서 수백 피트의 절벽에 매달려 다이너마이트를 놓은 다음, 그네 타듯 힘껏 몸을 굴려서 재빨리 피했다. 그들은 겨울에도 쉬지 않고 일했다. 눈 속에 살면서 굴뚝을 내서 공기가 들어오게 하고 등잔불로 불을 밝혀서 눈 속에서 철로를 만들어 갔다. 눈사태가 나서 캠프와 노동자들을 휩쓸어 가버린 일도 많았다. 꽁꽁 언 시신들이 손에 연장을 들고 서 있는 상태로 봄에 발견되기도 했다."

중국인들이 파업을 했다. 오고 갈 곳이 없는 그들에게 급식을 중단해 버렸다. 그들은 선택의 여지가 없었다. 다시 현장으로 돌아갔다. 얼마나 많은 중국인들이 죽었는지 아무도 모른다. 1870년 2만 파운드의 유골을 파서 중국으로 보냈다. 또 다른 곳에서는 수천 구의 유골이 발견되기도 했다.

중국인을 정상적인 사람으로 취급하지 않았던 그들의 무리 중 하나였던 제임스 힐은 이렇게 말했다고 한다. "제국을 건설하는 자여, 뙤국 놈들과 위스키만 충분히 주면, 내가 지옥까지라도 철도를 닦겠다." 또한 캘리포니아 상원의원 밀러는 이렇게 중국인들을 묘사했다. "천한 종족, 신경이 둔한 기계 같은, 더위나 추위에 영향을 받지 않고, 강철같은 근육을 가진 단단하고 힘 센 사람들……, 피와 살이 있는 자동엔진, 잘 참고 둔감하고, 감정을 못 느끼며……, 짐승처럼 때지어 다니는 사람들" 이라고.

이러한 중국인들의 평은 일제시대 일본의 철로를 건설한 조선인에게도 해당되었다. 당시의 어떤 일본작가는 철도건설에 동원된 조선인의 실상을 미국인들의 중국인 평가와 거의 같은 평을 하며 이상한 종족이라고 했다. 필자가 직접 읽은 일본작가의 어떤 작품에 분명 그렇게 묘사되어 있었다.

남북전쟁이 끝나고 하룻밤 사이에 큐클럭스클렌(KKK)이라는 백인 자경단이 조직되었다. 이 조직은 급속히 세를 확대하여 미시시피 주를 비롯해서 삽시간에 수많은 지부가 생겨났다. 그러한 조직의 목적은 흑인을 살해하기 위한 것이 아니라 오락과 사교 활동이 목적이었다. 그러나 목적은 곧 바로 변질되어 흑인들을 압박하는 조직으로 변해갔다. 그들은 남부동맹군의 유령이라고 주장하며 흑인들의 정치나 종교적 집회를 무산시키고 그들 말처럼 건방진 흑인들은 이사를 가라고 명령했다. 물론 듣지 않을 경우에는 목숨을 빼앗는 일이 비일비재했다. 이름을 밝히지 않은 단원들은 대부분 지역사회의 유명한 지도자들로서 장교, 정치인, 변호사, 목사, 신문편집장 등이었다. 그러나 그 정도에 한하지 않고 관련자들을 모두 법정에 세운다면 보안관, 판사, 법원서기 등으로 지역사회 유지들의 절반이 넘을 것이라고 당시 '신시네티 카제트'지는 보도했다. 그들은 흑인들에게 린치, 강간, 고문은 물론이요 심지어 강제로 거세까지 서슴치 않았다. 그들이 죽인 흑인 살해는 매우 흔한 일이어서 통계마저 없다고 했다. 그들의 폭력으로 1868년 대통령선거기의 몇 주 동안에 루이지에나에서만도 2천여 명이 죽었다고 한다. 우드로우 윌슨 대통령마저 백인들의 흑인 대량학살을 옹호하는 발언을 했다. 필자는 그 부분을 접하는 순간 윌슨의 얼굴에 사미인곡과 관동별곡과 성산별곡의 미사여구 뒤에 숨어 손가락 하나로 정여립 사건에서 수많은 사람을 죽이고 살렸던 송강의 얼굴이 오버랩되었다.

그러한 조직은 데릭 젠슨의 말처럼 "그들은 허약한 타자가 아니라 우리 자신의 마음과 훨씬 더 가까운 무엇이었고, 그것은 현재에도 마찬가지다." 다시 말하면 KKK는 우리 마음에 숨겨진 본성의 노출이며, 현대인들에게도 그 본성은 내재되어 언제라도 분출될 수 있는 인간의 약점이라는 말이다. 아무리 인간들이 천사의 옷을 입고 골고다의 예수를 향해 부르짖고 울부짖어도 인간들의 내면에 숨은 악성은 조금도 변하지 않았다. 우리는 그 악성을 어떻게 우리들로부터 제거하느냐에 지혜를 모아야 한다. 이판사판에 몰린 북한의 군부는 목표지점도 없이 핵탄두를 쏘아 올릴 수도 있다는 말이다.

KKK단이 만들어지기 전에도 남부에서는 흑인 목사들이 설교를 했다는 이유로 살해당하기도 하고, 죽이는 이유도 가지가지여서 어떤 여인은 뻔뻔스럽게 생겼다는 이유로 죽고, 어떤 흑인 여성은 백인 남성의 아이를 임신했다는 이유로 린치를 당했다.

KKK단원들이 죽인 흑인의 수치는 정확한 통계가 없다. 1868년을 전후한 몇 년 동안에 살해된 흑인만도 2만 명이 넘었으며 폭행 건수는 헤아릴 수 없을 것이라고 사람들은 주장했다. 그러나 데릭 젠슨은 그러한 폭력을 KKK단원들에게만 돌리는 것은 옳지 않다고 주장했다. 모든 미국의 백인들의 심성에 내재된 증오의 일부만이 그들을 통해서 표출되었을 것이기 때문이다. 다시 말하면 그들만이 죽인 것이 아니라 모든 백인들이 그들을 죽였고 앞으로도 죽일 수 있다고 본 것이다.

〔1930년대까지도 백인들의 흑인들에 대한 폭력은 계속되었다. 다시 데릭 젠슨의 말을 인용해 보자. —1860년대부터 적어도 1920년대까지는 린치가 수천 명에 이르는 군중이 모여서 관람하는 인기 절정의 유흥이었다. 1930년대에도 산발적으로 일어난 린치 행위는 몇몇 범법자들이 즐기는 은밀한 쾌락이 아니라 잔치 같은 오락거리였다. ……, 린치는 화형의 형태로 많이 이루어졌다는 것을 새로 알게 되었다. 희생자들이 죽은 다음 불에 태워질 때도 있었지만, 때로는 그 전에 불태우기도 했다. 피해자를 불에 태운 뒤에 기둥에 매달 수가 없게 된 경우도 있었다.— 그 경우에 해당하는 이야기를 지금 하려고 한다.

헨리 로리는 흑인 남자로 1921년 1월 26일 죽었다. 그 전에 그가 살면서 일해 주었던 농장주인 남자를 죽였다는 것은 확실하다. 그 남자의 딸도 죽였다. 그는 그 일로 체포되어 이송되던 중에 "굳은 결심을 한 남자들"에 기차에서 납치되었다. 그 남자들은 로리를 범죄 현장으로 데려 와서 저녁 6시에 죽일 것이라고 미리 공표했으며 납치를 하면서 얼마나 여유가 있었던지 복면도 하지 않고 식당에 들러 점심식사를 하기까지 했다. 식사를 하는 동안 로리를 식당 안에 데려다 놓을 정도였다. 한 신문은 이렇게 보고했다. "그 장면은 사람들의 시선을 끌만한 것이었지만 그들 여행의 차분함을 망쳐놓을 일은 아무것도 일어나지 않았다. 그들은 느긋하게 식사를 한 뒤 헤롤드의 가게로 가서 상당히 많은 양의 밧줄을 샀다."

그들은 로리를 범죄 현장으로 데리고 갔다. 거기에는 600명의 사람들이 그 남자가 죽는 걸 보려고 모여 있었다. 군중 가운데에는 로리의 아내와 아이들도 있었다. 〈멤피스 프레스〉의 기자보다 내가 더 잘 쓸 것 같지 않으니 그의 글을 그대로 인용해 보겠다. "한쪽에는 미시시피

강이 있고, 다른 쪽에는 커다란 호수가 있어 자연적인 원형무대가 되었다. 검둥이는 통나무에 연결된 쇠사슬에 묶여 있었다. 그를 납치해온 사내들이 조그만 마른 낙엽더미를 흑인의 발 주위에 얹었다. 그 다음 낙엽 위에 석유를 붓고 사형집행을 시작했다.

1인치, 1인치씩 검둥이는 완전히 불에 타서 죽음에 이르렀다. 로리는 40분간을 의식을 잃지 않았는데 단 한 번도 애원하거나 자비를 구하지 않았다.

살점이 다리에서 떨어지기 시작하고 뼈가 드러날 때쯤 그는 죽음을 앞당기기 위해 석탄을 집어서 삼키려는 시도를 한두 번했다. 매번 사내들이 그의 손에 든 석탄을 발로 차버렸다.

불길이 그의 복부에 이르렀을 때 사내 둘이 다가가서 그에게 질문하기 시작했다. ……그건 마치 검사와 법원서기가 있는 법정 장면 같았다. ……흑인의 고통은 말로 설명할 수 없는 것이었다. 그러나 그는 단 한 번 비명을 질렀다. 불꽃이 그의 가슴과 얼굴 위로 널름거리기 시작하면서 그가 의식을 잃기 직전이었다. 그가 속해 있던 흑인 비밀조직원들 중 하나에게 무엇인가를 간청하는 소리를 질렀다.

그러자 사람들이 그이 머리에 석유를 부었고 단 몇 분 사이에 그는 재로 변해 버렸다. 로리가 숯덩어리로 변한 뒤에 사내들은 오세올라 방향으로 향했다. 마리온과 블리테빌에 있는 교도소를 습격하여 검둥이 다섯 명을 빼내어 린치 건수를 여섯 명까지 끌어올리겠다는 이야기가 귓속말로 오고갔다.

그들은 서너 시간 동안 말을 타고 벌판을 왔다 갔다 한 뒤에 마침내 흩어져서 자신들의 집으로 가기 시작했다. 지도자들은 로리를 빼내오면서부터 시작한 긴 여행에 무척 지친 듯 보였다." 인용을 마친 젠슨은 "이것이 바로 내가 백인의 증오에 초점을 맞추고자 하는 이유다."라고 부언했다.[6]

참고로 미국인들이 20세기의 마지막 순간에도 흑인들에게 어떤 잔인한 행위들을 했는지 데릭 젠슨의 '거짓된 진실'의 일부에서 인용해 보기로 하자.

콜롬비아의 알타나야에서 한 암살대원이 흑인을 살해하려하자 흑인도 총을 뽑았다. 그러나 그는 총을 쏠 줄 몰랐다. 그는 잡혀 나무에 매달린 채 전기톱으로 잘려 죽었다. 데릭 젠슨은 이 사건이 '거짓된 진실'을 집필한 동기의 일부 사건이라고 진술했다.

젠슨은 1994년부터 1999년까지 미국의 경찰이 자행한 흑인 살해사건을 다음과 같이 나열하며 얼마든지 길어질 수 있다고 했다.

〔"에디워드 안토니 엔더슨, 1996년 1월 5일 바닥에 엎드린 채 수갑을 찬 상태에서 총에 맞다. 프렝키 아르주에 15세, 1996년 1월 12일 머리 뒤쪽에 총을 맞다. 그 다음 날인 어머니날 그의 가족은 알 수 없는 사람에게서 비아냥거리는 전화를 받았다. 회신 다이얼을 누르니 경찰이 나왔다. 1994년 12월 22일, 누군가 뉴욕 시 길거리에서 축구를 했다는 이유로 질식사당했다. 르니 캠퍼스에 수감 중이던 그가 자기 목에 티셔츠를 절반 이상 쑤셔넣어 자살했다고 경찰이 발표했다. 폐에 이르는 기관의 4분의 3까지 티셔츠가 쑤셔넣어져 있었다. 갈렌드 카터, 1996년 1월 8일 등 뒤에서 경찰이 쏜 총을 맞다. 그날 그 일이 있기 전 경찰관이 피해자의 집 옆을 지나고 있는데 손가락으로 총 모양을 만들어 '발포'했다는 것 때문이었다. 엔젤 카스트로, 1996년 10월 23일 경찰로부터 죽이겠다는 위협을 받고 살던 동네를 떠나 이사를 했다. 그 후 친구 생일 파티에 가기 위해 자전거를 타고 예전 동네로 갔다. 경찰 순찰차에 부딪혀서 이가 부러졌는데 일어나려는 순간 경찰이 총을 쏘았다. 세릴 콜론, 1997년 4월 24일 아파트 지붕에서 경찰이 밀어 추락 사망했다. 그 다음 경찰은 그의 등 뒤로 채워져 있던 수갑을 제거했다. 로이드 도지저스, 1994년 4월 11일 발작이 일어난 상태여서 가족이

911에 전화를 했을 정도였는데 경찰에 구타를 당해 죽었다. 아마두 디알로, 1999년 2월 4일 뉴욕 시의 자기 건물에서 현관에 있는 지갑으로 손을 뻗다가 총알 48발을 맞다. 아서 디아즈, 1994년 9월 10일 교통신호를 위반한 그를 경찰이 붙잡자 도망쳤는데 경찰관들은 순찰차로 그를 친 다음 후진해서 다시 한 번 쳤다. 브라이언 페넬, 1993년 8월 30일 제한 속도 시속 65마일 지역에서 70마일로 운전했다는 이유로 경찰이 차를 세웠는데 내리자마자 근 거리에서 네 발의 총알을 맞았다. 사실은 흑인 운전죄에 걸린 것이었다. 라몬 시니어, 예순네 살의 은퇴한 농부이자 열세 살짜리의 아버지인 그는 1997년 7월 11일 주소를 잘못 찾아온 경찰 특수부대에게 총탄 15발을 맞다. 조니 가마지, 1995년 10월 12일 손전등으로 맞은 다음 목이 졸려 죽다. 차를 몰고 백인 동네를 지나가는 성공한 흑인 사업가였기 때문이었다. 랄프 케리슨 69세, 1996년 12월 16일 검은색 옷을 입은 스와팀(경찰 특수부대)이 옆집을 털려는 것으로 오해하고 911에 전화한 다음 총을 들고 현관으로 걸어가다 총을 맞다. 〈스와팀은 덤으로 그의 개까지 쏘았다〉. 웨인 게리슨, 옷장 안에 벌거벗고 숨어 있던 중에 경찰이 쏜 총을 맞다. 벨리스 그린, 죽을 때까지 손전등으로 맞다. 주먹을 펴기를 거부했다는 것이 이유였는데 그의 손에는 종이조각이 들어 있었다. 〈그를 죽인 경찰관에 대한 유죄판결이 나중에 뒤집어졌는데, 배심원들이 숙고하기 위한 휴식시간 동안 영화 '말콤X'를 보았던 것이 부분적인 원인이 되었다〉. 라타냐 헤거티, 1999년 6월 4일 노동계급 집안에서 최초로 대학에 진학한 그녀는 손에 휴대전화를 들고 있었다는 이유로 총을 맞았다. 헤르나데스 주니어 18세, 1997년 5월 20일 방과 후 염소를 몰고 가다가 머리 뒤쪽에 총을 맞았다. 〈그가 총을 가지고 있었던 것은 사실이지만 염소 떼를 보호하기 위한 것이었고 그는 경찰이 자신의 뒤를 쫓고 있다는 것을 몰랐다〉. 셀러먼 헤르난데스, 1997년 2월 15일 주유한 다음 기름값을 내는 걸 깜박 해서 다시 차를 몰고 가서 5달러를 냈다. 주유소 직원이 벌써 경찰을 불렀다는 얘기를 듣고 주유소에서 경찰을 기다리고 있었는데 경찰이 그 자리에서 총 세 발을 쏘았다. 니콜라스 주니어, 1994년 9월 27일 전에도 열다섯 살까지 살기 힘들 것이라는 협박을 경찰에서 듣곤 했던 그가 친구들과 경찰놀이를 하느라 주황색 장난감 권총을 들고 있었는데 그때 경찰이 그 건물에 도착했다. 니코라스는 총을 떨어뜨리고 이렇게 말했다. 〈우리는 그냥 놀고 있어요. 우린 그냥……〉 그는 말을 맺기도 전에 총에 맞아 죽었다. 데릴 하워턴, 1994년 9월 8일 다른 사람의 집 지키는 개한테 먹이를 주다가 총알 여섯 발을 맞았다. 용신환, 1995년 3월 24일, 우등상을 받은 9학년 생을 경찰관이 유리문에 내동댕이친 다음 머리에 총을 쏘았다. 펠릭스 주니어, 1994년 7월 28일, 교도관이 심하게 구타한 다음 화장지 14미터를 입과 코에 쑤셔넣어 질식사시켰다. 티사 밀러, 1998년 12월 28일, 고장난 차에서 자고 있다가 깜짝 놀라서 깨는 순간 총알 열두 발을 맞았다. 제이슨 니콜스, 1994년 10월 17일, 경찰이 그를 다른 사람으로 오인하여 바닥에 엎드리게 한 다음 머리에 총을 쏘았다. 로빈 프레트, 1992년 3월 28일, 집을 잘 못 찾아온 스와팀으로부터 아기를 보호하려고 달리다가 기관총에 맞다. 바비 러스, 1999년 6월 5일, 노스웨스턴대학 졸업을 2주 남겨두고 부모님 집에 가기 위해 운전을 하던 중 경찰의 총에 맞아 죽다. 헨리 산체스, 1996년 10월 19일, 집 근처에서 자전거를 타다 맞아 죽다. 토마스 스킬, 1998년 5월 19일, 주차장에서 검정색 레이스 팬티와 흰 앞치마를 입고 자위를 하다 온몸이 구멍투성이가 되도록 총을 맞다. 케네스 마이클, 1995년 8월 21일, 체포된 다음 감방에 수감됐는데 경찰이 감시카메라를 정지시킨 다음 경찰봉으로 머리를 내려치고, 구두자국이 남을 만큼 세게 얼굴을 걸어차고, 전기충격봉으로 마비시켜 목구멍을 찢고 시신을 다른 방으로 옮긴 다음 자살이라고 공표했다. 힐턴 로사리오. 1995년 1월 12일 사촌간인 두 사람은 아무 혐의도 이유도 없이 바닥에 엎드려 수갑을 찬 상태에서 뒤에서 총 열네 발을 맞았다. 그날 밤 뉴욕시장 길리아니는 그들을 죽인 경찰을 불러 어떤 일을 잘 했다고 표창을 했다. 안토인 워슨, 1996년 6월 13일 자신의 차에 앉아서 손을 허공에 올린 상태에서 총알 열여덟 발을 맞았다. 첫 발을 쏜 다음 한 경찰관이 〈'검둥이 넌 이제 죽었어'라고 말했다〉. 아론 윌리엄스, 1995월 6월 4일 그를 강도로 의심한 경찰이 집 밖으로 나오라고 해서 나가자, 경찰관 12명이 몰려들어 손발을 묶고 벽에 머리를 짓이기고 폭행하고 최루가스를 뿌리고 구두자국이 남을 정도로 얼굴을 걷어찬 후 외과용 수술 마스크를 얼굴에 씌워서 최루가스를 마시게 했으며 경찰차 뒤에 던져 넣고 병원 세 곳을 지나쳐서 경찰서로 가서는 주차하고 차 안에 그냥 내버려 두어 죽게 했다".〕 필자는 그만 두들기고 싶도록 지루하게 위의 사건들을 타자했다.

이러한 흑백차별정책은 비단 미국에서만의 만행이 아니었다. 영국의 저급인들의 식민지였던 대부분의 지역에서 거의 동일하게 유지되었다. 남아프리카 공화국에서의 극심한 흑백차별은 20세기 말까지 극악하게 전개되고 있었다. 아프리카 인들은 백인들을 위한 노예로 전락했다. 20세기 초반의 상황을 보면, 전체 인구의 3/4을 점유한 원주민들은 전체 면적의 10%도 안 되는 좁은 '원주민격리구역'으로 밀려 들어갔다.

백인들은 원주민들의 토지를 빼앗고 격리지역에 수용한 다음 필요한 인력만을 백인들의 농장이나 도시지역에서 일하거나 일시적으로 거주하게 했다. 따라서 노동의 필요가 없어지면 도시에서 쫓겨나 다시 격리지역으로 돌아가야 했다. 이들도 아메리카의 흑인들처럼 호텔, 식당, 승차 등 공공서비스의 이용에 차별을 받았다. 그들 역시 흑백의 혼혈을 금지시키고 최선을 다해 흑백을 분리시키고자 했다. 흑인은 인간이 아니라 '짐수레를 끄는 짐승이나 노동자'였다.

그들이 취한 아파르트헤이트는 순수한 백인우위의 백인 사회를 지향했고, 흑인은 그들을 위해 희생되어야 하는 종속적 노예에 불과했다. 이러한 분리차별정책은 영국인만이 아니라 네덜란드 인들도 그에 동조했다. 그들도 아프리카와 동남아 식민지를 개척한 식민제국이었다. 이러한 남아공의 인종정책은 만델라가 집권할 때까지 계속되었다. "1970년에 아프리카 인 어린이 20명 중 1명만이 중등학교에 들어갔고, 아프리카 아이들의 평균 교육시간은 백인 아이들보다 30배나 더 적었다. 1950년 집단구역법으로 인종별 토지 소유와 점유구역이 만들어졌다. 그 결과 모든 아프리카 인 공동체가 고향에서 쫓겨났다. 예를 들어 요하네스버그에서는 트리옴프라고 적절하게 명명된 백인 신도시를 만들기 위해 소피아타운 주민 6만 명이 소개되었다."

영국 지배의 로디지아에서도 이러한 차별은 극심했다. 1931년의 상황에 의하면 5만 명의 백인들은 2,000만 핵타의 땅을 점유하고 100만이 넘는 아프리카 인에게는 1,100만 핵타의 땅만을 점유토록 허락했다. 기타 정치 사회적 차별은 아메리카와 대차가 없었다. 아프리카 인들에게는 대졸자만 음주가 허용되었는데 그것도 사전에 허락을 받아야했고, 흑인 남자는 백인 여자와 성적 교합도 금지되었으며, 흑인이 백인을 강간할 경우에는 사형으로 다스렸다. 그러나 백인 남자들의 흑인 여자와의 성적 접촉에는 제제가 없었다. 백인들은 그들이 천시하고 동물시하는 흑인 여성들과 교접했던 것이니 극단적 표현을 빌리면 그들은 동물과 교접했던 모순을 스스로 자행했다.

이러한 차별행위는 시에라리온, 수단, 이집트, 골드코스트, 나이제리아, 케냐, 우간다, 탕카니카, 스와질렌드 등 기타 영국인들이 지배한 모든 지역에서 거의 동일하게 자행되었다.

아메리카에 정착한 백인들은 니그로 흑인들을 대량으로 도입하여 거대한 농장을 만들고 담배와 목화를 재배하고 밀을 생산하고 목장을 만들었다. 그러나 그들에게 본래 가진 땅은 없었다. 그들이 개간하고 경작한 땅은 주인 없는 땅이 아니라 그곳에 수백, 수천 년간 살아온, 백인들이 인디언이라고 부른 원주민들의 땅이었다. 땅을 얻기 위하여 백인들은 인디언들을 죽이거나 쫓아내야 했다. 원주민들도 저항했다. 그러나 그들에게는 신식 무기도 없었고 전략 전술에서도 백인들에 미치지 못했다.

백인들의 식민지 만행은 호주와 남미에서도 거의 동시에 거의 같은 상황으로 전개되고 있었다. 호주에 도착한 백인들은 원주민인 아보리진을 죽이기 시작했다. 그들의 절대다수가 그들의 폭력에 죽고 그들이 옮긴 질병으로 죽었다. 그리하여 그 넓은 대륙에 아보리진은 4만 명 정도가 살아남았을 뿐이다.

남미를 정복한 스페인의 프란체스코 피사로 기병대장과 그의 병사들의 잔혹은 더욱 가공스러웠다. 그들이 남미의 잉카제국을 침략했을 때 그들의 문명은 결코 저급하지 않았다. 그 증거는 안데스의 밀림 속에 방치된 그들의 문화유적으로 증명된다. 스페인 인들은 원주민 인디오들을 아예 멸종시킬 계획을 했다. 그리하여 끝없이, 끝없이 밀고 들어갔다. 인디오들은 인간의 손이 닿지 않는 극한의 지대로 밀려났다. 지금도 그들은 거기에 머물러 수세기 동안 문명을 등지고 살아야만 했다. 극지로 밀려나지 않고 정복자들 곁에 남았던 자들은 그들의 노예가 되어 20세기가 저물어갈 때까지 노동력을 착취당했다. 심지어 기독교를 믿게 해주는 대가로도 노동력을 빼앗았다 그들은 아마도 그들에게 죽은 신을 믿게 했나보다. 또한 아시엔다라는 농장을 만들고 대저택을 짓고 호사의 극치를 누리며 원주민들을 착취했다니 문명은 곧 야만이 되고 신의 사랑은 저주가 되던 시대였다. 그 시대가 바로 엊그제까지 이어지고 있었다. 아니 지금도 이어지고 있다. 영국인들이 처음으로 아메리카에 도착한 1607년부터 인디언들은 수난의 시대에 접어들었다. 그때부터 침입한 백인들은 인디언들을 죽이기 시작하여 20세기가 다 지날 때까지 죽이는 일을 계속했다. 그리하여 포토막, 피쿼트, 네러겐싯, 포카노켓, 모하칸, 체시피크, 왐파노아그, 차카호미니 등의 인디언 족이 사라지고 난티코크, 몬타우크, 카토바, 마차푼카, 후론, 미아미, 세네카, 에리족은 어디로 갔는지 찾아보기 어렵게 되었다.

20세기에도 백인들은 인디언 마을을 습격하여 불태워버리고, 그들을 죽이고, 건강한 자들은 노예로 삼고, 젊은 여성들을 매춘부로 만들었으며, 어린아이들은 씨를 말리기 위해 모두 살해해버리는 만행을 자행했다. 그들은 인디언들을 절벽으로 몰아 일시에 떨어져 죽게하거나 호수로 몰아붙여 갈대나 물 속에 숨은 자들을 샅샅이 찾아 조준 사살했다. 또한 그들이 식량으로 키우는 물소를 수만 마리씩이나 죽여 없앰으로써 생존의 근간을 말살하고 스스로 죽거나 유랑하다 죽게 만들었다.

더욱 가공스러운 만행은 1970년대에도 발생했다.

미국의 인디언 여성들에게 '인디언보건서비스' 병원들에서 매년 3만 건이 넘는 비자발적인 또는 강요된 불임수술을 한 것이다. 백인들은 산아조절을 통해 인디언들의 건강과 생활을 개선한다는 대의명분을 내세웠지만 그것은 분명 제노사이드였다. 히틀러의 시대 나치들이 열악한 종의 단절을 위해 강제 불임시술을 단행한 것과 같은 만행의 정당화였다.

뿐만 아니라 백인들은 인디언 아이들을 백인 가정에 강제 입양하여 백인으로 교육하여 인디언 문화를 말살함으로써 인디언들의 정체성을 없애 그들을 백인화하려 했다. 홀란드로 흘러들어간 기독교 분리주의자들이 그들의 자녀들이 홀란드 인화 하는 것을 피하기 위해 다시 아메리카로 이주해온 백인들이 인디언들에게는 그렇게 했으니 나는 살고 너는 죽어야 한다는 하나님의 얼굴을 뒤집어 쓴 악마들의 행위였다.

로마와 그리스의 문명이 노예제의 덕으로 발전한 것과 같이 미국의 기초도 노예제로부터 다져졌다. 오늘날 흑인의 후예 오바마가 대통령이 되었지만 지금도 흑인들에 대한 폭력과 억압은 계속되고 있다.

인간들의 야수성과 야만은 조금도 변하지 않고 살아남아 인간들의 심연 깊숙이 발톱을 감추고 숨어있다. 때가 되면 폭발하고 분출할 화산처럼 대기하고 있다. 진정한 인간의 진화는 그 야수성의 유전인자를 제거하는 것이다. 그러나 인간들은 그러한 생각은 해본 적이 없다.

중국의 올림픽 개막 퍼레이드는 그 야수성의 노출이었다. 거대한 집단폭력을 예고하는 야만이 문화의 탈을 쓰고 화려한 폭력을 전시하고 있었다. 그것은 진보나 인류문명의 진화가 아니라 노예제로 회귀하는 신호탄이었다. 거대한 발톱을 드러낸 야수들의 행진이었다. 세계의 인민들을 향한 선전포고였다. 세계는 침묵하고 있었다. 그 퍼레이드가 무엇을 의미하는지 누구도 깊게 생각해보지 않았다. 죽어 가는 티베트족과 소수민족의 신음과 절규를 외면했다. 언제나 인류의 양심과 지성은 폭력 앞에 그리고 자신의 이익 앞에 침묵했다. 이익이 있으면 먼저 의로운 것인가를 생각하라던見利思義 공자의 나라에 지금은 멜라민이 세계를 경악케 하고 있으니 언제나 성현의 지혜나 말씀은 공염불이요 우이독경이었다.

주

1 클라이브 폰팅, 김현구 역, 돌베개, 1979, 『진보와 야만』 The Word in 20th Century 575p
〈본장은 본서 및 2의 『거짓된 진실』을 많이 참조하였음.
2 데릭 젠슨, 이현정 역, 도서출판 아고라, 2008. 『거짓된 진실』 297p.
3 2의 6p.
4 1의 580p.
5 1의 581p.
6 2의 235p.
7 2의 40p.

10
유럽의 반유대주의
히틀러 일당들

    1712년 토마스 뉴코멘(Thomas Newcomen)에 의해 증기동력이 산업에 이용되기 시작하여 1760년 제임스 와트(James Watt)가 위의 동력장치를 이용 연속적 교환 피스톤이 가능한 증기기관의 발명은 인류역사에 혁명적 전환점을 마련한 계기가 되었으니, 그간에 인간의 손발을 이용하거나 동물에 의존했던 동력을 기계에 의해 얻을 수 있었기 때문이다. 따라서 경제학자들은 1760년을 산업혁명의 원년으로 설정하고 있다.

    이러한 증기기관의 발달은 1830년 죠지 스티븐슨(George Stebenson)에 의한 증기관차의 발명과 미국의 로버트 풀튼(Robert Fulton)에 의한 상용 증기선의 실용화에 의해 생산과 운송의 대량화로부터 서구의 산업화는 급속히 전개되었다. 따라서 급격한 산업화는 영국을 필두로 프랑스와 벨기에 1830년, 미국 1840년, 독일 1850년, 스웨덴 1890년, 곧이어 러시아로 전개되어 갔다.

이러한 산업혁명의 여파에 의한 대량생산과 그에 따른 대량 원료공급이 필요하게 되고 자유시장 경제에 의한 자본주의 및 중상주의가 대두됨으로써 국토 확장에 의한 세계 열강들의 식민지 분할과 더불어 제국주의가 탄생하게 되었다.

또한 식민주의의 이념적 정당성을 뒷받침한 소위 이데올로기적인 제국주의 정신은 라마르크로부터 다윈을 비롯한 진화와 적자생존의 생물학적 이론을 인간사회에까지 확대 적용시켰고, 철학적으로는 헉슬리와 헥켈 및 니체로 이어지는 무신론과 유물론 및 기계론으로 발전함으로서 제국의 형성과 식민지 분할을 비롯하여 인종적 착취에까지 합리성과 정당성을 부여하는 우를 인간들은 범하게 되었다.

이러한 시대적 정신의 여파가 휴머니즘적인 인간애와 박애정신을 인간들로부터 증발시키고 매몰찬 기계론적, 물질주의적 무신론적으로 전개되어 갔다. 전세계는 제국주의에 의해 그들의 잔치상으로 변하여 산업혁명의 대열에 끼지 못한 나라들을 일거에 선을 그어 자의적으로 분할을 시작함으로써 전세계가 서구의 몇 나라와 조금 늦은 일본에 의해 점령되었다. 그러나 누구도 그를 탓하거나 죄악시하는 철학자도 정치인도 없었다. 그것은 자연스러운 생물학적 법칙이었고 사화법칙이 되어 급기야 인간들은 전세계를 물어뜯고 쪼개고 발리는 광란으로 빠져들고 있었다. 그 결과 세계는 1. 2차의 세계대전이 발발하고 수백 수천만 명이 죽고 상처나거나 집을 잃고 난민이 되었다.

이러한 동물적 생물학적 사조가 정신병자 히틀러의 머릿속으로 흘러들어가 세계는 인류역사상 전대미문의 광란으로 치닫게 되었다. 이러한 히틀러의 나치주의는 철학자 하이데거와 음악가 바그너에까지 연결되어 히틀러의 반유대주의에 철학의 기초가 되었다.

히틀러가 등장할 때 독일은 정치, 사회 및 경제적으로 대단히 어렵고 불안정한 시대였다. 더군다나 소련에서는 볼세비키들의 사회주의 혁명이 일어나고, 독일 또한 공산주의자들이 맹렬히 고개를 들던 때였으며 경제는 고도의 인플레로 달러당 1조 원의 환율이 형성되어 빵 하나를 사기 위해 돈을 지고가야 하는 우화 같은 세상이 되어 있었다. 뿐만 아니라 사회적으로 독일 국민들은 대전의 패배에 따른 심한 굴욕감에서 벗어나지 못하고 영국에 이어 강국이었던 제국이 일거에 정치, 경제 및 사회적 파탄에 이르고 있었다.

이때 등장한 인물이 소위 아돌프 히틀러(1889-1945)였다. 세관원의 아들로 태어난 그는 대단히 불행한 유년기를 보냈다. 학교에서는 공부는 하지 않고 그림이나 그리며 소일했고, 미술학교에 응시했으나 떨어졌다. 그의 성격은 음습해졌고 생계를 위해 수채화를 그려 팔아야 했다. 또한 정치적으로는 편향주의자가 되어가고 있었다.

독일이라는 제국이 자존심을 잃고 세계의 저변으로 타락해 방황하던 때 그는 선동적인 『나의 투쟁』을 저술해 국민을 선동하고 노드릭의 황당한 우월성과 세계제패의 선민적 영웅주의를 주창하여 추락한 독일 국민의 자존심과 국위를 일으켜 세워 전대미문의 우행적이고 광폭한 비이성적 나치즘을 전파해 나갔다. 독일 국민의 자존심을 일으키기 위해서는 패전의 책임을 독일 국민이 아닌 다른 존재들에게 전가할 방책이 필요했다. 그리하여 그는 유대인을 생각해 냈고 그들을 희생양으로 삼았다.

또한 인종적 우월성을 창조하기 위해 집시와 심신허약자와 유전적 질병을 가진 자, 동성애자들을 말살할 계획을 생각해냈다. 그 시대에 다윈이즘을 철저히 실용화하고 멘델의 우생학적 교배를 통한 일류인종의 창조와 개선에 착수했다. 그리하여 그는 심신허약자와 유전적 질환이 있는 자들을 거세하여 종의 번식이나 재생산을 억제하려 했고, 집시들의 게르만과의 통혼을 금지하고, 동성애자들의 교화를 위해 강제노동을 도입했으며, 유대인들은 아예 이 지구상에서 멸종시켜야 할 존재로서 그 사명을 나치 추종자들에게 부여하고 일임했다. 역사상 최초로 제노사이드나 홀로코스트와 같은 단어들이 현실로 등장하게 되었다. 그리고 이러한 나치의 정책은 그 당시 지성으로서의 철학, 과학으로서의 생물학, 또한 예술로서의 음악에 이르기까지 광범위하게 타당성을 인정받아 유대인 말살계획이 주변 여러 나라의 도움까지 받아가며 순조롭게 진행될 수 있었다. 정말 인류사에 어처구니 없는 만행이 자행되었다.

유대인들은 나치 이전에도 어디에서든 마음대로 살 수 있는 소위 거주이전의 자유가 없었다. 그들의 나라가 없었기 때문이다. 젖과 꿀이 흐르는 땅을 약속받은 그들이었지만 하나님의 약속은 4천년이 넘도록 지켜지지 않고 있었다. 그리하여 그들은 그 오랜 동안을 넘게 세계에 흩어져 천대받고 핍박받으며 그들의 한정된 주거지, 소위 GETTO라는 집단 거주지를 이루어 살게 되었다. 그 거주지도 그들 스스로가 만든 것이 아니라 밀리고 몰아부쳐 만들어진 지역이었다.

그들이 세계로 흩어져 소위 디아스포라라는 발음은 예쁘나 슬픈 말도 생겨났으며 그러한 운명적 삶에서 생존의 탐색은 자연 치열할 수밖에 없었고, 기회주의적 생존의 본능이 정상적인 국토를 가진 나라의 정상적인 국민들의 눈에는 이해될 수 없는 추함과 비천함으로 비추어지고 있었다. 그리하여 당시 유럽의 모든 나라들은 정도의 차이일뿐 모두다 유대인을 멸시하고 천시했다. 따라서 대부분의 주변국들이 나치의 제노사이드에 자연스럽게 동조함으로써 러시아를 비롯한 폴란드, 네델란드, 체코, 벨기에, 프랑스, 그리스, 헝가리, 슬로바키아 등에서 유대인들이 아우슈비츠의 처형장으로 운송될 수 있었으며, 그 수만도 백만 명 이상이었음을 당시 아우슈비츠 소장이던 루돌프 해스는 그의 사형 직전 고백록에서 밝히고 있다. 그러나 일부에서는 250만 명이라고 주장하는 이도 있고 그들을 합쳐 총 600만 명을 나치는 학살했다고 하는 설도 있다.

구라파의 제국주의자들은 아시아, 남미, 아프리카 등을 산산조각 내어 나누어 갖고 그들 원주민들은 자원을 착취하거나 생산을 위한 노동에 동원되었다. 자원 확보를 위해 산하山河는 뒤집혔고, 그에 항거하는 원주민들은 마치 짐승만도 못한 물건처럼 치워지고 학대받는 시대가 되었다. 20세기 전후는 자유와 민주주의라는 인류역사 5천년 이래 가장 도덕이 강조되고 인류가 모색되던 시대였음에도 동시에 가장 잔인한 적자생존의 동물논리가 지배하는 이율과 배반과 모순의 시대였다. 그리고 우리들도 그 시대의 희생양이 되어 일본제국주의 만행을 맨손으로 감내해야 했던 불행한 경험을 했다.

나치들은 10여 곳이 넘는 강제노동수용소를 룩셈부르크, 벨기에, 오스트리아, 체코 및 자국에 건설하여 유대인, 망명자, 동성애자, 집시, 여호와의 증인, 반사회분자, 정치범, 공산주의자들을 기약 없이 수용하고 강제노동에 동원하거나 열악한 수용조건에서 죽어가게 했다. 또한 폴란드에는 여러 곳에 죽음의 수용소를 만들어 집단 살해의 가스장치를 통하여 하루에도 수천 명씩 집단 처형했다. 그런데 필자는 여기에서 나치주의자들의 광란에 앞서 종교적 광신자들의 죽음을 먼저 다루고자 한다. 인간들의 광신은 나치와 같은 무리 외에도 그 광신을 위해 죽은 무리들이 있었기 때문이다. 그리고 현대는 돈과 권력의 광신에 인간들이 마비증상을 보이고 있기 때문이다.

전쟁이 발발하자 징집을 기피하는 여호와의 증인들이 문제가 되었다. 국민을 전장으로 내보내야 하는 상황에서, 더욱이 강제에 앞서 스스로 총을 달라며 광분하는 젊은이들에게 그들의 군 기피는 자칫 많은 젊은이들에게 악영향을 미칠 수 있기 때문이었다. 그리하여 나치는 그들을 강제수용소에 수용하고 노동을 시켜 개종하고 신념을 버릴 것을 종용하였다. 대다수는 나치의 뜻대로 신앙을 버리고 생명을 구걸했다.

그러나 일부의 그들은 신념을 버리지 못하고 오히려 죽음 앞에서 춤추고 노래하며 죽음으로 달려갔다.

대부분의 잡범 사형수들은 죽음 앞에서 발버둥 치며 죽지 않으려고 광분했다. 따라서 그들을 처형하기 위해서는 간수들의 물리적 행위를 필요로 했다. 그러나 신념범들은 죽음을 영광으로 생각하여 죽음을 두려워하지도 거부하지도 않았다. 그러나 '여호와의 증인'들은 그런 정도를 넘어 죽기를 갈망했다. 해스는 그의 고백록에서 이렇게 그 장면을 묘사했다. "그러나 작센하우젠의 여호와의 증인의 신자들, 특히 그중 두 사람은 이제까지 내가 체험했던 그 어느 누구보다도 대단한 자들이었다. 특히 광신적인 이 두 사람은 조금이라도 군대냄새가 나는 것을 일절 거부했다. 그들은 차렷 자세도 하지 않고, 구두 뒤꿈치를 맞추지도 않았으며, 양 손을 바지의 솔기에 붙이지도 않고, 모자를 벗지도 않았다. 그러한 존경의 표시는 하나님에게만 바쳐지는 것으로 인간에게는 할 수 없다는 것이었다. 그들에게 있어서 그들의 위에 있는 자는 없었으며, 오직 하나님만이 사람인 누군가의 위에 설 수 있는 존재로 인정했다. ……, 아이케는 그들이 규율위반을 했기 때문에 몇 번이고 때리는 형벌을 가했다. 그러나 그들이 너무나 열광적인 태도로 매를 맞고 있었기 때문에 정신적 도착에 빠진 것이 아닌가 생각하게 되었다. 그들은 그들의 이념과 하나님을 조금이라도 확실히 나타내기 위해 더 때려달라고 소장에게 탄원까지 했다. ……, 히믈러는 사형을 명령했다. 그런데 구금실에서 그 말을 전해 듣자 그들은 기뻐서 어찌할 바를 몰랐다. 사형집행 직전까지 그 일을 전혀 예측하지 못했던지 두 사람은 손을 비꼬며 황홀한 표정으로 하늘을 우러러 보면서 계속 외친 것이다.

— 우리들은 얼마 있지 않아 하나님 곁에 갑니다. 이 얼마나 행복한가, 우리들이 선택될 줄이야! —

자신들이 처형되기에 이르자 그들은 거의 뛰어갈 정도로 앞으로 나아갔다. 두 사람은 두 손을 하나님을 향해 올려야 하기 때문에 결코 묶이는 것에 동의하지 않았다. 그곳에서 그들은 벌써 무엇 하나 인간적인 것이 느껴지지 않는 표적대의 나무 울타리 앞에서 광명에 넘친 황홀한 모습으로 섰다. 나는 기독교의 탄생기에 순교자들이 로마의 투기장에서 야수에게 찢기기를 기다리고 있던 모습을 떠 올렸다."[1]

종교적 신념이 그들을 그렇게 광신적으로 죽을 수 있게 했다면 나치를 만들어낸 히틀러도, 여호와의 증인을 매질한 아이케도, 사형을 선고한 히믈러도 그리고 수용소장 해스도 모두가 광신자였고 광신의 희생자들이긴 마찬가지였다. 그것이 종교적 신념이든, 정치적 신념이든, 또는 흔히 말하는 애국적 신념이든 신념은 인간의 이성을 잃게 한다. 지금으로부터 2천 수백 년 전에 군주에 대한 사랑과 배신에 멱라에 빠져 죽은 초나라의 굴원을 100여 년이 지나 한나라의 가생이 그가 빠져 죽은 멱라를 지나며 조상하기를 다음과 같이 읊었다.

"탐욕한 사람은 재물 때문에 죽고
열사는 명예에 죽는다.
권세를 탐하는 자는 권력에 죽고
뭇 범인들은 생명에만 애착할 뿐……."

굴원이 멱라에 빠져 죽던 시절에는 아직 종교적 신념이 형성되지 않은 시절이었다. 공자가 이미 있었지만 공자 자체가 종교적 우상의 대상은 아니었고, 도교가 있었지만 그런 맹신적 굴종이 요구되는 종교도 물론 아니었다. 그리하여 가생은 누구나 최상으로 생각하는 것을 지상의 선으로 생각하여 권력과 재물과 명예를 들어 굴원의 죽음을 애석해 했던 것이다.

예수는 얼마나 많은 사람들을 그의 진리 속으로 끌어들여 죽게 했는가? 그 신념 또한 히틀러의 신념과 마찬가지라고 한다면 누가 또 망령을 부릴까? 인간은 근본적으로 동물과 같이 우매한 동물이다. 어설픈 생각을 할 수 있는 능력이 오히려 인간을 비참하게 만들었다. 동물처럼 승자와 패자가 명백히 갈라지는 기준이 있으면 인간들은 훨씬 행복했을 것이고 또한 행복할 것이다. 나는 굴종하는 동족을 물어 죽이는 동물을 보지 못했다. 굴종하는 동족은 그 수령의 목숨을 건 보호의 울타리 안에서 안주할 수 있게 되고 기껏해야 암놈을 점유하거나 관계할 수 없는 정도의 부자유밖에 없다. 그러나 인간은 그 정도의 부자유가 아니라 아예 평생을 승자를 위해 살아야 하는 굴종을 요구받는다. 그러한 굴종의 사회는 끝없는 분쟁과 죽이고 사는 일들이 반복될 수밖에 없다. 처절한 갈망이 광신을 불러 죽음 앞에서 열광할 수 있는 불합리한 진리를 인간들은 만들어 냈고 지금도 만들고 있다.

여호와의 증인들의 광신적인 신앙심을 나치들은 그들의 정신교육에 원용했다. 여호와의 증인들이 하나님께 영육을 다 기꺼이 바칠 수 있듯이 히틀러와 히틀러가 지향하는 세계의 목적을 위해 춤추며 죽을 수 있는 신념이 필요하다며 그들의 무리들을 도착시키고 있었다. 돌격대가 그렇고 유겐트가 그러한 산물이었다. 마오쩌뚱의 홍위병도 마찬가지의 맥락이었다. 여호와의 증인들이 절대적인 신의 지배체였다면 그러한 나치와 마오쩌뚱의 젊은 조직들은 그들의 주구가 되었다.

나치들은 사형을 집행하거나, 강제노동에 동원하거나, 그들의 목적에 반하는 무리들을 수용하기 위한 시설을 늘려 나갔다. 그리하여 아우슈비츠 사형수용소 옆인 베르케나우에는 무려 20여만 명까지 수용할 수 있는 거대한 수용소를 건설하고 독일을 비롯한 주변국들로부터 유대인을 실어 날랐다. 그리고 처형하기 시작했다.

사람들은 20여만 명이라는 숫자가 얼마나 많은 숫자인지 실감이 가지 않을 것이다. 필자가 중학시절 전국 5대 도시 중 하나인 광주시의 인구가 20여만 명이었다. 감히 상상을 불허하는 숫자를 일거에 수용할 수 있는 시설이라면 그 크기 또한 상상을 불허하는 것이다. 따라서 그곳의 열악함이란 말할 필요도 없는 극한 상황이었다. 그러나 나치의 역사는 바로 눈앞의 역사다. 중국과 우리나라의 전사에는 수십만 또는 백만 등의 병력 얘기가 나오지만 그것은 중국인의 허풍에 반도가 따라 허풍친 것일 뿐, 결코 그 시대에는 인력자체는 물론이요 도로, 운송, 보급, 취사, 수면 등 모든 조건이 하나도 그에 부응할 수 없는 허풍이라는 것을 감안하면 금 시대 20만이란 전연 과장된 숫자가 아니다.

그러한 곳에 수용된 수용자들은 인간의 도덕적 선성을 잃고 무자비한 야성으로 돌아갈 수밖에 없다. 누구도 살아남기의 순간에 휴머니즘적 감성을 요구할 수 없기 때문이다. 여름날 포도밭에 몸통이 잘린 벌레가 포도잎을 갉아 먹고 있는 것을 보았다. 생존의 욕구는 그러한 미물에게서조차 그토록 극열하게 나타나고 있다. 하물며 인간들에게서야 더 말할 필요도 없는 것이다. 수용자들은 살아남기 위해 동료들을 무자비하게 핍박했다. 해스는 그 광경을 이렇게 피력했다.

"일반적인 사람들은 같은 운명, 같은 고뇌가 억류자들로 하여금 하나의 깨뜨릴 수 없을 정도로 강력한 바위처럼 단단한 단결을 가져 왔으리라고 생각할지 모르나 웬걸! 죄수사회만큼 이기주의가 노골적으로 매몰차게 나타나는 곳도 없다. 그곳에서 생활이 지독하면 지독할수록 이기적인 태도도 지독하게 된다. 밖에서의 보통 상황에서는 의협심도 있고 선량한 인물이라도 이 매몰찬 생활 속에서는 자신의 생활을 조금이라도 편안히 하기 위해서 같은 죄수를 무자비하게 압박한다. 더욱이 원체 이기적이며 냉혹한 범죄자적 기질을 가진 인간이라면 더욱 무자비하게 다툰다". 그리하여 본성이 아닌 인위적, 후천적으로 습득하거나 교육된 인간적 휴머니즘 같은 것들은 무자비하게 벗겨지고 본성만이 남게 됨을 그는 이렇게 밝히고 있다.

"죄수사회만큼 진짜 '아담'이 나타나는 곳은 없다. 교육으로 갖추게 된 것, 숨겨진 것, 그 본성에 속하지 않는 모든 것이 벗겨지고 만다. 구금 생활이 계속되는 동안 숨기고 있었던 것 혹은 속였던 것을 포함한 모든 것을 드러내도록 강요받는다. 이리하여 발가벗은 그가 실제로 있는 그대로의 모습으로 거기에 선다. 좋든 싫든".

1941년 6월 22일 새벽 3시 '바바로사'라는 작전명으로 히틀러는 소련을 침공했다. 스탈린은 고위 장교들을 숙청해버려 변변한 지휘관들이 없는 병사들은 나치에 의해 쉽게 장악되었고 무려 20여만 명의 포로가 발생하여 람스드로프에 수용되었다. 그들 대부분의 포로들은 변변한 수용시설도 없이 그들 스스로가 만든 좁고 허술한 판잣집에서 취사도구도 없이 어쩌다 배급되는 식량을 날것으로 먹으며 연명했다. 나치들은 그들을 일정한 장소에 모아 두고 철조망으로 도망치지 못하도록 둘러둔 채 감시만 할 뿐 식사와 침구 등도 제대로 보급하지 않았다.

20만 명의 포로는 기아와 자포자기의 자학으로 대부분이 죽어 가고 건강이 좀 나은 1만여 명이 수용소 건설을 위해 아우슈비츠의 수용소로 이송되었다. 가장 양호한 자들을 뽑아 왔지만 이미 너무도 쇠약해서 일을 할 수 없을 정도였다. 해스는 그 상황의 비참함을 다음과 같이 회상했다.

"─ 내장기관은 손상되지 않았지만 기능이 없어졌다. 그들은 점차 몸 전체가 쇠약해져 파리처럼 죽어갔다. ……, 나는 그들이 무청이나 감자를 맹렬하게 움켜쥐고 씹으면서 무수하게 죽어 가는 것을 보았다. ……, 그늘에 숨어 어쩌다 손에 넣은 먹을 만한 것을 걸신들린 것처럼 먹어대거나 삼키고, 그런 다음 어느 곳에선가 조용히 죽어갔다. ……, 러시아 인들이 창고 안을 파헤쳐서 거의 손도 댈 수 없었다. 그중에는 감자를 움켜쥐고 덥석 입에 문 채 죽어 있는 자도 있었다. 서로 다른 사람 따위는 생각지도 않고, 오로지 자신의 배를 채우기 위해 인간적인 감정 따위는 송두리째 내 던지고 있었다".

그들은 동족의 포로들을 죽여 인육을 먹는 일도 서슴치 않았다. 인간들이 인육을 먹었다는 얘기는 별로 놀라운 일이 아니다. 여객기의 추락으로 고립무원의 상태가 되거나 난파선의 구조가 어렵게 된 경우에 인육을 먹었다는 보고서는 한둘이 아니다. 난파선의 선원들의 참상을 읽은 적이 있다. 한 마을의 친척 또는 일가들이 배를 타고 고기잡이를 나가 조난을 당했다. 마지막 극한 상황에 도달하자 심지뽑기를 해서 동료를 잡아먹어 가고 있었다. 드디어 구조되었다. 구조 당시 그들은 인육의 정강이며 갈비뼈를 뜯고 있었다. 구조원들이 그것을 빼앗자 그들은 그걸 빼앗기지 않으려고 필사적으로 매달렸다. 이미 구조선이 도착하고 구조작업이 진행 중인데도 그들은 광적으로 먹던 인육에 집착했다. 이미 그들은 정상적인 상태에 있지 않았다. 일종의 패닉 상태였고, 심신상실 자들이 되어, 쉽게 말하면 이미 미쳐 있었던 것이다. 더욱이 마을을 떠날 때 형으로부터 아들, 즉 조카를 잘 부탁한다고 했던 보람도 없이 조카가 죽임자로 뽑혔을 때도 무력하게 그들은 그 조카를 잡아먹어야 했던 상황이 전개되었다. 그리고 살아남은 자들은 이미 미친 상태였다.[2]

그런데 포로수용소에서 러시아 병사들이 그런 죽임의 상황을 연출했다. 그들은 벽돌로 사람을 죽여 간을 빼어먹고 죽인 자들을 숨겼으며, 빵 한 조각을 얻기 위해 머리를 깨고 빵을 빼앗았다. 머리가 깨어지고 골이 빈 시신이나 심장이나 간 등이 없는 많은 시체들이 건물을 지으려고 파논 구덩이에 버려져 있었다.

"그들은 이미 인간의 모습이 아니었다. 그들은 오로지 먹이를 찾는 야수가 되어버린 것이었다." 라고 해스는 회상했다. 김신조 무리들이 청와대를 기습하려던 무장간첩 사건이 발생하자 치안을 담당하는 각 경찰서의 고위 간부들을 광주의 상무대에 소집 기습무장괴한들의 진압

훈련을 실시한 적이 있었다. 그들의 대부분이 나이가 지긋한 사람들이 었다. 그때 사병으로 있던 친구 동생에게서 들은 얘기다. "마치 아버지 나이 뻘인 그들이 빵 하나를 화장실 뒷켠에 숨어서 먹고 있었다."고 했다. 어린 병사가 생각하기에 어찌 어른들이 그렇게 동물적일 수 있느냐는 물음이었다. 전시도 아니고 정상적인 급식이 보급된 조직에서 체면을 잃어버린 경찰간부들인데 하물며 죽음의 사신이 정신을 혼미하게 하는 상태에서 인간들의 행위는 거론할 얘기가 아닐지도 모른다.

아우슈비츠로 이송된 1만 명의 러시아 포로들은 1년도 못 되어 불과 몇백 명밖에 살아남지 못했다. "살아남은 자들은 자기들과 같은 다른 포로들의 희생을 바탕으로, 그리고 그들이 죽은 자들보다 난폭했고, 부끄러움을 몰랐으며, 또한 죽은 자들이 둔했기 때문에 그들이 살아남은 것이라는 인상을 나는 절대로 씻을 수 없다."고 해스는 회고했다.

히틀러는 집시 무리들을 도둑질이나 하는 반사회집단으로 단정했다. 따라서 집시들도 청소의 대상이었다. 히틀러 무리들은 집시들을 철저히 골라냈다. 1937년부터 집시들을 '거주수용소'라는 강제수용소에 집결시켜 관리하기 시작했다. 1942년 전쟁 중에는 독일 내의 모든 집시는 연령, 성별, 혼혈, 또는 과거의 긍정적 경력에도 불구하고 일체를 아우슈비츠에 수용했다. 그들의 숫자는 1만 명이 훨씬 넘었다. 그들의 수용소는 초만원이었으며, 위생상태는 지극히 불량했고, 병원 막사에는 죽어 가는 병자들로 우글댔으며, 각종 전염성 질환으로 아비규환이나 마찬가지였다. 해스는 그런 광경에서 팔레스티나의 문둥병 환자들을 상기시켰다고 고백했다. 죽어 가는 자들의 신음소리, 피골이 상접한 아이들, 얼굴이 썩어가며 구멍이 뚫린 아이들과 피부의 이곳저곳이 썩어가던 모습에서 해스는 전율했고, 신생아들은 열악한 환경으로 생후 몇 주일도 못되어 모두 다 죽어갔다.

그러한 상황은 아우슈비츠에 수용된 유대인들도 마찬가지였다. 그들의 수용상태는 다른 집단들과 대차가 없었음으로 재언할 필요가 없다. 그들은 보다 유리한 생존의 조건을 확보하기 위하여 서로 싸웠다. 고참자들은 동료들을 심히 핍박했고, 완전히 그들의 손안에 넣고 거짓 고발을 위협하며 생사여탈권을 가진 폭군으로 행세했다. "이 사나이는 진정한 의미의 악의 화신이었다. SS대원에게는 열심이 일하는 척하면서 인종의 구분 없이 수용자들에게 한없는 악행을 저질렀다."

유대인들은 수용소 내에서 보다 유리한 입장에 놓이기 위해 뇌물공여를 했다. 그리고 보다 우선적인 권력을 잡기 위해 서로에게 상처를 주며 직책 찾기에 몰두했고, 그러한 직책을 잡으면 동족인 유대인들을 무정하고 비열하게 괴롭히고 학대했다. 그들은 어떤 다른 범죄자나 다른 민족에 비해 그 정도가 심했다고 해스는 술회했다. 일본치하에 앞장섰던 조선인 프락치나 형사들의 포악함도 일본인들의 그것을 훨씬 능가했다.

반유대주의자 해스는 과장되게 기술했다고 생각할 수 있으나 동족을 잡아 골을 내먹고 간을 내먹게 되는 상황에서 그 정도는 충분히 가능했을 거라는 생각이기도 하다. 그리하여 지각 있는 유대인들은 동족들의 가혹한 상잔을 보면서 절망하여 스스로 전기철조망에 머리를 쳐박고 감전되어 죽어 가는 자들도 발생했다. 죽어 가는 자들은 그들이 처한 환경에 의한 것만은 아니었다. 그들이 조만간, 아니면 언젠가 죽을 수밖에 없으리라는 절망감으로부터 파괴되는 정신적 요인은 물질적, 환경적 요인보다 훨씬 강했다.

그러한 심리적 파괴는 동시에 육체적 파괴를 촉진시켰다. 삶에 대한 의지와 욕구를 버린 그들은 조그만 육체적 쇼크에도 아주 쉽게 죽어버렸다. 따지고 보면 그들은 작은 육체적 피해에도 죽기를 바라는 잠재의식으로 그렇게 쉽게 죽어버릴 수 있었던 것이다. 해스는 유대인들이 많이 죽었던 것은, 물론 절대다수는 가스실에서 죽었지만, 그들을 제외하면 수용시설의 열악함이나 과중한 강제노동 또는 불충분한 영양 때문이 아니라 그들의 정신적 포기와 희망을 잃은 절망으로부터 발생한 심리적 패닉 때문이라고 진단했다. 그러한 상태는 비교적 생명력이 끈질기다는 여성들도 마찬가지여서 남녀에 차이가 없었다고 술회했다.

그러나 그러한 환경적 또는 운명적 극한 상황에서도 희망을 놓지 않는 자들의 상태는 전연 달랐다. 그들은 생존의 조건을 만들고 유지하기 위하여 어떠한 수단도 가리지 않았고, 조그만 희망에도 결코 뒷걸음질 치지 않았다. 그들은 대부분 철면피하고 무자비한 악한들이었다. 결국 그런 자들만의 일부가 동맹군의 패배로 기적처럼 살아남을 수 있었다.

여자들은 한번 극한 상황을 당하게 되면 쉽게 자포자기 해버렸다. 그러한 상태에 빠진 여인들은 유령처럼 헤매고 따라서 남들로부터 따돌림받아 어느 날인가는 아무런 가혹행위나 반드시 숨이 끊어질 이유가 없는데도 아무런 소리도 없이 숨이 끊어져 버리는, 그리하여 아무데서나 죽어진 시체들의 모습은 정말 처참한 풍경이었다고 해스는 회고했다.

그러나 전염병에 걸려도 죽지 않고 아무리 가혹한 상황에서도 고통마저 느끼지 않고 동료 여인들을 갖가지 방법으로 괴롭히고 가학하는 무리들도 있었다. 그러한 극단적인 예가 아우슈비츠로부터 8킬로미터 떨어진 버디라는 마을의 강제노동 작업장에서 일어났다. 반사회분자로 분류되어 잡혀와 동원된 프랑스계의 유대인 여인들을 두들겨패고, 도끼로 치고, 목 졸라 죽이고, 더 나아가 찢어발기는 광란을 벌렸다. 어쩌면 이렇게도 무지하리만큼 폭력적인 여성들이 등장할 수 있었던 것은 수용소의 질식할 것 같은 환경으로부터 이미 제정신이 아니도록 미쳐 버렸기 때문이었을 것이다.

"처음부터 만원인 여성 강제수용소는 방대한 여성 억류자들에게 정신적인 파멸을 의미했으며, 이는 또한 조만간 육체적인 파멸을 초래했다. 아우슈비츠의 여성 강제수용소는 모든 면에서 항상 최악의 상태였다. 슬로바키아로부터 유대인 이동이 시작되면서 열흘도 못되어 지붕까지 가득 찼다. 세면장과 화장실은 수용인원의 1/3에도 미치지 못했다. 이렇게 밀고 밀리는 개미 떼들을 질서 있게 관리하기 위해서 몇 안되는 여간수들을 이용했지만 그 역시도 불가항력이었다."

환경이 육체를 파괴하고, 육체의 파괴가 정신을 파괴하는 악순환적 파괴의 고리는 결국 인간을 인간으로 놓아 두지 않았다. 악랄하기로 유명한 여간수들조차도 질서를 잡을 수 없는 상황에서 인간이 인간일 수 있다면 그것은 생명이 없는 나무토막이나 돌맹이들일 때만 가능할 것이다. 물도 마실 수 없고, 제대로 누울 수도 없고, 제대로 배설할 수도 없는 초포화상태의 수용상태에서 인간이 인간일 수 있겠는가?

그러나 그러한 개미 떼 같은 인간들을 보면서 헤스는 살아야 할, 그리고 살려 두어야 할 가치마저 없는 존재들로 그 여인들과 유대인들을 보고 있었을지도 모른다. 자신들이 만들어 놓은 지옥에 그들을 집어넣고 광란하고 몸부림치며 아우성치는 그들을 가치 없는 개미의 무리들로 착각하고 있었는지도 모른다. 그래서 히믈러와 히틀러의 명령이라는 구실로 아무런 가책도 없이 웃으며 옷을 벗기고 자비의 미소와 눈빛을 보내며 가스실로 어린애들까지도 안내해 갈 수 있었을 것이다.

1941년 히틀러는 아우슈비츠에 대량학살 시스템을 구축하고 유대인 전멸의 명령을 내렸다. 헤스는 고백했다. "명령이란 단어가 학살조치를 나에게 옳은 것으로 생각하게 해주었다. 당시의 나는 그것에 대해 조금이라도 깊이 생각해보지 않았다. 명령은 ─실행해야 한다.─ 단지 그 생각뿐이었다." 그렇다 모두 다 미쳐버린 상태에서는 '명령과 실행' 그것뿐이었다. 나치는 이성을 가진 인간집단이 아니라 기계의 시스템이 되었다. 스위치를 작동시키면 자동으로 움직이는 작업 공정 같은 것, 의식이 증발된 자동기계집단으로 명령=실행, 명령=실행……과 같이 움직였다. 같은 시대에 이탈리아에서 베니토 무솔리니의 파시스트 무리들이 그랬고, 일본에서는 천왕의 이름으로 가미카제와 모든 병사들이 적의 코와 귀를 잘랐다. 명령은 어떠한 반론이나 이론이 없이 무조건 수행되어야 하는 비이성非理性의 인간말살 시대였다. 따라서 그들에게는 어떠한 죄의식도 없었다. 사람의 눈을 빼던, 귀를 자르고, 혀를 자르고, 머리를 깨어 골을 꺼내던, 하루에 만 명씩이나 옷을 벗겨 집단학살의 가스실로 집어넣든, 일주일에 30만의 인구를 가진 도시를 폐허의 난장판으로 만들어버려도 명령이면 집행되었던 그런 광란이 가능했다.

다시 해스의 고백을 보자.

"―총통은 명령하고 우리는 따른다― 이 말은 우리들에 있어 결코 헛된 구호가 아니었으며, 또한 단순한 슬로건도 물론 아니었다. 그것은 엄하고도 진지하게 받아들여졌다. 전쟁이 끝나고 체포된 이후, 나는 되풀이해서 들었다. 바로 ―이 명령을 거부할 수 있었지 않느냐? 히믈러를 쏴죽일 수도 있었지 않느냐?― 하는, 하지만 몇천이라는 SS장교 중에서 단 한 사람이라도 그런 생각을 자신에게 허용한 인간이 있으리라고는 믿지 않는다. 요컨대 그런 일은 절대 불가능했다. 총통의 이름으로 내려지는 명령은 성스러운 것이었다. 그에 대해선, 어떠한 생각, 어떠한 설명, 그리고 어떠한 해석의 여지도 없었다. 그의 명령은 철두철미하게 완수되어야 했다. 만일 그로 인해 생명을 버리더라도 완수되어야 했다. 그리고 전쟁 중에 SS장교들은 그렇게 했다. 그리고 일본 병사들의 천황을 위한 희생정신을 높이 평가하고 교육했다."

초기에 살해는 총살이었다. 그러나 대량 살해는 총으로는 불가능했다. 나치들은 대량일 경우의 살해의 방법으로 효율적인 가스에 의한 살해를 생각해 냈다. 일산화탄소를 생각한 그들은 자동차의 배기가스를 이용했다. 그러나 너무 시간이 많이 걸리고 일시에 모든 사람이 죽지도 않았다. 오래토록 죽지 않는 사람도 있었다. 죽지 않는 자는 다시 총살하거나 생매장하는 불편이 있었다. 드디어 살충제인 치크론 가스를 사용하기로 했다. 1942년 포로수용소에 수용된 러시아의 정훈장교와 정치위원들이 실험적으로 살해되고 그 효율이 입증되어 유대인 학살용으로 이용됐다. 나치들은 수용자들을 이를 잡고 소독한다고 속여 옷을 벗게 하고, 가스실에 밀어 넣었다. 그러나 많은 사람들이 그것이 죽음터인 것을 알고 있었다.

해스를 비롯한 살인 집행자들은 가스에 의한 살해방법을 찾아내어 안도했다고 한다. 총으로 그들을 살해할 때는 총을 맞고도 우왕좌왕하며 도망치는 자들과, 부상자들, 특히 여인과 아이들, 피바다에 충격을 받아 자살하는 특수부대원들, 또는 미쳐버리는 부대원들, 밤마다 술 없이는 견디지 못해 과음으로 몸을 상해가던 부대원들을 보면서 모두들 힘들어 하던 살해 작업이 가스로 변하면서 그들은 그런 참상의 환멸과 혐오감에서 벗어날 수 있음을 다행으로 생각했다. 어차피 죽여야 하는 입장에서는 그것이 하나 둘이 아니라 수십만, 수백만을 처리해야 하는 그들에게 참으로 다행한 방법의 개발일 수 있었을 터였다.

죽이는 자들에게도 아픔은 있었나 보다. "1942년 봄 나이가 한창이던 젊은이들이 농가의 꽃이 만발한 과일나무 아래서 대부분은 서로 알지 못한 채 죽음을 기다리는 가스실을 향해 걸어갔다. 생성과 소멸의 이 광경은 아직도 내 눈앞에 떠오른다."고 해스는 고백했다. 다분히 감상적으로 묘사되어 있다. 더욱이 생성과 소멸이라는 시적 아니 철학적 인상을 주는 단어들까지 사용했다. 그러나 문득 해스의『고백록』을 번역한 분이 나의 대학시절 은사라는 사실이 떠올랐다. 그분은 철학교수였고, 멋쟁이였으며, 필자의 이름이 동료 교수로 자신보다 나이가 많은 교수와 동명이라며 출석을 부를 때면 이름을 다 부르지 않고 "조군"이라고 부르던 유머러스한 분이었으며, 2차 대전 중 연합군 파일럿들의 독일 공습 애기도 놀라움이나 증오보다는 유머러스하게 해주던 분이었다. 아마도 그분이 "삶과 죽음의 갈림 길"이라는 해스의 단순한 표현을 "생성과 소멸"이라는 철학적 이미지로 번역하였으리라는 생각을 해보았다.

하루에도 만 명씩이나 가스실로 인도하던 아우슈비츠의 나치들은 말할 나위 없는 것이지만, 동족인 유대인 보조자들도 동족을 가스실로 인도하면서 조금의 동요도 없이 울부짖는 애들을 달래며 옷을 벗기고 부녀자와 동료들을 안심시키며 최대한 그들이 가스실로 인도되는 것을 눈치채지 못하게 잘도 인도 업무를 수행했다. 들어가지 않으려거나 옷을 벗지 않는 자들은 다른 곳으로 끌고 가 SS대원들이 총살하도록 인도했고, 심지어는 총살하도록 그들을 붙잡고 있었다.

가스실이 열리면 시체들을 꺼내어 그들은 금부치를 이에서 빼내고 여자들의 머리를 잘랐다. 그리고 자동으로 이송되는 화장장에서 시체 위에 기름을 붓고 불을 붙였다. 인체에서 구덩이에 녹아내리는 기름을 떠서 시체 위에 부어 연료가 되게 하고 있었다. 그리고 그들은 태연하게 식사를 했다. 어떤 자는 죽은 시체 속에서 자신의 처를 발견했다. 잠깐 멈칫했을 뿐 태연히 그 시체들을 소각장으로 옮겨가고 아무런 동요도 없이 식사를 했다.

해스는 그러한 광경들을 다음과 같이 회고해 놓았다.

"그들(유대인)은 서로 하나의 보이지 않는 쇠사슬에 연결되어 있었다. 그러면서도 내가 보건대 그들에게는 상호간의 연대감이 결여되어 있었다. 즉 이런 상황에서는 서로 감싸주는 것이 당연할 텐데도, 유대인은 —특히 서유럽 출신들— 아직 숨어 있는 사람들의 집을 내뱉듯이 들려주던 것을 나 자신도 듣거나 경험하기도 했다. 한 번인가, 어느 여인은 가스실 속에서 어느 유대인 가족의 집을 부사관에게 가르쳐 주었다. 또 그 몸맵시나 태도가 천하지 않은 생활을 해온 것으로 보이는 어떤 남자는 옷을 벗을 때 나에게 한 권의 수첩을 건네주었다. 그곳에는 유대인을 숨겨두고 있는 네델란드 인들의 가족과 집이 나열되어 있었다."

해스는 그러한 행위를 도저히 이해할 수 없었다고 했다. 그러나 조금만 생각해보면 대단히 간단한 것이다. 우리 민족은 —사촌이 땅을 사면 배가 아프다—는 속담이 있다. 친척이 땅만 사도 배가 아픈 인간세상에, 하물며 나만 죽고 너는 사는 세상을 어떻게 견디어 낼 수 있을 것인가?

1636년 병자호란이 발생했을 때 지극히 몇 사람 외에는 장수들이 병사를 끌고 적진으로 향하지 않았다. 그리고 제1전선이 아닌 지방의 군관계자들은 사태의 추이를 보느라 출병을 미루고 있었다. 그리고 왕자와 대신 및 고관들이 강화로 탈출해야 하는데 강화 책임자 김경징은 자기들의 가솔만을 실어 가고 그 사람들을 나몰라라 했다니, 삶과 죽음이 극명한 찰라의 인간들에게 도덕과 자비와 인륜을 기대한다면 그것은 나치들에게 자비를 구걸하는 것보다 훨씬 불가한 일이라고 생각한다.

나치의 학살 명령에 절대복종했던 나치 무리들, 설혹 그들이 명령을 이행하지 않았다 하더라도 반드시 죽는 것은 아니었을 지도 모른다. 그럼에도 불구하고 단 한 사람도 학살 명령을 거부하거나 히물러나 아히히만을 쏘아죽이려는 생각을 한 자가 단 한 사람도 없었을 것이라고 단언하면서 어찌 죽은 자들에게 그런 자비로움을 기대하는 모순을 그리고 있는 것일까?

당시의 나치 무리들은 정신적 착란상태에 있었다. 나치와 SS대원들은 새로운 세상을 창조하기 위한 선구자적 환각상태에 있었기 때문에 히물러나 궤벨스 또는 다른 히틀러 지도자들의 명령이나 말은 곧 절대진리로 그들에겐 인식되었다. 옳고 그름을 따지지 않는 맹목적인 신앙인들처럼 맹목적 상태에서 진위를 가릴 정신적 여유가 없었던 것이다. 그러므로 더러는 회의가 없는바 아니었지만 해스도, "유대인 학살은 독일을, 그리고 우리들의 자손들을 냉혹하고 집요한 적들로부터 영원히 해방시키기 위해 필요하다고 그들에게 말해야 했다"고 고백했다.

히틀러 스스로 감옥에서 집필한 『나의 투쟁』은 선동적 광신일 뿐 어떠한 논리성이나 합리성이 없는 선동가의 억측과 망상으로 가득한 책이다. 해스의 무리들도 히틀러와 같아서 유대인, 더욱이 1/100에도 미치지 못하는 독일 내의 유대인들이 어떻게 집요하게 독일인들을 괴롭힐 수 있으며 또한 그들을 제거한다고 해서 어떻게 독일이 해방될 수 있다는 말이 성립될 수 있을 것인가? 광신자들의 선동에 다름 아닌 구호적인 말일 뿐이다. 그러나 선동자들의 구호 앞에서 군중들은 금방 동화되어 마치 그 구호의 실현자들로서 주체적 인물로 착각하는 환각을 일으켜 광란의 물결에 휩쓸리는 것이 우매한 군중이다.

강제노동수용소와 사형장의 수용소 모두가 너무나 열악한 시설에 초만원의 수용자들로 도저히 인간으로서는 감내하기 어려운 상황이 되었다. 인간들은 거기에 수용되는 것만으로도 저절로 죽어갔다. 수인성 전염병인 발진티브스가 창궐하고 쇠약해질대로 쇠약해진 사람들은 하찮은 질환에도 면역력이 떨어져 대부분의 수용소에서 하루에도 수백 명씩 죽어 나갔다. 더군다나 강제노동에 지친 무리들과 생에 희망을 잃어버린 자들은 조그만 충격에도 힘없이 푹푹 쓰러져 죽어 나갔다.

키에르케고르는 『죽음에 이르는 병』에서 영원히 죽을 수 없는 자의 운명이 죽음에 이르는 병이라 했던가? 영원히 죽어지지 않고 괴로운 삶을 살아야 하는 인간들에게 영원한 삶은 곳 병이 되어 죽어질 수 있다. 따라서 불확실하지만 곳 죽어질 운명, 확실히 죽어야 하는 운명 또한 영원한 삶과 마찬가지로 죽음에 이르는 병이 되어 유대인과 러시아인과 집시들이 그렇게 죽어가고 있었다.

나치주의자들만 미친 것이 아니라 히틀러의 망령에 전 독일인이 미치고 전 구라파인들이 미친 한 시대가 광란으로 전개되고 있었지만, 인류의 지성은 이미 죽어 있었다. 전 인류가 적자생존과 우생학적 동물논리로 무장하고 지배와 굴종이 요구되던 시대였다. 그래서 죽어라고 일본인들은 그들의 만행을 절대로 사과하지 않고 있는 것이다. 한국의 침탈은 그 시대의 시대조류였고, 정신대는 전쟁의 산물이라는 해석과 변명이 그들의 심층에 내재되어 있기 때문이다. 그러므로 일본을 전후 접수한 미군도 식민정책 문제는 거론마저 하지 않았던 것이다.

전쟁의 과오를 묻는 것은 의미가 없다. 또한 과거의 영토를 우리들의 영토라고 주장할 수도 없다. 어차피 인류의 역사는 전쟁의 역사이고 강자들의 역사이기 때문이다. 2천5백 년 전이나 3천 년 전에도 그러한 인류를 교화하기 위하여 부처와 공자와 예수 외에도 수없이 많은 현자들이 있었다. 그리고 지금도 그분들의 말씀은 진리로 남아 우리들에게 길을 보여주고 있다. 그러나 그들 이후에도 인간들은 조금도 변하지 않았다.

그러나 나치들의 우생학이나 종의 말살은 결코 전쟁이 아니라는 데에 문제가 있는 것이다. 총칼이든 무엇이든 그것이 서로 무기로 싸우다 생긴 일이라면 거론할 의미가 별로 없다. 인류의 역사는 그래왔기 때문이다. 그러나 한쪽은 칼을 쥐고, 당하는 자는 알몸이었기에 문제가 있는 것이다. 인간들은 어떻게 그러한 만행이 가능할 수 있었는가를 의아해 한다. 그러나 그런 것 정도는 이미 과거에도 수없이 있었고 앞으로도 발생할 가능성은 얼마든지 있다. 과거가 그래 왔기 때문이다. 그러나 20세기는 인류의 지성과 도덕성이 한편에서는 가장 진보한 시대였다. 그럼에도 불구하고 그러한 사건이 발생했던 것은 해스의 지적처럼 인간의 내면에 숨겨져 있던 야수의 본성이 결코 정화되거나 사라지지 않았기 때문이다.

인간도 어쩌면 동물과 같다. 여타 동물들에 비해서 좀 더 지능이 발달한 동물, 그러나 그 지능은 긍정성과 부정성을 동시에 갖고 있어 선과 악 또한 더 지능적으로 만들어낼 수 있는 지능이다. 다만 인간들은 끝없이 스스로를 교화하고 순화시켜 그 야수성을 죽이거나 최소한 숨기려고 노력했다. 그러나 인간이 동물이라는 사실은 부인할 수는 없다. 야생의 야수는 아무리 인간이 길들여 순화시켜 놓아도 자칫하면 야성이 살아나 자기를 기르고 보호해 주는 사육사들을 갈기갈기 찢어버리는 마치 동물원의 야수와 같다. 그러므로 사육사들은 길들여진 동물이 아무리 순해졌어도 결코 친구로 생각하지 않고 경계를 늦추지 않는다. 그들은 야수의 본성을 알고 있기 때문이다. 결코 그 야성이 사라지지 않는다는 사실을 알고 있다. 그럼에도 불구하고 인간은 스스로 야수라는 사실을 부인하려 했고 지금도 그렇다. 그 야수성은 이미 톨스토이도 그의 소설 『부활』에서 경고했다. 그리고 그런 것쯤은 그의 지적이 아니라도 상식이다. 다만 그것을 감추려드는 인간들의 오만과 위선에 문제가 있을 뿐이다. 그래서 그러한 사건은 독일에서만이 아니라 전세계가 그 야수들의 만행에 활키고 찢기고 물어뜯겨졌다. 그리고 다시 21세기가 도래했지만 역시 마찬가지의 연속선상에서 인류는 신음하고 있다.

문명은 더욱 야수성을 교화하고 감추려 노력하고 있지만 내면에서는 더욱 악랄한 야수의 근성이 지배하는 사회가 되었다. 그러나 인간들의 안전한 삶의 보장이나 희망은 그 야수성을 교화하고 제어할 수 있는 능력과 노력뿐이지만 인간들은 그러한 노력보다도 그 야수성의 고도화에 더욱 골몰하고 있다. 문명의 발달은 야수성의 발전을 의미한다. 명분은 정의에 있다. 그러나 본질은 침탈에 있다. 인류의 지성은 인간의 악성, 소위 야수성의 제거에 집중되어야 한다.

주

1 루돌프 해스, 서석연 역, 범우사, 해스의 『고백록』, 2000. 본장은 본서를 많이 참조하였음을 밝히며 관계자 제위께 감사를 드림. " " 부분은 본서의 인용임.
2 다니엘 필브릭, 한영탁 역, 도서출판 중심, 바다 한 가운데서, 2001.

11
제3 나라들의 홀로코스트
부족들의 살아남기

　아직도 지역 간, 종족 간의 분쟁은 수없이 계속되고 있다. 소수종족 간의 문제는 말할 것도 없지만, 강대국의 약소민족에 대한 침탈행위는 국제적인 묵인하에 지금도 자행되고 있다. 1950년 중국이 티베트 정복과 지배는 기정사실화되었고, 바로 요즘도 터키의 크루드 인 말살계획은 이라크의 국경을 넘어서까지 소탕작전이 이라크의 양해 아래 진행되고 있다. 중국의 올림픽 개최와 관련하여 일부 강대국들의 티베트 돕기가 없던 것은 아니었지만 유야무야되고 올림픽의 성화는 기세 좋게 타오르고 있다. 한쪽에서는 약소민족들이 극한상황에 몰려 있고 세상은 무심하게 축제를 벌리고 있으니 올림픽의 정신이 무엇인지 알다가도 모를 일이요, 우리나라만 해도 아예 선수촌을 만들어 놓고 세금을 부어가며 선수들을 교육하여 내보내고 있으니 저 아프리카의 가난한 나라들과 게임이 가당키나 한 일인가?
　서남아프리카의 1904년 헤레로족의 폭동을 진압하기 위해 파견된 독일군 사령관 로타르 폰 트로타Lothar von Trotha는 "강을 피로 물들이는 한이 있더라도 반란의 종족들을 전멸시키는 것이 나의 정책이다."라고 선언하고 헤레로족의 박멸작전에 돌입했다.

그는 헤레로족을 인간이 살 수 없는 오마헤케 사막으로 유인하여 1년 동안이나 봉쇄하고 생필품의 공급을 차단해버렸다. 그들은 극한의 사막지대에서 기아와 목마름으로 절대다수가 죽었다. 그리하여 1904년에 8만 명이던 헤레로족은 1910년 말에는 불과 1만 5천 명만 살아남을 수 있었다.

터키 인들과 아르메니아 인 간의 분쟁도 오랜 역사를 갖고 있다. 1800년대 말 10만 명 이상의 아르메니아 인들이 학살되고, 1905년 아다나와 1908년 시실리아에서 각각 3만 명 이상이 학살되었다. 1914년 1차 세계대전으로 터키와 러시아가 교전사태에 들어가자 터키군 내의 아르메니아 병사들의 무장은 물론 민간인들까지 무장을 해제시켰다. 그들이 소련군에 투항하거나 빌붙을 위험을 제거하기 위해서였다. 그리고 모든 아르메니아 인들을 터키에서 추방시켰다. 터키 인들은 아르메니아 남성 대부분을 살해하고 여성들에게는 이슬람교로 개종과 터키 인들과의 결혼을 강요하고 자녀들의 양육권까지 포기하도록 했다. 대부분의 아르메니아 여성들은 그들의 요구를 거절했다. 터키 인들은 그들을 신발도 신기지 않은 채 메소포타미아의 작열하는 사막으로 추방해버렸다. 물과 먹을 것은 물론 가릴 것마저도 주지 않았다. 터키 인들은 순순히 추방만 한 것이 아니라 그 과정에서 폭행은 물론 강간, 살인 등 별별의 잔인행위를 했다. 추방된 1백5십만 명의 아르메니아 인 중 불과 10여만 명만이 살아남았다. 아르메니아가 잠시 국가를 선포한 교전에서는 25만 명의 아르메니아 인이 죽었고, 1915년부터 1920년까지 무려 170만 명의 아르메니아 인들이 죽어갔다. 인도가 영국으로부터 독립되고 파키스탄과 인도가 분리되던 1947년 인도의 힌두교도와 파키스탄의 이슬람교도 간의 폭력으로 무려 50여만 명이 살해되었다. 그리고 아직도 파키스탄과 인도 사이에는 적대관계가 종식되지 않고 있다.

중국인 위치우위 교수는 인도와 파키스탄의 국경지역에서 거행된 양국의 국기 개양식과 하기식의 장면을 다음과 같이 묘사했다. "파키스탄 의장대에서 병사 한 명이 걸어 나와 마치 중국 전통극에서 대단원에 이를 때 하는 방식대로 국경의 길가를 크게 한 바퀴 돌기 시작했다. 얼마나 빠르던지 초상비超上飛라는 말이 딱 들어맞는 듯했다. 그는 이렇게 한 바퀴 돌고 다시 대열로 들어갔다. 이어 또 다른 병사 한 사람이 극히 과장된 걸음걸이로 국경 정문을 향해 걸어가기 시작했다. 얼마나 동작이 과장되었는지 보지 않았다면 믿지 못했을 정도이다. 다리를 구부리고 걸음을 걸을 때는 무릎이 가슴에 닿을 것 같고, 몇 걸음 그렇게 걸은 후 크게 다리를 내뻗는데 그때는 다리가 머리에 닿을 정도였다. 더욱 놀라운 것은 발바닥이 지면에 닿을 때마다 얼마나 크게 용을 쓰는지 마치 구두가 그 자리에서 터져버리고 관절이 몽땅 부서질 것만 같았다. 이처럼 전투적인 걸음걸이로 인도 쪽을 향해 걸어가니, 그 모습이 마치 인도를 밟아 뭉게 버릴 것만 같았다. 물론 상대측에서도 병사가 걸어 나오고 있었다. 그 역시 파키스탄을 단번에 밟아 뭉게 버릴 기세였다. 병사 두 사람은 서로 가까이 다가갈수록 마치 노여움으로 불타는 듯한 눈빛으로 서로 한 치의 양보도 하지 않았다. 그 모습을 보며 우리는 더욱 긴장했다. 그들의 모습은 거의 상대방을 통째로 집어삼킬 듯했다. 두 사람은 손발이 거의 맞닿을 정도까지 가까워지자, 순간 몸을 홱 돌리더니 각기 자신들의 국기가 있는 곳으로 걸어가기 시작했다. 우리는 그제야 한숨을 내쉴 수 있었다."1

무엇 때문에 이들은 서로 잡아먹을 듯한 악마의 모습으로 마주치는 것일까? 무엇이 이토록 원한의 증오를 쌓게 만들었을까? 인도는 본래 여러 신을 모시는 힌두교의 나라였다. 조용한 인도에 이슬람의 물결이 밀려왔다. 이슬람 세력은 기원 711년부터 인도를 침범하기 시작했다. 그후 1천 년 동안 지속적으로 인도를 침략했으며, 그리고 후반 5백 년 동안에는 인도의 대부분을 이슬람 군주들이 통치했다. 19세기 후반에는 인도 인구의 1/4이 무슬림이 되었다. 그들은 힌두교의 사원을 부수고 무슬림 사원을 그 자리에 건설했다. 그리고 힌두교도들을 무참하게 박해했다.

1947년 영국의 인도 통치자들은 양 종교 간의 갈등에 의한 폭력사태를 해결하는 방법으로 이슬람국인 파키스탄과 힌두교인 인도를 분리했다. 당시 6백만 명의 무슬림들이 인도에서 파키스탄으로 이주하고, 2백만의 힌두교도가 파키스탄에서 인도로 이주하는 대이동이 있었다. 그후에도 인도와 파키스탄은 계속적인 분쟁 상태를 벗어나지 못했고, 두 나라가 다 원폭으로 무장하는 극한 상태에까지 이르렀다. 그들은 천 년도 넘는 원한과 증오를 물려받아 무고한 역사의 희생양들이 되어 지금도 죽이고 또 죽이고 싶은 증오에 빠져있다. 얼마나 큰 종교의 아이러니인가?

파키스탄은 인도와 분리 독립하면서 동서로 수백 킬로미터를 격하여 두 개의 영토로 나뉐다. 1970년 Awami League가 동부에 할당된 의석을 거의 점령하고 동파키스탄의 독립을 선동했다. 1971년 연방정부가 군대를 파견하여 동파키스탄의 통제를 강화하면서 현지 주민인 1천2백만 명의 힌두교도에 대한 테러작전을 시작하면서 현지 주민들의 반발에 부딪치자 대량의 학살을 자행했다. 1971년 12월 인도군대가 개입함으로써 학살극은 끝났으나 이 과정에서 300만 명이 살해되고 천만 명의 힌두교도들이 인도로 추방되거나 도피했으며 백만 채의 주택이 파괴되는 대참사가 발생했다.[2]

1919년 벨기에가 독일로부터 인수한 브룬디와 르완다에서는 독립과

정에서 후티족과 투치족의 헤게머니 쟁탈로 1970년대 초부터 1980년대에 이르기까지 수많은 사람들이 학살당했다. 부룬디에서 1972년 후투족 살해사건으로 인종폭동이 일어나 30만 명의 투치족 난민이 나라를 떠났다. 르완다에서는 후투족과 투치족이 서로 정권을 잡으면서 13만 명의 난민이 박해를 피해 나라 밖으로 나갔다. 정권 교체 때마다 수십만 명씩이나 죽고 난민이 되풀이 되면서 독립 이후 30년 동안 브룬디와 르완다에서 인종 갈등으로 백만 명이 죽었다. 후투족과 투치족은 상대 종족을 완전히 청소해버리려는 제노사이드 계획을 실행했다. 1994년 4월 르완다에서 일어난 권력투쟁으로 6만구 이상의 시체가 청소차에 수거되어 빅토리아 호수에 수장되었다.

벨기에 인들은 부룬디와 르완다에서 인종을 후투족과 투치족으로 구분해서 통치를 쉽게 하기 위하여 종족을 차별했지만, 두 종족은 실제로 분리할 수 있는 특징은 거의 없으며, 두 종족 사이에는 필요에 따라 서로 이동했다고 한다. 식민제국들이 종족을 인위적으로 분리하여 갈등을 만들어 내고 그 후유증으로 몸서리치는 원한과 상처를 안고 지금도 그들은 살아가고 있다.

포르투갈의 식민제국의 붕괴로 1975년 동티모르가 독립을 선언하자, 인도네시아가 동티모르를 침공했다. 미국은 이 침공을 지지했고, 유엔은 형식적인 비난성명을 발표했을 뿐이다. 굳이 관계하고 싶지 않다는 의도였다. 이 침략으로 총 인구의 1/4인 20만 명이 살해되었다. 세계의 여론에 따라 유엔은 할 수 없이 평화유지군을 파견했고, 우리나라도 군대를 파견한 상태에 있다. 동티모르의 커피가 공정무역에 의해 수입되어 그곳 열악한 커피 생산 농민들의 경제를 돕고 있다. 그들은 문자가 없어 한글을 그들의 문자로 사용키로 했다는 보도를 접한바 있다.

이상의 예들은 소수 민족들 간의 헤게머니 쟁탈을 위한 분쟁으로 죽이고 죽는 사태의 일부를 설명한 것이다. 물론 그중에는 더 많은 종족과 또는 국가와 더 적은 부족 간의 균형이 전연 없는 경우도 있었지만, 그 소수 민족은 특정 지역에 한정되었다. 다시 말하면 바스크는 스페인에, 크루드 인은 터키와 이라크에, 후투족과 투치족은 브룬디와 르완다에, 아르메니아 인은 터키지역에 분쟁의 무대가 한정되었다.

그러나 유일하게 유대인은 구라파의 전역에 산재해 있고, 그들이 거주하는 거의 모든 나라가 그들을 똑같이 박해했다. 그들은 거주 이전의 자유를 박탈당하고 게토란 한정된 지역에서 살게 되었다. 그러한 나라들은 러시아, 프랑스, 특히 동구의 체코, 폴란드, 루마니아와 북구의 노르웨이, 발칸의 유고슬라비아 등에서 차별과 제노사이드가 자행되었다.

프랑스에서는 나치의 유대인 말살계획 훨씬 이전인 1897년에 유대인 군 장교 드레프스 대위를 스파이로 몰아 처형하려는 사건을 조작했다. 군인들도 이 사건을 지지했고, 많은 프랑스의 지성인들은 침묵했다. 오직 지드와 스탕달만이 이의 부당성에 항거하고 진실을 밝히고자 했을 뿐이라고 사르트르는 밝힌 바 있다.

프랑스는 1940년 8월 인종적, 종교적 집단에 대한 중상, 모욕을 금지하는 법률을 폐기시켰다. 그후 곧이어 유대인들은 군, 교육, 공직, 언론 등 모든 사회적 분야에서 차별되었고, 사업가들은 그들의 기업을 백인들에게 넘겨야 했다. 1941년 초 4만 명의 외국계 유대인이 수용소에 격리 수용되었고, 1942년에는 유대인 표시를 가슴에 달아야 했으며, 추방과 억류, 살해 등 반유대정책에 나치의 괴뢰 비시정부는 자발적으로 협력했다. 이때 9만 명의 유대인이 프랑스에서 유대인 살해센터로 추방되었다. 추방은 계속되다 독일의 패배로 1944년 7월 31일 프랑스의 드랑 시 억류소에서 마지막 추방열차가 아우슈비츠를 향해 떠나면서 끝났다.

구라파에서는 홀로코스트나 제노사이드와 같은 말이 있기 이전에 이미 포그롬pogram이라는 인종말살 언어가 존재했었다. 1900년대 초 러시아에는 5백만 명이라는 거대한 숫자의 유대인이 살고 있었다. 당시 독일에는 러시아의 1/10 정도인 불과 50~60만 명의 유대인만이 살고 있었고 그들에 대한 박해도 다른 나라들에 비하여 심하지 않았다. 그러나 러시아는 그들을 서부 국경으로부터 64킬로미터 이내에서는 살지 못하게 했다. 일부의 거부들만 모스크바나 키에프 또는 상페테르부르크에 살 수 있었으며, 군대의 징집비율은 백인보다 훨씬 높았고 복무기간도 25년이나 되었다. 대학 입학도 제한되었으며, 여타 많은 사회적 영역에서 제한 또는 배제되었다.

1900년 초 2차에 걸친 러시아 볼셰비키 혁명으로 3천여 명이 살해되고, 1차 대전 무렵에는 무려 130만 명의 유대인이 박해를 피해 러시아를 탈출했다. 이 시기에 백군의 포그롬에 의해 대략 10만 명이 살해되었다.

1942년 8월 갈리치아의 초르트코프라는 마을에서의 일이다. 수천 명의 유대인들이 마을 앞에 집합했다. 유대인들은 화물 열차에 태워 수용지로 이동되었다. 울어대는 아이를 독일 병사는 빼앗아 총살해 차량 밖으로 집어던져 버렸다. 우왕좌왕하는 유대인들의 질서를 잡기 위해 무자비하게 총으로 내리쳤다. 피를 흘리는 자들도 많았다. 그들에게는 물과 음식도 제공되지 않았다. 용변을 볼 장소도 없었다. 사람들은 부끄러움도 잊은 채 공공연히 배설을 했다. 하룻밤이 지나고 그들은 기차에 실려 베우체츠의 사형장으로 이송되었다. 기차는 화물차여서 밖으로부터 바람도 들어오지 않았다. 완전히 화물처럼 칸마다 입추의 여지도 없이 채워졌다. 공기를 위해 벽을 쥐어뜯고 목마름으로 죽어갔다. 죽은 자를 깔고 그 위에 앉았다. 사람들은 모두 다 미치거나 미치기 직전에 있었다.

산자들은 한 방울의 물과 햇빛을 위해 야수처럼 싸웠다. 베우체츠의 사형장에 도착했을 때는 거의가 죽고 얼마 남지 않은 사람들은 곧 처형되었다. 존카 폴락이라는 도망자가 쓴 회고록의 일부를 요약한 것이다.

필자는 브리타니카 지도를 놓고 베우체츠와 갈리치아 및 초르트코프를 찾아보았지만 찾을 수 없었다. 폴란드나 소련 또는 발칸의 어느 나라일 것이라는 유추만이 가능했다. 독일의 아닌자츠 그루펜이라는 경찰부대가 그런 지역에서 유대인을 실어 나르면서 발생한 일이기 때문이다.

독일 이외 지역에서 실려온 유대인의 숫자를 해스는 아히만이나 그의 대리인들에게 들어 다음과 같이 기억했다.

국가별	인원(명)
폴란드	250,000
체코	100,000
네덜란드	95,000
프랑스	110,000
그리스	65,000
항가리	400,000
슬로바키아	90,000

20세기 종족 간 또는 국가와 종족 간의 제노사이드는 1천4백만에 이른다. 이렇게 실려온 유대인들은 사형장에 필요한 사람을 골라내어 번호를 붙이고 문신을 팔뚝에 새겨 유대인 노동자임을 표시했다. 이들은 가스실로 유대인 집어넣기, 태우기, 치우기, 이발, 어린애 달래기, 금이빨 뽑기 등 처형에 필요한 모든 일을 도맡아 하고 그들이 쇠약해지면 그들도 가스실로 넣어 또 다른 유대인들에 의해 처형되었다. 일부는

기압상태의 변화실험, 불임, 냉동, 티푸스류의 질병, 쌍둥이, 두개골이 다른 인종연구 등 갖가지의 실험에 이용되었다.

2009년 1월 5일자 중앙일보는 당시 생체실험을 자행했던 의사 아리베르트 하임이 1992년 사망소식을 독일의 ZDF와 미국의 뉴욕 타임스를 인용 보도했다. "그는 마우타운센 나치 수용소에서 수감된 유대인들을 상대로 마취 없이 신체절단 수술을 하고, 심장에 휘발유와 약품을 주입해 생존 시간을 측정하는 등 생체실험을 자행했다. '죽음의 의사' '마우타우센의 도살자'라는 별명을 얻을 정도로 악명이 높았다"고 보도했다.

일본인 747부대가 중국에서 행한 마루타 실험과 유시한 실험을 그들도 했다. 마루타 실험의 야만행위를 미국은 일본의 패전 후 그 자료를 넘겨받는 조건으로 문제삼지 않았다는 사실을 아는 사람은 많지 않을 것이다.

"여기서 유대인 이발사들이 그들의 머리를 깎았다. 트레블랑카에서는 이 과정이 진행되는 동안 아이들이 너무 시끄럽게 울어대는 바람에 독일군이 아이들을 별도로 도랑으로 끌고 가 총으로 쏘아죽인 다음 화장용 장작더미 위에 던져버렸다. 또 아이들과 떨어지기를 거부한 여자들에 대해서는, 독일군 경비병들이 아이를 빼앗은 후 죽을 때까지 벽에 내던졌다. 그런 다음 여자들에게 피가 흐르는 아이의 시체를 안고 있으라고 명령했다. 가스실에서 남자들이 죽어 가고 있는 동안 이발과정이 계속되었다. 그런 다음 여자들도 가스실로 들어갔다. 벌거벗은 남자와 여자들은 한 번에 750명씩 총검에 떠밀려 가스실로 밀어 넣어졌다."3

과연 인류의 지성은 진보하고 있는가, 아니면 퇴보하고 있는가? 인간들은 도덕적 이상을 꾸준히 부르짖고, 온 인류의 평화적 공존을 화두로 밀어왔지만 그들이 그러한 화두로 살려낸 인류보다는 죽음으로 몰고 간 숫자가 비교도 되지 않을 만큼 많다는 사실에 경악하지 않을 수 없다. 과연 우리는 어디로 가고 있는 것일까?

주

1 우치우위, 유소영/심규호 역, 미래M&B, 2001, 『세계문명기행』 547p.
2 클라이브 폰팅. 김현구 옮김, 돌베개, 2007. 『진보와 야만』 620p, 본장은 본서를 많이 참조하였음.
3 진보와 야만 646p.

12
볼셰비키들의 동족살해
러시아

인간들의 욕망과 야수성은 영원히 소멸되지 않는 인간의 본성이다. 인간들은 이미 수천 년 전에 인간에 내재된 그러한 야수성을 발견했다. 그리하여 그 야수성을 죽여 도덕적 이성인으로 교화하기 위하여 부단히 노력해온 것 또한 사실이다. 그러나 수천 년의 노력에도 불구하고 오늘날까지 그 야수성은 다스려지지 않았다. 동물원의 사자를 아무리 인간들이 길들여도 그들의 잠재된 야성이 언제 폭발하여 인간을 물어뜯을지 몰라 사육사들은 항상 긴장을 늦추는 법이 없다. 경계를 늦추고 방심했다간 언제 그러한 사고가 날줄 모르기 때문에 관람객들의 눈에는 자연스러워 보이지만 그들의 내면은 항상 긴장으로 스트레스가 싸일 정도인 것이다.

인간 또한 마찬가지다. 우리들이 우리들 자신의 야수성을 사육사처럼 견제하지 않으면 언제라도 그러한 야수성은 폭발하여 우리들을 물어뜯고 내동댕이치는 상황이 연출될지 모른다. 그럼에도 불구하고 우리들은 언제나 가장 잘 길들여진 영장의 존재로 착각하여 스스로를 도덕적 존재로 자처하며 살고 있다. 그러나 인류의 역사는 언제나 야수의 역사였다. 그들의 역사는 동물의 역사와 조금도 다르지 않았다. 그러한 야수성은 타민족 간에만도 아니요, 동족 간에만도 아니어서 형제자매는 물론이요 부자와 모자, 모녀간에도 나타났음을 우리는 역사를 통하여 잘 알고 있다.

멀리 러시아나 유고슬라비아만이 아니라 우리들도 그러한 경험을 충분히 했다. 아무것도 아닌 민주니 공산이니 하며 어제의 친구가 따발총을 들이대고 형제와 부자가 갈라지고 민족이 갈라져 피비린내 나는 동족상잔의 경험을 했다.

먼저 러시아의 공산혁명기를 살펴보자! 볼셰비키들은 공산혁명을 계획하며 자기들에게 저항하거나 조금이라도 부정적이거나 방해가 되는 자들은 일체를 적으로 간주하여 가히 혁명적 방법으로 그들을 제거했다. 그들은 나치들의 유겐트나 에스에스부대 또는 아인자츠크루펜은 물론 유고의 우스타쉬에 앞서 역사상 최초로 반대세력을 말살하기 위한 전문 조직으로 비밀경찰부대인 첵카(CHEKA)를 창설했다. 그 첵카는 시대의 변천에 따라 GPU, OGPU, NKVD 및 KGB 등으로 이름을 바꾸어 왔지만 본래의 목적에는 변함이 없었다. 그들의 임무는 언제나 '반혁명 세력의 박멸'에 있었다.

레닌은 반혁명분자들에 대한 최악의 잔혹한 혁명적 테러 외에는 혁명의 성공이 불가능하다고 선언했고, 첵카는 모든 반혁명분자들과 그들의 혁명에 방해되는 모든 존재들의 무자비한 박멸을 천명했다. 그리하여 그들은 소수자가 아니라 1918년에는 주력요원만도 무려 15만 명에 이르렀으니 소련 전체를 완전히 덮고도 남을 인력을 확보하고 그 통제 하에 인간들을 가두었다.

그들은 130개가 넘는 강제수용소를 마련하고 색출분자들을 수용,

강제노동에 종사시키고 자기들의 작위적 기준에 따라 반동이라고 결론되는 자들을 처형했다. 1905년과 1910년의 2차의 혁명을 거쳐 소련이 성립하기까지 얼마나 많은 살해가 있었는지 구체적인 통계는 없으나 20만 명이 첵카에 의해 살해되고, 동 내전기간 동안 어림하여 300만 명이 죽었다고 전해지고 있다. 더군다나 기근이 겹쳐 희생자들 중에 많은 사람들이 그 기근으로 굶어죽었다는 얘기도 있다.

스탈린은 공산혁명의 천국을 건설하기 위하여 지주들의 농장을 몰수하여 소위 콜호즈나 소보즈와 같은 집단농장으로 대체함으로써 500만 명에 이르는 지주들이 농지를 잃고 시베리아 개척을 위해 강제로 추방되었다. 그들 지주들은 시베리아에 내려져 강제노동에 처해지거나 새로운 농촌건설에 참여해야 했다. 이 와중에 노동과 추위와 굶주림으로 100만 명이나 죽어갔다. 더군다나 위생시설이 없는 화물차에 태워졌고, 물의 공급마저 원활하지 못하여 시베리아에 도착하기도 전에 많은 사람들이 죽었다. 시베리아행 열차는 말 그대로 지옥행 열차였다.

우크라이나 지역에서는 1932년 식량을 구하기 위해 외부로의 탈출을 시도한 무리들을 봉쇄하고 생필품을 공급하지 않아 대규모로 굶주림에 아사했다. 키에프에서는 밤마다 죽은 시체들을 어둠을 이용해 도시 밖으로 운반하는 마차들이 줄을 이었다. 1933년의 인구조사에 의하면 1년 동안 600만 명이 죽었다. 스탈린의 집단농장 건설로 지주를 포함한 부농들이 거의 800만 명이나 죽었다니 혁명은 누구를 위한 혁명인지 가공할 죽음의 숫자 앞에 할 말을 잃는다.

이 시기에 중아아시아나 사할린 등지에서 집단적으로 거주했던 볼가 지역의 독일인, 크리미아의 타타르 인, 체첸, 카라차이, 칼미크, 양구슈 같은 소수민족들도 서부 변방으로 강제추방되었다. 그 와중에 조선족 동포들 또한 살아온 집과 재산을 몰수당하고 변방으로 기약 없이 밀려나 척박한 황무지에 버려지는 민족적 비극에 직면했다. 그들은 카자흐스탄을 비롯하여 우즈베키스탄, 키르키스탄, 타지키스탄, 투루크메니스탄 등으로 밀려가 황무지를 개척하여 농업영웅이라는 칭호를 받고 경제적으로 살만하게 되었을 때 그들 연방이 해체되어 새로운 독립국가들이 되자 또다시 나라 없는 이방인이 되어 새로운 난관에 부딪혀 있다.

당시 한인들은 양이나 소 같은 가축을 운반하는 화물열차에 화물처럼 실려 이동되었다. 겨울이어서 운송 중에 많은 사람들이 죽어나갔다. 더욱이 집은 물론 문명의 이기라고는 하나도 없는 황무지에 아무런 대책도 없이 버려졌다. 그들은 추위를 이기기 위해 땅굴을 파고 두더지처럼 연명하여 봄이 되자 옛집으로부터 가져 온 곡식의 씨알을 황무지를 파고 심었다. 그 3세들이 지금도 카자흐스탄에 10만 명 이상이 살고 있고 기타 국가들에도 많은 고려인들이 살고 있으나 일부 국가에서는 고려인들에게 공민권도 부여하지 않고 있다.

소련에서는 소비에트 정권을 수립하기 위한 혁명기로부터 2차 대전이 끝날 때까지 무려 1,700만 명이 강제수용소나 노동현장에서 처형 또는 죽어갔다. 이러한 상황은 공산주의 혁명기에 크기는 다르지만, 유고슬라비아, 체코슬로바키아, 헝가리 및 폴란드 등과 같은 소련의 위성국가들에서도 비슷하게 발생했다. 물론 반도의 북한 공산정권에서도 예외일 수 없었다.

트로츠키에 의한 볼셰비키 혁명으로부터 시작된 소련의 공산화가 레닌 및 스탈린과 2차 세계대전으로 이어지면서 당시의 혁명 주체들은 인간사회에 노동자 중심의 유토피아를 건설하려고 광분했지만, 따지고 보면 모두 다 자신들의 유토피아를 건설하기 위한 야수성의 발로일 뿐이었다. 그렇지 않고서야 어떻게 그토록 과감한 척결을 실행에 옮길 수 있었겠는가?

더욱이 그들이 실현하고자 했던 유토피아는 백 년의 실험과 시행착

오를 거쳐 결국 헛된 망상이었음이 증명되었고, 이제는 공산주의 국가니, 사회주의 국가니 하는 말마저 사라지고 잿더미의 마지막 작은 불씨처럼 몇 나라에 남아 있지만, 이미 희망이 없음을 그들도 알고 있다. 그토록 무모한 익지 않은 과일을 따기 위한 이데올로기적 유토피아주의는 소련만이 아니라, 중국에서도 5천만, 베트남에서 1백만, 북한에서도 2백만 명이라는 인민들의 목숨만 앗아가는 비극으로 끝났다.

또한 캄보디아는 완벽한 사회개혁을 꿈꾸며 정치, 종교, 교육 및 사회적 계급 등에 무자비한 난도질을 했지만 결과는 실패로 끝나고 전체 인구의 1/3에 해당하는 2백만 명이 살해됨으로서 20세기의 마지막 최악의 야만을 노출시킨 역사가 되었다. 그들의 정적 살해의 야만 행위는 코소보의 참상을 훨씬 능가했다.

이러한 야만은 전세계적으로 미국, 소련, 중국, 북한, 베트남, 캄보디아만이 아니라, 많은 아프리카의 식민국가에서, 그리고 대부분의 라틴 아메리카와 인도네시아 등에서도 전개되었다. 이와 같은 야만의 공포를 클라이브 폰팅은 그의 저서 『진보와 야만』에서 이렇게 묘사했다. "그러므로 정부들이 보수적으로 추산하더라도 총 1억여 명의 자국민을 죽였다. 이 끔찍한 통계는 억압의 결과를 나타내는 한 측면일 뿐이다. 이렇게 죽은 모든 사람들보다 강제노동수용소에서 장기간 희망 없는 삶을 살았던 사람들이 훨씬 더 많았다. 심지어 자신이나 자신의 가족이 다음 차례로 당할지도 모르는 가운데, 고발과 체포, 고문의 끊임없는 위협 아래서 살았던 사람들은 훨씬 많았다. 20세기 중반에 억압이 정점에 달했을 때, 세계 인구의 약 절반 정도가 그런 삶을 살았다."

솔제니친은 그의 저서 『수용소군도』에서 구 소련의 악랄함을 고발했다. 그러나 구 소련의 체제는 해체되고 공산주의 국가들의 종주국으로서 권위와 힘을 잃었다. 그들이 중심이 되어 세계의 공산화를 이끌면서 이미 지적한 바와 같이 1억 명이나 죽고 그보다 훨씬 많은 사람들이 기약 없는 고통 속에서 신음했다. 그러나 솔제니친은 그의 저서『이 잔혹한 시대의 내 마지막 대화』에서 소련이 거의 1세기에 걸쳐 세계의 민중들에 끼친 해악에 대해서는 단 한 마디도 하지 않았다. 노벨상을 받고 소련의 지성을 대표하는 자로서 일말의 죄의식도 느끼지 않고 오직 러시아 부활만을 말하고 있다. 또한 레닌과 스탈린의 이민족 이주정책에 희생된 자들에 대한 죄의식은 일말도 없이 여러 연방지역에 흩어져 행세하고 살았을 자국민들을 연방 해체 후에 자국으로 송환하여 보호하지 않고 방치하고 있다며 잔혹한 처사라고 비판하고 있다. 그러나 이 주정책으로 귀환하지 못했거나 하지 않은 소련인들과 같이 이주지역에 남아 또다시 고난을 당하고 있는 제3국인들에 대해서는 일말의 연민도 보내지 않고 오직 자국민만을 걱정하고 소련의 비정을 탓하고 있으니 그가 세계의 지성인가, 그리고 진정한 지성인인가를 의심하게 된다. 솔제니친의『이 잔혹한 시대의 내 마지막 대화』를 읽으면서 그의 뒤에 감추어진 지성의 허실과 야수의 그림자를 보는 것 같았다. 나치만이 인류에 빚을 진 것이 아니다. 공산혁명의 효시요 종주국으로서 한 세기에 걸친 그들의 잔혹에 대해서도 솔제니친이 진정 지성이라면 죄의식을 가졌어야 한다.

13
20세기 말 유럽의 야만
코소보

　발칸 반도는 1389년 오스만 투르크제국의 나자로 황제가 지휘한 코소보의 폴리에 지바퀴 평원의 전투에서 완패함으로써 거의 5백여 년 동안 터키의 지배를 받았다. 오스만제국의 지배를 받기 전에 그들은 대부분의 서구 국가와 같이 종교적으로는 기독교 국가였다. 물론 터키는 그들에게 무슬림으로 개종을 요구하지는 않았지만 일부의 지역에서 일부의 사람들이 무슬림이 되었다.

　세르비아는 1914년 세르비아의 국수주의자 가브릴로 프란칩이 오스트리아의 프란츠 페르디난트 황태자를 사라에보에서 암살하자 오스트리아가 세르비아에 전쟁을 선포함으로써 제1차 세계대전의 진원이 된 곳이기도 하다. 그리하여 발칸 반도는 세계의 화약고라는 별명을 얻었다.

　유고슬라비아는 1919년 인위적으로 가톨릭의 크로아티아, 그리스정교의 세르비아, 이슬람계의 보스니아 인들이 하나의 유고연방으로 탄생하면서부터 분쟁의 불씨를 품고 있었다. 유고슬라비아는 사실상 세르비아 인들의 지배하에 들어갔고 크로아티아 인들은 열등한 위치에 놓이게 되었다.

1941년 독일과 이탈리아가 유고를 점령했을 때 전쟁성 장관이었던 미하일로비치가 독일군에 저항하는 파르티잔 운동을 전개하여 대세르비아 건설을 계획했다. 대세르비아 국가에는 보스니아―헤르체고비나, 몬테네그로, 마케도니아, 크로아티아, 보이보디나, 헝가리와 불가리아 일부를 포함하는 국가였으나 주도 세력은 세르비아 인들이 잡고 있었지만 세르비아 인은 세르비아와 몬테네그로를 제외하면 대부분의 다른 지역에서는 소수에 불과했다. 미하일로비치는 소수의 열세를 만회하기 위하여 소수민족과 반민족분자들을 완전 제거할 목적으로 휘하 장군들에게 세르비아에는 세르비아 인만 남게 하도록 지시했다. 그러나 독일군의 점령하에 세르비아 인 중심의 유고슬라비아는 해체되고 크로아티아 국가가 수립되었다. 그러나 점령군의 사주를 받은 크로아티아 지도자 안테 파벨리치는 사디스트적인 극단주의 성격의 괴뢰정부 위스타샤(ustasa)를 설립하고 인종적으로는 크로아티아 인이, 그리고 종교적으로는 가톨릭 국가를 건설하는 것을 그들의 목표로 삼았다.

그들은 그리스 정교 학교를 폐쇄하고 가톨릭으로 개종을 요구했으며, 세르비아 인들이 사용하는 키릴 문자의 시용을 금지시켰다. 장기적으로는 세르비아 인의 1/3을 죽이고, 1/3은 추방하고, 1/3은 개종시켜 향후 10년 이내에 100%의 가톨릭 국가를 세울 것을 목표로 삼았다. 파벨리치는 잔악무도하여 "훌륭한 우스타샤는 자궁 속의 아기까지 꺼내 죽일 수 있는 자"라고 부추겼다. 역시 독일의 나치의 사주를 받은 히틀러의 무리다운 잔인성이었다.

곧이어 그리스 정교 사제들은 목이 잘려 정육점에 걸리고 그들의 눈알은 빼어져 바구니에 담겨 파벨리치에게 안겨졌다. 눈알 바구니를 받아 든 파베리치는 대단히 만족스러운 웃음을 지었다고 한다. 가톨릭의 프란체스코 사제들이 운영하는 강제수용소가 수 곳에 세워졌다. 7만 명의 수용자 중 환경 열악으로 5만 명이 죽고 1941년 35만 명의 세르비아 인이 갖가지 방법으로 살해되었다. 그후 1943년에는 그 숫자가 70만 명 이상으로 늘었을 뿐만 아니라 나치의 유대인 학살에 동조하여 각각 3만여 명의 유대인과 집시들을 집단 학살하였다.

그들의 만행을 독일의 SS대원들마저도 경악했다니 그 포악성이 짐작할만하다. 아이러니하게도 가톨릭 지도자 알로지제 스테피나츠 추기경도 이 살육을 지지했다. 또한 1935년 9월 나치의 뉴른베르크 당 대회에서 유대인을 차별하고 순수한 아리안의 혈통보존법을 당시 프라이부르크 가톨릭 대주교도 "인종의 순수성을 보호하고, 그 목적을 위한 조치를 만들어 낼 권리는 어느 누구에게도 부정할 수 없다"는 주장으로 강력 지지했다니 미국의 정치인과 종교인들의 백인 우월주의 사상과 일치한 점에 종교와 지성의 허탈을 실감케 한다.

1945년 티토의 공산정권하에서 많은 언어와 종교로 나누어진 구 유고슬라비아는 슬로베니아, 크로아티아, 세르비아, 마케도니아, 몬태네그로, 보스니아—헤르체고비나의 6개 공화국과 코소보와 보이보디나의 2개 자치주로 구성된 다민족 복합국가로서 다시 출발하게 되었다. 그러나 인종적으로 각 공화국마다 공화국 이름과 같은 민족이 있고, 그 외에도 터키 인, 헝가리 인, 알바니아 인 등이 혼재하고 있었으며, 종교적으로는 가톨릭, 이슬람, 기독교 등이 혼재하는 다민족, 다종교, 다문자, 다언어의 비빔밥 같은 나라여서 언제라도 공화국 간, 민족 간 또는 종교 간의 분쟁이 발생할 수 있는 가능성을 휴화산처럼 내포하고 새로운 유고는 출범했다.

따라서 티토의 강력 단일화 정책에도 불구하고 그는 공화국들의 자치독립의 염원을 잠재우지는 못했다. 더욱이 티토가 죽자 민족주의자들의 독립열의가 불붙기 시작하고, 소련을 중심으로 한 공산권이 해체되자 유고연방의 해체가 가속되면서 공화국들 간에 또는 민족들 간에 많은 분규와 내전이 발생했다.

1991년 6월 슬로베니아와 크로아티아가 독립을 선포하자 연방군이 슬로베니아를 침공하여 유고 내전이 발생하였다. 뒤이어 1992년 2월 보스니아─헤르체고비나 공화국이 독립을 선포했다. 그러나 보스니아 내의 세르비아계가 별도의 세브를스카 공화국의 독립을 선포하자 민족 및 종교 간의 갈등으로 보스니아 내전이 발생하여 30만 명의 사상자와 220만 명의 난민이 발생했다. 본장은 보스니아 내전의 참상을 고발하기 위해 마련된 것이다. 이해를 돕기 위해 분쟁요인을 좀 더 살펴보기로 하자.

발칸 반도의 과거의 역사에서 어떠한 만행이 자행되었는가를 먼저 살펴보기로 하자.

1389년 오스만 터키가 세르비아를 정복했을 때의 일이다. 말뚝형이라는 처형방식이 있었다. 이는 사람의 항문을 오려내어 큰 구멍을 낸 다음 창과 같은 구조의 말뚝에 윤활유를 바르고 항문에서부터 조심스럽게 쑤셔 넣어 간이나 비장, 허파 또는 심장 등을 피해 끝이 목 뒤의 어깨 쪽으로 창끝이 나오게 하는 참살 방법이었다. 이렇게 처형된 자가 오래 살아 있을수록 집행자는 상을 많이 받았다 한다. 그렇게 처형하여 관통된 창을 45도 각도로 눕혀 놓으면 곧 죽지 않고 심한 고통 속에서 서서히 죽어갔다. 터키군들에게 적의 처형은 일종의 페스티발이었다.

물론 일본인들이 한국을 비롯한 인도차이나 등에서 코와 눈과 팔을 잘라 사람을 죽이고 측천무후 시대 혹리들이 상상하기 어려운 고문 방법을 개발하여 사람을 죽인 일이 있었지만, 그리고 세상에는 갖가지의 형들이 있었으나 죽임이 페스티발이 된 살인은 터키 인들이 역사에 유일할 것이다.

19세기 중엽 지략과 용맹을 갖춘 오브데노비치는 터키로부터 세르비아를 쟁취했다. 그러나 그도 터키 인들 못지않게 포악하여 많은 경쟁자들을 살해하고 집권하자 독재자로 변하여 세르비아 인들을 탄압했다. 국민들이 그의 탄압에 진저리친 나머지 봉기하자 그는 국외로 도망해버렸다.

　터키 인들이 물러나고 오브데노비치가 도주한 후 그런대로 유지해오던 평온은 1914년 세계대전이 발발함으로써 오스트리아 및 불가리아와의 전쟁으로 또다시 아수라장이 되었다. 그 당시의 비참한 상황을 레베카 웨스트(Rebeca West 1892-1983)는 그의 저서『검은 양과 회색매(Black Lamb and Grey Falcon)』에서 "수백만의 사람들이 악의 세력에 침몰하고 그 세력이 세르비아보다 더 잔혹한 곳은 인류역사상 없었다"라고 묘사했다. 오스트리아군에 의해 후퇴하던 25만 명의 세르비아군은 거의 전멸상태에 이르렀다. 그러나 죽음의 사선을 몇 번씩이나 넘어 살아난 자들이 다시금 실지失地를 회복하고 1918년 10월 불가리아가 항복하고 오스트리아제국이 붕괴됨으로써 안정을 찾았다.

　그리하여 유고 사람들은 무슬림과 기독교, 천주교, 유대교, 그리스 정교 또는 러시아 정교에 관계없이 그리고 슬라브계이거나 터키계이거나 아랍계이거나 간에 서로 통혼하고 서로 섞이어 사이좋은 이웃과 벗으로 살고 있었다. 비록 무슬림이라 하더라도 그들은 하루 세 번의 기도도 하지 않았고, 메카로 성지순례도 가지 않았으며, 술과 돼지고기를 먹는 사람들로 우리가 생각하는 아랍식의 무슬림도 아니었기 때문에 무슬림과 서로 다른 종파 간의 아무런 대립도 없이 오순도순 어울려 잘 살고 있었다.

　그러나 분쟁이 발생하고 서로에 증오가 폭발하자 완전히 지옥 같은 아수라가 현실이 되었다. 그리하여『네 이웃을 사랑하라』는 유고 내분을 다룬 논픽션을 쓴 워싱턴 포스트의 기자 피터 마쓰는 '야수의 등장'

으로 그 상황을 설명하고자 했다. 인간의 내부에 잠재하고 있는 야수성의 표출이라는 것이다. 필자 또한 피터 마쓰의 저작에 전적으로 의존하여 본장을 엮었음을 밝혀둔다.

사회가 불안해지면 기회주의 선동가들이 언제나 어김없이 등장했다. 프랑스 혁명의 와중에는 로베스피엘이 등장하여 시민들을 공포로 몰아 살육을 감행했으며 뒤이어 나폴레옹이 등장하여 온 구라파를 전쟁으로 몰아갔다. 그런가 하면 영국의 시민혁명에도 곧이어 크롬웰이 등장하여 프랑스와 똑같은 상황이 전개되었다. 물론 그들은 모두가 자기들이 시민을 죽인 것과 같이 결국 죽임을 당했다. 우리나라도 그런 면에서는 그들과 같았다. 4·19혁명의 혼란한 기회를 틈타 박정희가 등장하여 독제를 했고 그가 살해되자 또다시 전두환이 등장하여 똑같은 독재를 이어 갔다. 박정희는 그의 심복에 의하여 살해되었지만 요행이 전두환은 살아남아 지금까지도 건재하고 있으니 예외가 되었다.

유고에서도 혼란의 와중에 슬로보단 밀로세비치란 자가 등장했다. 그는 1941년 세르비아에서 출생했다. 그의 아버지는 사목이었으나 실패하고 미치광이가 되어 혼자서 중얼거리며 산 속을 헤매다 엽총을 머리에 쏘아 자살했다. 또한 어머니는 공산주의자로 교사였는데 거실에서 목매달아 자살했으며, 군의 장성이었던 그의 삼촌도 총으로 머리를 쏘아 자살해 죽는 등 비정상적인 유전자를 물려받고 태어난 자였다.

그는 내성적이어서 친구가 없었으며, 여자 친구며 애인인 미라 마르코비치가 있었는데 그녀의 어머니는 2차 대전 때 공산주의 빨치산이었다. 세르비아를 점령한 독일군에 체포되어 빨치산 지도자를 밝히라는 고문으로 처형되었다.

밀로세비치는 1959년 공산주의 연맹에 기입한 후 1982년 공산당의 간부로 승진하였다. 1984년 베오그라드 지구당위원장을, 그리고 1986년에 세르비아 지구당위원장을 거쳐 1987년 세르비아 대통령이 되었다. 그는 공산주의가 몰락하자 곧바로 민족주의를 충동하여 정권을 유지하려 했다. 그리하여 공산주의가 해체되자 그는 세르비아의 깃발을 내걸고 모든 지역의 세르비아 인들을 무장시켜 보스니아와 크로아티아를 침략하였다. 그는 세르비아 인에 의한 인종청소를 단행하고자 했다. 그리하여 체포, 고문, 강간, 추방, 살인 등의 집단 만행을 자행했다.

한 마을의 35명의 남자가 이웃 세르비아 사람들에게 무슬림이라는 이유로 끌려가 목이 잘려 살해되었다. 목이 잘린 사람들은 그들의 목을 자른 이웃 마을 세르비아 사람들과 같이 유년시절을 보내며 같은 학교를 다니고 서로 품앗이를 해가며 같이 농사를 짓던 친구들이었다. 세르비아 인들은 십자가의 형틀을 만들고 예수의 처형처럼 그들을 못 박아 두었다. 그들은 수 시간 동안이나 피를 흘리며 고통 속에 죽어갔다. 그러나 아무도 어쩔 수 없이 속수무책의 절망 속에 햇빛만 내리쬐고 있었다.

마을마다 여자들은 색출되어 버스나 트럭에 태워 기차역으로 끌고 가 다시 기차로 갈아 태워 어딘가 아무도 알 수 없는 수용소로 이송되었다. 객차도 아닌 열악한 화물칸에 짐짝처럼 태워졌다. 너무도 많은 사람들을 태워 제대로 숨도 쉴 수 없는 지경이었다. 얼굴이 반반한 소녀들은 기차가 쉴 때마다 차출되어 밖으로 내려져서 기차가 출발해도 다시 돌아오지 않았다. 그들은 세르비아 병정들에 윤간당하고 총살되어 버려졌다. 소녀들은 돋보이지 않기 위해 가슴을 동여매고 얼굴을 추하게 하기 위해 머리를 자르는 방법으로 위장했지만 야수들은 눈을 번득이며 용케도 예쁜 처녀들을 잘도 찾아냈고, 그녀들은 고양이 앞의 쥐들처럼 야수의 발톱에 찢겨나갔다.

드리나 강의 다리 난간에 무슬림들이 세워졌다. 총이 난사되었다. 죽지 않은 자들은 칼로 목이 베어졌다. 마지막 생명이 붙어 있는 무슬림들을 세르비아 총잡이들은 죽는 자와 같은 무슬림들을 위협하여 드리나 강의 강물에 던져 넣도록 했다. 죽은 자들을 던져 넣던 마지막 남은 무슬림들도 똑같은 방법으로 강물에 던져졌다.

거리에는 피가 낭자했고, 머리에서 흘러나온 골수들이 뭉그러져 있었다. 그 다리는 바로 4백여 년 전 터키 인들이 다리 건설을 할 때 반역 행위를 한 세르비아 인을 말뚝형으로 처형했던 바로 그 다리였다. 다리는 4백년도 넘게 버티고 서서 잔학한 인간 무리들의 광란을 숨죽이며 지켜보고 있었다.

세르비아 인들은 그 다리가 있는 비세그라드를 완전히 인종청소하고 모든 죽은 자의 것들을 그들의 것으로 삼거나 약탈하여 마을은 폐허가 되었다. 광란이 일어나기 전에는 죽인 자와 죽은 자들의 구별이 없이 같이 마시고 춤추고 노래 부르고 서로 간에 사돈도 맺고 잘도 살았던 사람들이 하루아침에 죽고 죽이는 자로 나뉘어 악마들이 되었다. 불과 십수 년 전의 일이다.

코세비치는 마취과 의사였다. 회색 수염을 기른 그는 마치 인자한 할아버지의 풍모였다. 그는 2차 대전 때 세르비아 인, 유대인 및 집시 등 수만 명이 처형된 크로아티아가 운영했던 야세노바크 집단 수용소에서 태어났다. 그는 인구 11만 2천 명 중 무슬림이 세르비아 인 보다 약간 많은 프리에도르를 접수하여 완전무결하게 인종청소를 감행했다. 다시 말하면 5만 1천 명 이상의 무슬림을 처치했다는 얘기다. 또한 그는 프리에도르에서 6마일 떨어진 무슬림이 대부분인 코자라크라는 마을의 인종청소도 가장 극악한 방법을 동원하여 실행했는데 피터 마쓰는 그의 동료 기자의 기사를 참고하여 다음과 같이 묘사했다. "5월 24일, 세르비아 탱크들이 코자라크를 빙 둘러 포위한 후 일제히 포격을 시작했다. 12군대 방향에서 많게는 분당 15개의 폭탄이 마을을 강타했다. 포격 개시 후 몇 시간이 흐른 뒤 포격이 멈췄고 세르비아군은 확성기를 통해 코자라크 주민들에게 지하실에서 나와 항복하면 죽이지 않겠다고 발표했다. 사람들이 이 발표를 따랐다. 그리고 항복하는 무슬림들이 거리를 가득 채운 순간 포격이 재개됐다. 이는 속임수였고 거리는 곧 절단된 사지와 피로 낭자해졌다. 살아난 사람들은 다시 지하실로 되돌아가거나 산으로 도망쳤다. 이틀간 계속 포격을 퍼부은 후에 또 다른 항복명령이 내려졌고 코자라크의 무슬림들은 이번에도 이를 따랐다. 세르비아군은 이번에는 다른 속임수를 썼다. 기진맥진한 코자라크 주민들이 줄지어 축구경기장으로 걸어가는 동안 같은 마을에 살던 세르비아 주민 중 한 사람이 발코니에 나와 서서 시장, 경찰서장, 의사, 변호사, 판사, 사업가, 심지어 스포츠 영웅에 이르기까지 주요 무슬림 인사들을 손으로 가리켰다. 이들 중 대부분은 세르비아군에 의해 그 자리에서 사살되거나 부근 인가로 끌려가 목이 잘려 살해되었다. 한 남자는 다리를 탱크에 묶어 온 마을을 끌려 다니다 마지막에 탱크로 갈아 죽였다. 마치 쉰들러 리스트의 한 장면 같지만 그것은 영화가 아니었다. 또 스티븐 스필버그가 이를 영화로 만들 때까지 미국인은 아무도 이런 일이 일어났다는 사실을 알지도 못했고 믿지도 않았을 것이다. 이는 정치, 경제, 지도급 인사들을 조직적으로 죽임으로써 무슬림 사회의 재건을 막기 위한 엘리트층의 집단 학살이었다. 72시간 동안 코자라크에서 최소한 민간인 2,500명이 살해됐다. 거기서 살아난 사람들은 강제수용소로 끌려갔다."1

아수라의 광란 속에서도 모질게 살아남은 자들은 케라테름, 오말스카, 토리노폴리에 등의 수용소에 수용되었다. 세라믹 공장이었던 케라테름의 잔혹은 가장 유명한 곳으로 공기도 통하지 않고 물도 주지 않은 상태에서 창고에 가두고 많은 사람들이 배설할 곳도 없어 똥과 오줌이 범벅되고 악취가 숨을 죽이게 하는 상황에서 인간들은 쓰러져 죽었으며, 살기를 갈구하는 자들의 외침이 들리면 기관총을 난사해 죽이고 그래도 살아남은 자들은 고문으로 치사시켰다.

트리노폴리에 수용소에서는 아우슈비츠 수용소에서 막 걸어 나오는 해골들을 직접 보았다고 기록했다. 그들은 완전히 뼈뿐이어서 나무젓가락처럼 동강동강 부러질 것 같은 몰골이었다고 했다. 트리노폴리에는 오말스크와 케라테름에서 풀려난 사람들이 수용된 곳이었다. 오말스크에서 왔다는 젊은 청년의 피부는 마치 투명한 스카프처럼 간신이 어깨뼈와 갈비뼈를 감싸고 있었다. 또한 그들이 사람들을 구타할 때는 몽둥이와 채찍, 쇠밧줄 등 무엇이든 닥치는 대로 집어 들고 때렸으며 폭행수법 또한 상상할 수 없이 다양했다. 새로운 사람들이 오면 만신창이가 된 그들을 놓고 때리러 가기 때문에 새로운 사람들이 오는 것이 반가웠다고 그들은 진술했다. 어떤 해골은 피터 마쓰가 방문했을 때 말도 못하고 오직 다카우, 다카우(나치의 수용소)만을 죽어 가는 소리로 남기고 돌아갔다.

나치들의 수용소보다 더 비참한 상태가 20세기의 마지막 몇 해를 남긴 시점에서 거기에 있었다. 반세기 전 나치 야수들의 만행이 보스니아아의 그들 수용소에서 다시 재연되고 있었다. 그래서 해스나 아히히만은 가스실의 독살이 인간적이라고 항변할 수 있었을 것이다. 참으로 나치의 사냥꾼들은 선량한 박애주의자들이었다. 그래도 말이 되는 이 현실이 얼마나 모순이며 두려움인가?

나치들은 짧은 시간 내에 많은 유대인을 죽이는 것이 목적이었다. 그러나 오말스크 수용소에서의 살인은 달랐다. 어떻게 그들을 비인간적으로 가학하고 재미를 보며 죽이느냐였다. 그들은 일차적으로 가혹한 죽음 직전까지 몰아부쳐 저항할 아니 발버둥칠 힘도 없는 뼈만 남은 자들의 목을 조르거나, 팔과 다리를 부러뜨리거나, 칼과 가위 등으로 짐승을 죽이는 방법을 동원하거나 총으로 살해했다. 피터 마쓰는 그러한 방법으로 6백만의 유대인을 죽이려 했다면 수십 년은 걸렸을 것이라고 기록했다.

"오말스크 수용소에는 단 한 가지 진리가 있었으니 경비들은 전능하다는 것이었다. 그러므로 그들은 경비이기 보다는 오히려 신이라 부르는 것이 옳았다. 그들은 기분 내키는 대로 죽이고, 용서하고, 강간할 수 있었다. 그들이 지배하는 죄수들은 그들에게 용서와 은혜를 베풀어 달라고 빌었다."

그들 앞에서 인간은 한갓 쥐만도 못했다. 아무렇게나 죽이고, 살리고, 베고, 찌르고, 걷어차고 강간할 수 있는 상황이 어찌 인간이 사는 세상일 수 있는가? 하나님을 닮았다는 인간들이 사는 세상은 아니었다. 그것은 이리와 늑대들의 사냥 연습장 같은 밀림이고 초원이었다.

"클라크 출신으로 스즈끼 오토바이를 소유하고 있던 한 무슬림 남자가 다른 죄수들 앞에서 고문을 당했다. 경비들은 그의 전신을 심하게 구타하고 이빨이 다 빠질 정도로 두들겨팼다. 경비들은 정신이 혼미하고 겁에 질려 있는 그의 고환을 전선의 한 끝에 묶고 다른 한 끝을 오토바이에 묶어 몰고 갔다."

"그들은 나에게 고환을 이빨로 물어뜯도록 강제로 시켰고 나는 시키는 대로 했다. 무슬림들은 고통으로 비명을 질러댔다."

총을 든 자는 법이고 신이었다. 그래서 그들은 완벽한 무소불위의 존재였다.

"그들은 아무 집이나 쳐들어가 그집 가장의 머리에 총을 대고 자신의 딸을 강간하거나 아니면 최소한 강간하는 척이라도 하지 않으면 방아쇠를 당기겠다고 할 수 있다(보스니아에서 피터 마쓰가 들은 얘기다). 아버지는 거절하며 이렇게 말할 것이다. 그러느니 차라리 죽겠다. 그러면 어깨를 으쓱하며 좋아, 늙은이, 너를 쏘지 않겠다. 하지만 네 딸을 쏘겠다. 아버지는 호소하고 애원하지만 총을 든 자는 딸의 머리에 총구를 들이대고 안전핀을 뽑으며 자, 이제, 해! 아니면 쏜다!고 소리친다. 총

185

을 든 자는 웃으며 넋이 나간 늙은이를 즐거운 표정으로 바라본 다……". 필자는 더 이상 그의 말을 전할 수가 없다.

"검투사 쇼 시간이었다. 오말스크 수용소 경비들은 그후 두 시간 동안 죄수들에게 서로 싸우도록 명령했다. 그들은 조카와 형제들끼리 싸우도록 하고 즐겼다. ……, 완전히 로마의 원형극장 같았다. ……, 경비들은 심지어 자기 친구들까지 수용소에 불러들여 함께 재미를 봤다. 수용소 밖의 민간인들이 놀러 와서 경비들과 같이 때리고 죽이고 강간하는 것으로 하룻밤을 지새는 것이다. ……, 묵은 원수를 갚고 싶다는 것이다. 가난한 세르비아 사람이 5년 전 자기에게 일자리를 주지 않은 무슬림에게, 한 농부가 10여 년 전 자기한테 트랙터를 빌려주지 않은 사람을, 중년이 된 남자가 25년 전 고등학교 때 애인을 가로 챈 무슬림을 찾아서 그들을 죽이고 그의 딸을 강간하고 별의별 만행을 즐겼다."

피터 마쓰는 수많은 만행의 얘기들을 마치 포르노를 풀어 놓듯 열거해 놓았다. 그도 말했다. 전쟁보고서는 마치 미국인들에게 포르노물이 되어버렸다고. 그리하여 미국인들은 전쟁보고서를 읽는 것이 아니라 포르노를 즐기게 되었다고. 전쟁이 포르노 영화가 되어버린 그 광란의 역사의 주인공들은 누구일까? 세르비아 인들이 그 역사의 주인공이라고 말하기 쉽다. 그 애기들은 세르비아 인들이 저지른 일이기 때문이다. 그러나 그렇지 않다. 인간 모두에게 그러한 야수성은 내재되었고 단지 그때 그곳에는 세르비아 인이 있었을 뿐이다. 그러한 참상은 바로 반세기 전 한국전쟁에서도 비슷하게 자행되었다. 죽임에 대한 비참함은 거의 유사했으며 다만 공자를 모신 나라답게 윤리 도덕적 파괴가 그들과 같이 심하지 않았을 뿐이다. 그러나 필자는 고향 뒷마을의 90이 가까운 할머니로부터 분명히 들은 얘기다. 아군들은 그녀의 옷을 벗겼다. 그녀는 당시 젊은 아낙이었다. 나무 사다리에 병사들은 그녀를 묶었다. 사다리를 벽에 기대어 세웠다. 그들은 몽둥이로 그녀를 매질했다. 실신하면 합수 통에서 똥물을 퍼서 그녀에게 퍼부었다. 단지 빨갱이가 된 그녀의 남동생의 소재를 밝히라는 이유였다. 그 순간 그녀의 동생은 무등산 밑 화순 어딘가에서 총에 맞아 죽고 있었다. 할머니는 말했다. 그들의 매가 운 좋게도 죽을 곳을 피해가서 살아남았다고 했다. 나라가 양분되고, 민족이 양분되고, 마을과 마을이 그리고 사람과 사람들이 모두 다 둘로 나뉘어서 전쟁통에 필자의 아버지도 매를 맞아 마을 사람들이 업고 온 기억이 아직도 남아 있고, 어머니도 인민군 치하에서 여성인민위원장을 하지 않는다며 어머니와 같은 성씨의 공산주의자에게 매를 맞아 아랫종아리에 평생 큰 흉터자국을 지니고 살다 가셨다. 하루아침에 세상은 지옥으로 변해버렸다.

보스니아의 비극이 보스니아에 한정되지 않고 기회만 되면 언제 어디서나 일어났고 일어날 채비를 마친 상태에 있다. 피터 마쓰는 영국인 소년들의 리퍼풀에서의 소년들 살해, 미국의 베트남 전장에서 윌리암 켈리 중위가 이끌던 미병사들의 밀라이촌 만행 사건, 포클렌드 전투에서 영국군들이 투항한 아르헨티나 병사들을 처형하고 귀를 잘라 간 사건, 소말리아에 평화유지군으로 참여한 케나다군 엘빈 카일 브라운이 창고에서 음식물을 훔친 소년을 동료 병사들과 함께 만행해 죽인 사건 등을 나열하고 그들의 고국이 그들에게 미미한 형으로 처벌한 일들을 소상하게 기록하고 있다. 그러나 그러한 일들은 아무것도 아닌 사사소한 사건에 불과했다. 정말 그런 것들은 수많은 더 참혹한 사건들의 구우일모에도 못 미치는 사건이었다. 나는 도덕과 윤리로 가장한 인간의 내면에 이 세상의 가장 야비하고 무서운 야수보다도 더 무서운 야수의 발톱이 숨겨져 있음을 고발하기 위해서 이 책의 집필을 시작했다.

1992년 여름 세르비아 농부들은 내란으로 농사를 지을 수 없었다. 그러나 그들은 무슬림들의 농촌을 습격해 그들을 죽이고 강간하고 말살한 후에 그들의 곡물을 훔치고 가재도구까지 통째로 털어 트럭에 실고 가며 콧노래를 부르고, 그들의 여자들은 낄낄대며 경적을 울리며 지나갔다고 피터 마쓰는 본 그대로를 그려 알렸다. 약탈과 만행이 즐거움이 된 세상 그것은 야수들의 광란이 아니고 무엇인가? 우리들의 내면에 자리잡고 폭발을 기다리는 야수의 본성 앞에서도 인간들은 분노하지도 경악하지도 않았다. 이것이 21세기의 인류 역사에 지성과 도덕과 윤리가 최상에 도달한 인간들의 자화상이다.

세르비아 사건을 국제 사회는 인종 간의 격돌로 간주하고 정의했다. 그러나 그들은 모두 다 슬라브계로 세르비아, 크로아티아, 무슬림으로 나누어져 있을 뿐 민족 간의 갈등이 아니었다. 같은 민족임에도 불구하고 사악한 자들의 조종에 의해 광분해버린 사건이었다. 무슬림이라고 해서 사우디의 무슬림이 아니라 그들과 똑같은 슬라브계 인종으로 그들과 구분되는 것이 별로 없었다. 맥카를 향해 절도 하지 않고, 할례도 하지 않으며, 돼지고기도 먹고, 노래 부르고 술 마시며 춤추는 그들과 별 다름이 없는 이웃이고 사돈이며 친구이고 동창이며 같은 마을의 주민들이었다.

그러나 증오가 터지고 야만이 솟아나자 그들은 순간 포악한 이리 떼로 변해버렸다. 인간 심성의 오묘한 노출이고, 인간관계의 느슨함이며, 양심과 도덕과 정의와 진리와 자비와 사랑의 이면에 무서운 폭력과 야만과 살육과 부도덕과 비윤리와 모든 속되고 추하고 비열한 잠재적 가능성이 일시에 노출된 사건이었다. 그리하여 무려 27만 명이 학살되고 2백여만 명이 집을 잃고 난민이 된 20세기 마지막 최대의 만행이 자행되었다.

세르비아의 일방적 공격으로 보스니아를 청소한 이 야만은 1992년 말 미국과 유럽연합 국가들의 중재에 의해 보스니아가 영토의 일부를 세르비아에 넘겨주고 종결되었다. 그리고 이 광란의 주역인 세르비아의 대통령 밀로세비치는 국제유고전범재판소에서 2006년 판결이 얼마 남지 않은 어느 날 심장마비로 사망하고, 2008년 7월 23일 마취과 의사로 악명을 떨쳤던 카라지치가 붙잡히고, 또한 그와 함께 학살을 주도했던 깡패 출신 군사령관 라트고 몰라디치와 고란 하지치 등도 체포될 가능성이 높다는 뉴스가 전해지고 있다.

연방으로 구성되었던 유고는 세르비아, 몬테네그로, 크로아티아, 보스니아—헤르체고비나, 슬로베니아, 마케도니아 등으로 각각 분리 독립했다.

2008년 2월 17일 알바니아계가 주류인 세르비아 내의 코소보가 일방적으로 독립을 선언함으로서 또다시 전운이 감돌고 있다. 미국을 비롯한 유럽연합 국가들이 독립을 지지하는데 반하여 세르비아와 러시아가 반대하기 때문이다. 더구나 코소보의 이러한 자치독립이 중국에 대한 티베트와 그루지아의 압하지아와 러시아의 남오세티아, 스페인의 바스크 분리주의, 영국의 스코트랜드, 스리랑카의 타밀국, 인도네시아의 아체와 서파푸아, 미얀마의 샨주, 인도의 나잘랜드 등도 불안한 상태에 있음을 외신은 보도하고 있다. 또 다른 유고의 참상이 수없이 대기하고 있는 상황에 인류는 직면해 있지만 대안이 없는 시대를 우리는 속수무책으로 바라만 보고 있다.

---

1 피터 마쓰, 최정숙 역, 『네 이웃을 사랑하라』(A Story of War), 미래의 창, 2002. 본장은 본서를 많이 참조하였음.

14
일본군 731부대와 마루타
인간 몰모트

    만주에 일본의 괴뢰정권 만주국이 탄생한 것은 1932년 3월의 일이 었다. 1931년 9월 일본은 유조구 사건을 날조하여 그를 빌미로 만주 사변을 일으켜 대륙침략의 제2전진기지로 한국에 이어 남만주에 관동 군을 진주시켰다. 그리하여 북만주의 길림, 요서, 금주 등을 접수하고 하얼빈은 제2차 대전이 끝날 때까지 관동군의 주둔지가 되었다.

    일본은 관동대지진을 재일 조선인들의 획책으로 몰아 무차별 만행을 저질렀음은 물론, 이미 상하이에서 무고한 시민 30만 명을 학살하고도 모자라 계속하여 한국 및 중국 등에서 그 만행이 극에 달하고 있었다.

    그들은 조선의 합병과 만주의 침략 등으로 자신을 얻어 대동아공영 이라는, 소위 아시아공동천국의 깃발을 내어 걸고 말레이시아, 필리핀, 자바, 버마 및 보르네오 등의 동남아 제국은 물론, 1941년 12월 8일 하와이 진주만을 선전포고도 없이 기습공격하여 세계대전의 포문을 열 었다.

승승장구할 것 같았던 일본군은 1942년 7월 남태평양의 가달카날 섬 전투의 패배를 기점으로 제공 및 제해권을 잃고 약세에 몰리기 시작하여 솔로몬 군도에서 미군 및 호주군의 협공에 전의가 상실되면서 본격적인 세균과 독가스 무기를 사용하기로 작정하였다.

이미 일본군은 1933년 이시이 시로우라는 육군 중장의 계획 아래 일본의 지바현 가모라는 곳에 세균전 부대를 창설하고 지명과 같이 가모 加茂라는 부대명을 부여했다.

이시이는 부대가 창설된 지역의 지바현 출신으로 교또대학을 나온 엘리트로서 지주의 아들이었으며 그의 4형제를 비롯하여 앞으로 얘기코자 하는 생체실험의 인간 통나무 관리를 주도하며 그 지방 출신의 빈농 자제들을 세균부대에 우대조건으로 입대시켜 대부분의 주요 임무를 그들에게 맡겼다.

그들은 1939년 소련의 동맹군인 몽고군에 대하여 세균전을 강행했고, 1940년 이후에는 이같은 세균전으로 중국인들을 전멸시키고자 그들의 얼굴에 맹독성 세균을 뿌려 처참한 병고로 죽게 함으로써 인류역사상 처음으로 천인공노할 세균전의 효시를 열었다. 이미 그러한 세균전의 전과를 가진 일본은 독일 및 이탈리아 등의 동맹국과 함께 제2차 세계대전을 유발하여 열세에 몰리자 대대적인 세균전을 획책하여 맹독성 세균의 제조와 연구에 박차를 가했다.

1942년 4월은 세계대전이 일본으로서는 힘겹게 전개되던 시기로 이미 세균전 부대인 일본의 가모부대는 만주의 하얼빈 시 빈강역 부근으로 1938년 옮겨와 대규모 부대를 편성하고 그해 6월에는 빈강성 평방이라는 곳에 6평방킬로미터의 군사지역을 확보했다. 그리고 부대 이름은 일본에서와 같이 '가모부대'라 칭했다. 얼마 지나지 않아 다시 '도쿄부대'라고 개칭하였으나 1941년에는 '만주 731부대'라 개칭하여 대대적인 생물(세균), 화학병기 및 인간 생체실험의 본거지를 완성했다.

그곳에는 비행장을 비롯하여 3천 명을 수용할 수 있는 시설의 막사와 감옥 및 신사까지 갖추고 주위를 고압전선과 철조망으로 보호망을 확보한 후 어떤 사람도 관동군 사령부의 허가증이 없으면 출입이 불가능한 비밀 요새로 만들었다. 심지어 아군의 비행기라 하더라도 부대 상공의 비행이 금지되고 철저한 출입통제로 외부에서는 일본인들도 그곳이 무엇을 하는 곳인지 전연 알지 못했다.

1939년 그렇게 완성된 731부대는 2천 6백여 명이 세균전 연구에 돌입했으며 그들의 대부분은 의과대학, 국가 및 민간 연구원 등에서 차출된 학자, 의사, 기사 등의 연구원이었으며 신분은 군인이 아니라 군속이나 기사의 신분으로 관동군 사령부의 예하에 놓여 있었다.

그들은 연구분야를 세분하여 17개의 팀을 만들어 비밀 보호를 위해 익명의 팀명을 붙였다. 그리하여 다나가팀(곤충 연구), 가사하라팀(바이러스 연구)과 같은 팀명으로 통칭하여 페스트, 적리(이질), 비장탈저, 콜레라, 결핵, 리케치아, 스피로헤타, 티프스, 병리, 매독, 혈청, 왁신, 동상실험, 총알의 관통실험, 총상실험, 가스실험, 수압실험, 산소결핍실험, 장기해부실험, 인체절단실험 등등의 상상하기 어렵고 참으로 기상천외한 실험들을 실제 살아 있는 사람들을 대상으로 하여 실시했다. 참으로 인류 역사상 전무후무한 천인공노의 가공할 실험이었다.

그들은 실험에 필요한 인간의 생체재료를 체포된 조선의 독립투사, 항일 중국인, 러시아 및 몽고인 등 그들이 잡아올 수 있는 사람이면 그가 누구이든 관계없이 각자에게 번호를 붙여 관리하며 실험재료로서 건강한 인체를 만들기 위해 잘 먹이고 재워 마치 오늘날 우사의 소들처럼 관리했다.(우사의 소들은 운동을 할 수 없도록 한 마리가 차지하는 공간의 면적이 극도로 협소하게 만들어져 있다)

그들은 사람이 아니라 실험의 재료일 뿐인 비인격적 존재의 객체로서 마루타, 소위 통나무라 불려졌다. 그리고 수를 헤아릴 때도 1명, 2

명이 아니라 한 개, 두 개와 같이 완전히 물건을 세는 방식을 취했으며 성별의 표시는 남과 녀가 아니라 생물학적 기호인 과로 표시하여 완전히 물건 취급을 했다.

잡혀온 마루타들에는 여성들도 있었다. 반일 러시아 여자, 중국인 여학생이나 항일 여성들이 있었으며 아무런 이유도 없이 필요에 의해 잡혀온 사람들도 많았고 어리거나 미성년자들도 있었다. 일단 잡혀서 731부대에 마루타로 수용되면 살아서 돌아갈 수는 없기 때문에 비밀이 밝혀질 수 없음으로 아무나 잡아다 사용하면 되는 것이었다.

마루타들은 마치 생체실험을 위한 몰모트처럼 각 실험실의 사전 요청에 의해 필요시점에 정확히 공급되었다. 그러한 인간 몰모트들은 패전 후 당시 부대원들의 증언에 의하면 평소에 평균 2~3백 명이 수용되어 있었고 패전까지 희생된 마루타는 3천 명이 넘었을 것으로 추정된다고 고백하고 있다. 그러나 그보다 훨씬 많을 수도 있다는 주장도 있었다고 한다. 마루타는 건강한 상태에서 공급되어야 하기 때문에 잘 먹이고 재울 뿐 결코 노동이나 가혹행위는 실험 이전까지는 없었다. 따라서 그들은 묶인 우사의 소들처럼 무료를 이기지 못해 고난을 극복하고자 갖가지 방법을 찾아내려고 노력했다. 그러나 한편으로는 죽을 수도 없는 운명 앞에서 그들은 극도의 불안 속에 생활하지 않으면 안 되었다. 죽는 순간까지 그들은 그들이 생체실험의 대상인 줄을 모르도록 그들에게는 비밀에 붙여졌기 때문이다.

생체실험은 음료나 빵 등에 균을 섞어서 먹이거나 직접 균을 주사로 마루타에 공급하는 방식으로 페스트, 콜레라, 티프스, 매독 및 스피로헤타 등의 많은 병들을 주제로 실시되었다.

동상실험에서는 발이나 팔 등의 부분실험은 물론 전신실험 등 다양한 방법을 취했다. 쳄버에 다리나 팔을 넣게 하고 온도를 낮추어가며 감각실험, 변색실험, 해부실험, 조직실험, 혈류실험, 심장과 뇌의 변화

실험을 위해서 얼어 가는 신체부분을 망치로 두들겨서 감각상태를 실험하고, 조직을 발기고 추려서 변화를 실험하고, 다시 신체를 해부하여 각종 장기의 동상과의 관계를 연구하고, 뇌를 벌려서 동상과 의식의 관계 등 상상할 수 없는 실험들을 그들은 자행했다. 사지의 동상실험을 하고 마지막 남은 몸통은 해부하여 갖가지의 약물, 가스, 병균들의 접촉실험을 산 채로 실시했으며 마지막 생명이 끊어지면 소각장으로 보내 태워버렸다. 마지막 남은 재는 골분매립장에 매장해버렸다.

그들은 또한 세균 즉, 페스트나 콜레라 또는 티프스균을 마루타에게 주입하여 발병시킨 후 백신을 개발하여 백신요법이나 화학요법 등으로 다시 마루타를 살려내는 실험을 계속했다. 자기들이 살포한 세균에 아군들이 감염될 경우를 가정하여 대비한 실험이었다. 그리하여 감염시킨 마루타에서 항체를 만들기도 하고 병의 진행과정과 치료방법 등 다양한 실험을 했다. 물론 그러한 세균의 실험은 마루타만이 아닌 쥐와 쥐벼룩 또는 토끼 등에도 행해졌다.

페스트의 중간 숙주인 쥐를 많이 확보해야 쥐에 기생하는 전염 매체인 쥐벼룩을 대량으로 생산할 수 있기 때문이다. 그들은 적진에 페스트에 감염된 대량의 쥐를 풀어놓거나 쥐벼룩이 대량으로 들어 있는 도기 벼룩 폭탄을 투척하여 온 천지가 페스트에 감염되어 검게 타들어가며 죽어 가는 인간들의 아수라 지옥을 만들고자 했던 것이다.

또한 매개체는 동물이나 곤충만이 아니라 탄저균이나 티프스균을 식수인 샘물에 투입하거나 음료수 또는 식품에 투입하는 방법을 개발하고 세균권총이나 세균지팡이 또는 세균탄환 및 폭탄 등 다양한 매개 기구를 만들어 마루타에 실험을 계속했다.

또한 마루타를 이용하여 유행성 출혈열에 대한 실험도 강행했다. 당시 만소 국경 지대에 유행성 출혈열이 만연하여 일본군의 피해가 확산되고 있었기 때문이다. 출혈열은 우리나라 학자의 연구에 의해 숙주와 매체 및 항체가 개발되어 조기에 발견하면 치료의 길이 열려서 지금은 그렇게 무서운 병이 아니지만, 필자가 군에 있던 50년 전에만 해도 출혈열의 공포 때문에 내복을 아예 벤질 벤조이드의 희석수에 담가서 말려 입을 정도였다. 벤질 벤조이드는 벤젠계의 화학물질로 인체에 유해하며 백혈병을 일으키기도 하는 물질로 지금은 알려져 있지만 그때만 해도 미국은 한국군에게 벤질 벤조이드를 쥐벼룩에 의한 감염을 막기 위해 보급하고 있었으니 아직도 그 위해성을 잘 모르던 시절이었나 보다. 그때는 소화제 외에는 모든 의약품이 미국제 원조물자로만 공급되던 시절이었다.

일본 헌병대에 체포된 자들은 누구나 마루타의 운명에 놓이게 되었다. 그러나 그들은 먼저 하얼빈의 특수부대에 보내져 자신들이 알고 있는 모든 비밀을 고백해야 했다. 그러나 아무리 모진 고문을 해도 고백하지 않는 자들은 처형해버리고 마루타로도 쓰지 않았다. 마루타가 되면 즉시 죽는 것은 아니었기 때문에 조금이라도 생명이 연장될 수 있었지만 그마저 허락하지 않기 위해 일본군은 그만큼의 시혜도 베풀지 않았던 것이다.

당시의 하얼빈 특수부대에는 고문의 이론과 요령이 자상하게 제시된 '포로의 심문요령'이라는 고문지침서가 있었다. 그 교재의 제65항은 고문 실시 방법을 다음과 같이 제시해 놓았다.

① 바르게 앉힌다.
② 연필을 손가락 사이에 끼우고 손가락의 윗부분을 노끈이나 가죽끈으로 묶고 흔든다.
③ 바른 자세로 눕히고 발을 조금 높게 하여 물을 코와 입에 붓는다.
④ 옆으로 눕히고 발의 복사뼈를 밟는다.
⑤ 키보다 낮은 선반 밑에 서게 한다.

또한 그 지침서 66항은 고문으로 상해가 발생했을 경우에는 책임지고 즉각 처치해야 한다고 명시되어 있다.

마루타들을 수용하는 감옥에는 유사시 한 번 틀기만 하면 방마다 청산가스가 주입되어 일시에 마루타들을 살해할 수 있는 가스공급장치가 마련되어 있었으며 그 개폐장치는 부대장실에 마련되어 있었다.

부대에는 심한 악취가 풍겼다. 각종의 세균을 배양하는 배양기에서 나오는 냄새와 마루타 시체 소각장에서 발생하는 냄새였다.

세균은 당분이나 육즙 등의 영양가가 풍부한 먹이를 좋아하기 때문에 배양기에 한천, 펩톤 또는 육즙 등을 넣고 종균을 넣어 적당한 온도를 유지하고 어둡게 해주면 세균이 번식한다. 따라서 세균배양 동에서는 그런 담백질 등이 썩는 악취가 진동하게 된다. 또한 마루타로 사용된 시체들은 비밀 유지를 위해 외부에 유출이 어려움으로 부대 내의 소각로에서 태워야만 되었다. 굴뚝이 높았으나 지금과 같이 소각기술이 발달하지 못했던 때라 시체 타는 냄새는 매일 역겹게 밖으로 새어나오고 있었다. 소각로에서 발생하는 인체의 골분은 부대 내의 지정된 장소에 매장하는 방식을 취함으로써 외부에 일체 노출되지 않았다.

부대 내에는 소위 공포의 방이라는 공간이 두 개가 있었다. 하나는 진열실이며 또 하나는 해부실이었다. 진열실에는 각종 실험을 위해 해부했던 인체의 부분들을 전시했던 곳인데 "아무리 담력이 강한 사람이라도 처음 보게 되면 주저앉을 정도로" 공포스러운 소름끼치는 분위기였다고 마루타의 작가 모리무라는 전하고 있다.

유리병 속의 포르말린에 쪼개거나 절단된 머리들이 눈을 뜬 채로 머리를 산발한 채 담겨져 있거나 안면이 여러 갈래로 나누어진 얼굴, 아예 여러 조각으로 쪼개어 놓은 모습의 머리통, 작은 좁쌀 같은 돌기들이 눈, 코, 입을 구별할 수 없음만큼 돋아난 얼굴, 입을 벌리고 웃는지 우는지 분간하기 어려운 모습들의 머리통들이 즐비했으며 인종도 중국, 한국, 몽골, 러시아 인 외에도 이름 모를 종도 섞여 있었다고 한다.

해부실에서는 살아 있는 마루타를 해부하여 각종 장기의 기능실험이나 각종 약물의 반응실험, 작동상태, 여러 조건에서의 기능실험, 자극실험 등을 살아 있는 상태에서 실시하여 그러한 실험을 필름에 담아 보관하고 데이터를 마련하여 차곡차곡 저장해 갔다. 그리고 실험이 끝난 마루타의 부품들은 아직도 살아서 꿈틀거리고 있었으나 전시실로 보내져 포르말린에 담아 백년대계를 위해 저장했다.

페스트의 감염실험은 페스트가 들어 있는 도기폭탄(도자기로 만든 폭탄으로 하나에는 3만 마리의 페스트 쥐벼룩이 들어 있었다)을 실제로 야전에 투척하기는 비밀 유지 때문에 어려웠으므로 마루타를 대상으로 실험했다. 전직 731부대원은 그 실험 광경을 다음과 같이 진술했다. "아무리 지독스럽다 해도 설마하니 페스트 벼룩을 살포하지는 못할 것이다. 그런 짓을 한다면 안다의 731부대원들의 안전도 위태롭다. 때문에 폭탄에 들어 있던 벼룩을 페스트 벼룩으로 가상하여 한 실험이었다. ……벼룩이 확실히 마루다의 육체로 기어올라 달라붙어 피를 빨도록 4시간에서 5시간 정도는 기다렸다. ……무수한 벼룩이 발치에서 기어오른 것을 안 마루타들은 그것이 페스트 벼룩인 줄로 알고 몸을 비틀며 울부짖었으나 손발이 기둥에 꽁꽁 묶여 있었기 때문에 벼룩을 떨쳐버릴 수가 없었다."1 그러한 실험은 계속되었고 상황은 필름에 담아 보관되고 기록되었다.

청결로 감염방지에 최선을 다했지만 때로는 관계자들이 세균에 감염되어 수십 명씩 죽어나가기도 했다. 그렇게 죽은 자국민들도 반드시 해부용으로 시체를 제공하도록 모든 부대원들에게 동의서를 받아놓고 마루타처럼 해부실험을 했다고 전 부대원은 진술했다.

때론 여자 마루타들이 부대원들에게 능욕당해 임신하여 소위 새끼 마루타를 낳으면 그 새끼 또한 마루타가 되었다. 뿐만 아니라 여성들의 은밀한 부분들을 사진으로 찍어 유포하여 부대원들의 눈과 입의 요깃

거리가 되었다. 어떤 자는 여자 마루타를 벗겨 능욕하려다 매독실험으로 문들어진 자궁을 보고 질겁했다는 애기도 전 부대원은 실토했다하나 믿어지지 않는 애기로 들린다.

회저병이란 것이 있다. 어쩌면 파상풍을 애기하고 있는지도 모른다. 어떻든 회저병이란 전쟁 중에 상처를 입은 병사가 걸리기 쉬운 병으로 흙 속에 있는 회저균이 상처를 통해 인체로 들어가 6~8시간 내에 발병한다. 고열과 균의 독소에 의해 근육에 회저가 시작되고 심한 악취와 부패에 의해 근육이 변색되고 가스의 발생과 더불어 심한 고통 속에 죽어 가는 병이다.

회저병의 실험을 위하여 마루타가 사용되었다. 마루타를 고정대에 묶은 후 엉덩이 부분만을 노출시켜 회저균이 든 폭탄이 엉덩이 부분에서 폭발하게 하여 감염시킨 후 다시 감옥으로 데려와 수용하고 아무런 치료도 하지 않은 상태에서 발병부터 사망까지의 세밀한 상황의 진전을 기록하고 촬영했다. 회저균이 엉덩이를 썩혀가면 심한 악취를 풍기며 마루타는 고통을 못이겨 처절하게 몸부림치며 죽어갔다. 이러한 실험이 1회에 십여 명씩 수 차례에 걸쳐 강행되었다.

그들은 마루타를 대상으로 새로 개발한 소이재와 화염방사기 실험도 했다. 못쓰게 된 장갑차나 강철 통 속에 마루타를 넣고 밀폐시킨 후 새로 개발한 화염방사기를 여러 거리의 조건에서 분사하여 상황의 진행을 실험했다. 고열의 화염에 순식간에 탱크의 쳄버는 1천도 이상으로 올라갔다. 곧이어 탱크는 폭발하고 쳄버에 감금되었던 실험 마루타는 바비큐가 되거나 숯덩어리가 되어 나뒹굴었다. 사진병들이 처음부터 끝까지 상황을 필름에 담았다. 때로는 덜 타서 남은 마루타의 일그러지고 뭉그러진 시체가 처참하게 발겨지기도 했다.

실탄이나 총기의 성능실험도 마루타를 대상으로 실시되었다. 마루타들을 옷을 벗겨 일렬로 묶어 놓고 여러 조건의 거리에서 총을 쏘아 몇 사람이나 관통하는 가를 실험한 것이다. 어차피 그들에게 마루타는 인간이 아니라고 부정하고 있었지만 그들의 눈에도 인간은 인간이었을 것이다. 그들이 아무리 악마였다 하더라도 인간은 인간이었기 때문이다. 다만 모두 다 미쳐서 이성을 잃었을 뿐이라고 필자는 변명하고 싶어진다.

그들은 인간들이 생각해낼 수 있는 모든 물질들을 장기에 주입하여 그 반응을 실험했으니 각종의 화학물질은 물론 공기를 포함한 자연물질 심지어는 오줌이나 말의 혈액까지도 심장에 주입하여 반응을 실험했고, 원심분리기에 마루타를 넣고 여러 시간 조건에서 돌리거나, 거꾸로 매단 상태에서 죽음에 이르는 변화와 시간 등의 실험도 했다.

원숭이의 피를 인간에게 섞는 실험, 펌프를 사용하여 인간의 신체에서 얼마나 혈액을 빼낼 수 있는가의 실험, X선 장시간 조사시험, 독가스 위에 채우기 실험, 여성의 생식기 실험, 폐에 연기 넣기의 실험 등 상상하기 어려운 실험들이 당대의 유명한 학자나 의사들이 입회한 가운데 자행되었음에도 누구도 죄악감은 티끌만큼도 없었다고 전 대원은 회고하고 있으니, 인간은 수식이 더 이상 필요 없는 악마다는 공식이 생각났다.

마루타를 해부할 때 전신 마취의 경우에는 의식이 없이 전신이 해부되었지만 국부 마취의 경우에는 의식이 총총한 상태에서 인간의 부분들을 생선을 도막내듯 잘라내고 찢어발겼다.

731부대와 십 리 정도 떨어진 곳에 516부대가 있었다. 이 부대는 731부대와 공동으로 생체가스실험을 자행한 부대다. 그들은 별도의 가스실험 시설을 외부에서 보면 마치 창고처럼 만들어 놓고 은밀하게 실험을 계속했다. 실험 대상은 731부대에서 각종 세균실험이나 해부실험을 하고 아직 살아남은 자들을 대상으로 실시되었다. 그들이 보유한 독가스는 나치들이 아우슈비츠 수용소에서 사용했던 청산가스의 일부인

치크론을 비롯하여 이베리트, 루이사이트, 호스껜옥신, 지페닐시안알신 등 모두 다 인마를 죽일 수 있는 맹독성의 가스들로 그들은 이미 실전에 사용할 수 있도록 만반의 준비태세에 있었다.

동상이나 혈청실험에 사용된 마루타들은 2차로 사용하기 위해 가스실로 보내졌다. "손발이 썩어 떨어져나가 마치 바다표범처럼 몸체만 남은 마루타, 온몸이 뼈와 살갗만 남도록 여위어서 갈비뼈만 앙상한 마루타가 대부분이었다. ……마루타들은 특별차에 실려 731부대의 뒷문으로부터 밭 가운데를 지나 독가스 실험장에 도착하곤 했다"[2]라고 전 부대원은 증언했다. 그리고 그는 상세하게 살해실의 구조며 가스 공급 라인까지 소상하게 그려가며 증언했다. 작고 큰 방들의 살해 챔버엔 유리문이 달려 있어 그들의 죽음을 상세하게 관찰할 수 있도록 되어 있다. 그들은 무력을 사용하여 강제로 마루타들을 챔버에 집어넣었으나 죽음을 알아차린 그들은 필사적인 저항을 했다고 한다. 그중에서도 특히 조선인 마루타들의 저항이 결사적이었다고 전 부대원은 증언했다.

이시이 시로우 중장 부대장은 가스에 독살된 마루타들의 옷을 벗기게 했다. 대퇴부에 하얀 젤의 액체가 흘러 붙어 있었다. 이시이 중장은 그를 가리키며 정액이라고 했다. 청산가스를 마신 자들은 모두 다 이것을 내놓는다며, 마루타는 기분을 내며 죽은 것이라고 말했다 한다. 필자가 젊은 날 마루타 책을 읽으며 혹시는 그 말이 사실일지도 모른다고 생각했다. 그러나 세월이 흐른 지금은 그런 것이 아니라 사체의 근육이 이완되면서 모든 구멍으로 담고 있던 물질들이 체액이 흘러나오는 현상이라는 것을 알았다. 그러고 보면 이시이는 죽은 사체까지도 모독하는 파렴치한 인간이었다.

필자는 그들의 만행을 다 열거할 필요를 느끼지 못한다. 너무나도 잔인하고 무도해서 더 이상 밝히고 싶지 않기 때문이다. 앞으로도 몇 면을 더 할애해야 할 만큼의 사례들이 즐비하지만 굳이 밝혀서 무얼 하나

하는 회의마저 일었다. 한 가지만 더 소개하고 사례는 그만 들기로 하자.

"뇌를 가르고 골의 연수 부분을 작은 메스로 건드렸다. —다리—라고 불렀던 곳과 연수 사이를 찌르면 마루타의 입이 갑자기 열렸는데 곧이어 이를 딱하고 마주치며 입을 열었다 닫았다 하곤 했다. 마취로 잠든 생체였기 때문에 기분이 썩 좋지 않았다. 중뇌의 작은 용기를 건드리면 다리가 불쑥 일어나기도 하고 팔이 움직이기도 했는데 ……그런 실험을 해 가면서 떼어낸 것들을 하나같이 표본으로 만들었다. 집도자는 기진맥진했다"[3] 라고 전 부대원은 회상했다.

그들은 사진병에 의해 실험 상황을 필름에 담았지만 아직 천연색 필름이 개발되지 않았던 시절이라 흑백필름으로는 실험상 색깔의 변화를 남길 수가 없었다. 예를 들면, 동상의 진행과정에서 나타나는 신체의 변색을 필름으로는 불가능했으므로 그들은 물감을 이용해 천연색 그림으로 그려서 남기기로 했다. 그러한 그림은 각종의 생체실험에 의한 색의 변화를 남기기 위해 방대한 그림들이 물감으로 그려져 보관되었다.

그때 그림을 그렸던 부대원은 종전 후에 부대원들의 회합에 한 번도 나타나지 않았다고 한다. 그리하여 그림의 전말에 대한 상세한 내용이 밝혀지지 않았다. 그러나 누군가 그를 만났을 때 "역겨운 기억밖에 없는데 만나서 무슨 추억을 얘기할 것인가?" 하고 얼굴을 한 번도 내밀지 않았으며 아무도 그의 종적을 모른다고 했다. 다만 그가 그림을 그리기 위해 호출되어 갈 때마다 눈썹이 찡그려지고 얼굴이 험하게 굳어졌다는 부대원들의 증언이 있었던 것으로 보아 그의 마음에 평생 지워지지 않은 아픈 기억이 새겨졌을 것이라는 추측만이 가능할 뿐이다. 칼잡이들이야 백정이 되어 이미 이성을 잃었지만 도려내어져 꿈틀거리는 심장이나 간 등의 변색을 관찰 그려가야 했던 그의 심적 공황이 어떠했을 것인가를 짐작 할 뿐 어찌 후세의 사람들이 그를 이해할 수 있을 것인가?

731부대는 엄청난 양의 페스트, 티프스, 탄저균, 비저균 등 많은 종류의 세균과 화학물질을 생산하여 갖가지 방법으로 실전에 사용할 수 있는 상태로 보관하고 있었고 일부는 실험실이 아닌 실제 현장실험이 만주나 중국의 일부지역에서 실시되었다는 증언도 있었다고 한다. 그리고 그들의 세균전 작전 계획도 이미 치밀하게 완성되어 있었다고 전 부대원은 회고했다. 그들은 인명만이 아니라 소련군이나 중국군의 군마와 농촌의 가축까지 전멸시킬 수 있는 세균을 배양하여 보관하고 작전 수립까지 완료된 상태에서 항복을 맞게 되었다고 전 부대원은 회고했다.

소련 비행기가 하얼빈 상공에 나타나 조명탄을 쏘아 캄캄한 어둠을 대낮처럼 밝게 비추었다. 도시는 일시에 공포의 아수라장으로 변했다. 731부대도 신속한 조치를 취해야 되었다. 이미 일본의 항복이 관동군 수뇌부에는 통지되었다. 이시이 부대장은 파견부대의 요원과 그 가족들에게는 자결을 명하고 마루타는 즉각 처치하며 마루타와 각종 자료와 전시실 및 실험소가 있는 건물은 완전 파괴한 후 본대원과 소년병들만이 남하하여 한국의 부산에서 철수하는 계획을 참모들에게 지시했다. 그러나 일부 참모들은 기술요원들의 가치를 높이 평가하고 있었기 때문에 그들을 죽여버리기에는 너무나 아까웠으므로 가족과 파견요원들도 함께 철수하는 방안을 극구 주장하여 자결은 강요되지 않고 함께 철수하게 되었다.

철수와 파괴가 시작되기 전에 전 부대원에게 이시이 부대장의 최후 명령이 전달되었다.

① 731부대에 근무사실을 숨기고 부대의 비밀을 유지하라.

② 공직에 취업하지 마라.

③ 상호간에 연락하지 마라.

그들은 마루타들의 수용소 감방에 청산가스를 공급했다. 목격자는 "마치 울 속에 날뛰는 고릴라를 보고 있는 듯했다"고 전 부대원은 그 죽음의 장면을 회고했다. 발버둥치며 몸을 쥐어뜯고 발광하는 마루타에게는 모젤권총이 발사되었다. 죽은 마루타들을 참호 속에 넣고 휘발유를 뿌려 소각했다. 각종 표본들과 서류들과 수많은 자료들이 일시에 불타올랐다. 그런 아수라장의 와중에서 실험과 실전용으로 길러진 수많은 쥐 떼들이 불 속에서 탈출하고 수백만 마리의 벼룩 떼들도 탈출했다.

하얼빈을 화차로 탈출한 가족과 부대원들은 갖은 고난을 겪으며 부산항에 도착 미리 대기하고 있던 배들에 올라 1945년 8월 18일부터 25일을 전후하여 일본의 여러 항에 도착하여 그들의 고향으로 돌아갔다. 그러나 철수 과정에서 조선이나 중국인들에게 맞아 죽은 자나 스스로 귀환을 포기한 자 등 많은 인명 손실이 발생했다.

일본을 접수한 미 점령군 사령부는 여관을 경영하고 있던 이시이를 비롯하여 철수시 자결명령을 철회하도록 했던 기타노 소장 등을 불러 조사를 시작했다. 그러나 이시이는 자기가 몰래 숨겨온 세균전이나 의학적 자료를 미군에게 넘겨주는 조건으로 재판과 죽음을 면할 수 있었다. 당시 그러한 자료를 그들로부터 입수한 미군은 팔짝 뛰도록 좋아했다고 한다. 미군은 "이시이 시로우 이하의 소재는 불명, 731은 전범이 될 만한 것은 없음"이라는 견해를 소련측에 통보하고 그들 전원을 사면해버렸다니 할 말이 없다.

마루타의 작가 모리무라는 그에 대하여 다음과 같이 자신의 소견을 담담히 밝히고 있다. "세계사상 유래를 찾아볼 수 없는 세균전을 감행하고 3천 명 이상의 인간을 말살(소비)해 온 제731부대가 거의 어떤 상처나 재판 등도 받지 않은 채 전후의 일본에 살아남았던 것이다."

세월이 흘러 이시이는 미군 상대의 매춘 여관을 경영하였고, 해부실험에 참여했던 의사나 학자들은 유명한 교수가 되거나 병원을 개원하여 많은 돈을 벌며 잘 살았다. 그러나 그들이 철수하면서 탈출했던 쥐와 페스트에 의해 부대가 주둔했던 평방 근처의 의발원이란 마을에서는 무려 4백여 명의 주민이 죽고 마을이 폐허가 되었다.

앞에서 우리는 일본인들의 만행을 살펴보았지만 더욱 가공스러운 것은 그와 유사한 실험이 미국인들이 과테말라와 미국내의 흑인들을 대상으로 최근까지도 실시되었음이 폭로되었다. 아예 워싱턴 포스트(WP)의 보도를 요약한 중앙일보의 기사 내용을 전제하여 인간들의 야만과 잔혹이 동서고금에 개선되지 않은 실상임을 고발한다.

미국이 60여 년 전 과테말라에서 죄수들과 정신병자들을 상대로 성병 관련 생체실험을 한 사실이 뒤늦게 밝혀졌다. 이로 인해 버락 오바마 미국 대통령은 과테말라 대통령에게 전화를 걸어 사과했다.

2일(현지시간) 워싱턴 포스트 등 미국 언론에 따르면 과테말라 생체실험은 1946~1948년 미 공중보건국 주도로 진행됐다. 실험 대상은 과테말라 교도소에 수감된 죄수들과 정신병원에 수용된 환자 1600여 명. 미국은 이들 중 696명에게는 매독균을, 772명에게는 임질균을 감염시켰다. 다른 142명은 초기 매독균을 노출됐다. 일부러 균이든 주사를 놓거나, 또는 성병에 감염된 매춘부와 성관계를 맺도록 하는 방식이었다.

당시 갓 나온 페니실린이 성병에도 효용성이 있는지를 알아보는 게 실험 목적이었던 것으로 알려졌다.

이 같은 사실은 최근 매사추세츠주 웰즐리 말리지의 수전 레버비 교수가 미국에서 1960년대 실시됐던 '터스키기 실험'을 추적하던 과정에서 밝혀졌다. 터스키기 실험은 1932~1972년까지 40년 동안 미국 앨라배마주 터스키기 지역에서 흑인들을 대상으로 실시된 매독 생체실험을 말한다. 미 공중보건국에 의해 진행된 이 실험은 치료하지 않은 매독이 인체에 어떤 영향을 미치는지를 관찰하는 것이 주목적이었다. 당시 흑인들은 자신의 병을 치료해 주는 것으로 알고 있었지만 실제로 보건당국은 나타나는 증상을 관찰만 했다. 1973년 이 같은 끔찍한 사실이 폭로되자 실험은 중단됐다.

과테말라 생체 실험은 터스키기 실험을 주도했던 공중보건국의 존 커틀러 박사의 책임 아래 실시됐던 것으로 전해졌다. 이 같은 사실이 드러나자 오바마 대통령은 1일 알바로 코롬 과테말라 대통령에게 전화를 걸어 사과했다. 로버트 기브스 백악관 대변인은 정례 브리핑에서 "이것은 분명히 충격적이며, 비극적이고 부끄러운 일"이라며 "미국은 이번 사건의 영향을 받은 모든 사람들에게 사과한다"고 말했다.

지금도 어디에선가 그러한 야만이 진행되고 있을지도 모른다는 우려를 저버릴수 없다. 아니다, 지금도 세계의 곳곳에서 진행되고 있다. 그럼에도 인간들은 침묵하고 있을 뿐이다. 지성은 곧 야만의 배면이다.

첨언 하면 우리들의 시인 정지용도 그때 희생된 것으로 추정하는 학자들이 많이 있고, 이름 모르게 죽어간 선열 동포의 명복을 기원하며 본편을 접는다.

주

1 모리무라 세이이찌, 김용환 역, 고려문학사, 1988, 『악마의 731부대 마루타』, 42p, 본장 은 본서에 많이 의존하였으며 주 2및 3 등도 본서에서 인용한 것임.

15
조선유학의 허실
병자호란

　지금까지 잔악한 인간들의 역사를 중국을 비롯한 나라 밖에서 찾아 보았다. 이제 그 추한 역사를 우리의 반도로 돌려보자. 삼국시대 이전 에는 변변한 역사가 없어 찾아볼 길이 없다. 중국이 허풍치기를 좋아해 서 우리도 덩달아 역사를 반만 년의 5천년으로 잡았으나 단군이란 사 실 신화적 존재일 뿐 실체적 역사가 없다. 더욱이 삼국시대 이후에 그 러한 자상한 역사가 없어서 결국 이조에서 살펴볼 수밖에 없었다. 그러 나 고려시대에 '만적의 난'이 있었던 것으로 보아 그 시대의 인간세계 도 절대왕정이어서 백성들의 삶은 어느 나라 어느 때와 다름이 없이 고 달프고 인권은 무시되었다.

　그러나 이조 시대로 내려오면 역사가 자상하고, 실록이 기록되어 있 어 웬만한 사실들은 기록을 찾기가 어렵지 않고, 비록 그러한 실록이 아니더라도 개인들의 기록이나 작품들도 많아서 역사다운 역사가 쓰여 지기 시작했다.

이조의 역사는 역성혁명으로부터 시작된다. 따라서 그 혁명의 와중에 고려의 충신들이 처참하게 피살당하고, 왕족들은 아예 씨를 말려버리고자 했으니 반도의 참극이 비로소 극을 치닫게 된다. 어쩌면 그것은 징기스칸의 원나라가 망하고 장안의 원나라 왕족들에 대한 명조明朝의 씨 말리기를 피해 깊이 깊이 숨어들었던 징기스칸의 후예들처럼 고려의 왕족인 소위 왕씨 역시 그러한 핍박을 받았다. 그리고 반도사적으로는 처음으로 피비린내의 '왕자의 난'이 발생하고, 태조가 함흥차사의 고사를 남기며 부자간의 천륜이 부서지는 인륜에 비극이 연출된다. 더욱이 아비가 아들을 죽이고자 활시위를 당기고, 실패하자 다시 철퇴로 머리를 부셔버리고자 했던 이조의 역사는 처음부터 망나니들의 역사로 시작된다.

　필자는 이조 사회를 가장 위선적인 나라로 평가한다. 더욱이 형식주의적 유학을 숭상함으로써 내부적으로는 악을 감추고, 표면적으로는 선한 양들처럼 눈가림의 역사를 만든 주역들이 당시의 왕들을 비롯한 군신들이었다고 생각되기 때문이다.

　그들은 밤낮으로 사서삼경을 달달 외우며 조아리고 모든 얘기를 사서와 삼경을 빗대어 얘기했지만, 현실은 그들이 배우고 익힌 도학과 천리와 윤리를 배반하여 추하고 포악한 역사를 만들어 왔던 게 이조의 군신과 중추적 인물들이었다.

　이조의 역사에 성군 충신과 진정으로 애민애족을 위한 자 없지 않지만, 이조를 지배한 절대다수의 인물들은 자신들의 명리를 위해 처신했고, 그것이 개인적으로 어렵자 패거리를 만들어 아예 적대세력을 역시 왕족 씨 말리기와 같이 홀로코스트와 제노사이드를 전개한 역사가 바로 이씨 조선이다. 그래서 세종 같은 성군이 없지 않았지만 그 나라를 조선이라 하지 않고 이씨 조선이라 폄하하여 칭한다.

　숭유배불의 슬로건을 내건 이조의 태조는 군신의 유가적 도리를 버리고 나라를 빼앗았으니 패륜아라 할 만한 것이며, 물론 유학이 역성혁명을 인정하고 있다 하더라도 신하는 군주를 내침이 능사가 아니라 잘 보필하여 성군의 길을 가도록 돕는 것이 첫째의 의무요 덕목이다. 더군다나 우리 역사에 타당성이나 승패의 논리는 접어 두고라도 최초의 북벌을 명령 받은 자가 자기보다 상관인 최영과 조민수를 제치고 회군하여 나라를 찬탈했음은 우리 민족의 기상을 저버린 자요, 그들 부자와 형제간의 내분은 한마디로 인륜을 패한 부도덕의 가족사를 그들은 연출함으로써 유가적 덕목의 진리를 왜곡하여 민족의 정신을 혼탁하게 만들었다. 그리고 그러한 역사는 조선이 망할 때까지 지속되었다. 그런 망나니들의 역사를 그들의 일부는 아직도 여선혁명麗鮮革命이라 하고 단종이 세조에게 왕위를 선양禪讓했다며 역사를 지금도 왜곡하고 있다.

우리는 조선의 망함을 일본의 탓으로 돌리지만, 그 시대는 전세계적으로 강자의 지배시대였다. 전세계가 식민제국의 시대 아니었던가? 결국은 약육강식이나 적자생존의 동물 논리가 말 그대로 확실한 시대였다. 그럼에도 불구하고 지배자들은 권력투쟁에만 전력했을 뿐 부국강병은 구두선에 머무른 채 자기들끼리의 약육강식과 적자생존의 논리를 실천해가고 있었다. 그리하여 나라는 일국의 왕비가 낭인 몇 사람에 의해 죽어 불태워져도 속수무책일 수밖에 없었으니 나라는 이미 일본이 아니더라도 망해 있었다.

변변한 무기 하나 없이 괭이며, 낫이며, 죽창이나 든 하잘 것 없는 세력의 농민군 하나도 자력으로는 토벌을 못해 자기들 말로 외구라 칭하는 외국 군대를 불러다 겨우 진정시켰으니 그걸 보고 삼키지 않을 나라가 어디에 있었겠는가? 그리하여 일본은 전쟁도 없이 그저 앉아서 삼켜버렸으니 치욕도 그런 치욕은 반도 역사 이래 처음이었다.

오죽 했으면 희망 없는 나라를 구하는 길이 합병이라고 생각하는 매국노들이 등장했겠는가? 그들은 정말 자신들의 안위와 영달만을 목적으로 그러했는지 아니면 나라를 위한 절대적 신념이었는지 그들의 묘라도 파내어 그 진정을 알아보고 싶을 정도로 그 시대는 이미 망한 시대였다.

임진왜란 전에 십만양병설은 이이만이 아니라 남명 조식도 했던 말이다. 그리하여 남명은 죽을 각오로 상소를 하고, 왕을 직대直對하여 파천황破天荒의 기개로 왕과 대비를 꾸짖었지만 아무것도 달라진 것은 없었다. 오직 권세가들은 서로 편을 갈라 죽이고 살리는 싸움질에 세월 가는 줄을 몰랐다.

실학이란 것이 서서히 등장하고 있었지만 얼마나 세상이 형식논리로 흘러갔으면 실학이란 말이 생겨났겠는가? 물론 실학이란 말이 그때 공식적으로 등장한 것이 아니라 후대에 사람들이 그렇게 붙인 것이지만, 그 시대가 얼마나 실속 없는 세상이었으면 그런 말을 붙였겠는가? 물론 미국에도 존 두이를 비롯한 실학사상(PRAGMATISM)이 없지 않았고 이미 중국의 고전에도 등장하지만……1

조선은 유가의 덕목을 제1의 덕목으로 치켜 올렸지만, 그 이면은 무섭고 사나운 야수의 발톱을 숨기고 겉만 양가죽을 입고 있었다. 나라님이 그렇고, 신하들이 그렇고, 백성들이 그리하여 줄줄이 맹자의 말이 맞아 떨어지는 사회였다.2 그들은 사실상 종교마저 독점했다. 불교를 억압해서 승려를 천시하고 유가의 갓쟁이들은 불도에 말 한 마디도 마치 사문난적이거나 개똥을 밟는 것처럼 피해 갔지만, 급하고 어려운 일이 생기면 불당을 짓고 부처님께 먼저 가서 빌었던 겉 다르고 속 다른 행태를 내보였다.

병자호란의 실상을 들어 조선이 어떤 나라였는가를 살펴보자. 우선 조선인들은 청나라 만주족의 침략을 청조전쟁이나 청나라 침공이라는 말을 쓰지 않고 그들을 비하하여 호란으로 호칭하는 것부터가 허세였다. 마치 몇 사람의 망나니들이 한바탕 소란을 피운 정도로 나라가 망한 역사적 사실을 감추고 시치미 떼는 짓을 했다. 어찌 그것이 병정들의 골목장난 같은 난이 될 수 있는가? 싸움 한 번도 제대로 해보지 못하고 군신들이 줄줄이 끌려가 머리를 땅에 찍고 조아리며 적의 왕을 하늘같이 받들어 모시겠다고 이마를 땅에 몇 번이고 찍고, 목숨을 살려준 은혜가 하늘보다 크다는 비굴함의 극치를 당한 나라의 굴욕을 마치 골목에서 일어난 어린애들의 장난처럼 폄하했으니 얼마나 실속 없는 허풍쟁이들의 현실감각이고 위선인가! 마치 무지렁이들에게 끌려가 속말로 죽을 정도로 맞고 돌아온 남편이 부인 앞에서 반대로 그놈들을 내가 죽도록 패주고 왔다고 허풍치면서 속으로는 골병들어 끙끙 앓고 드러눕는 꼴이 아니고 무엇인가? 그걸 믿는 어느 바보 부인이 있겠는가? 나의 피붙이들이 죽고 어미와 처자식들이 능욕을 당하고도 모자라 줄줄이 대륙으로 끌려갔던 역사의 피눈물을 눈감고 아웅하며 '난'이라 했으니 그것이 바로 조선의 군신들이 갖고 있었던 현실감각이고 미래를 보는 눈이었다. 난 정도쯤이야 대비할 만한 일이 되겠는가? 그래서 10만 양병설도 헛소리요, 목을 칼 위에 올려놓고 직간한 백성의 말들도 우스갯소리가 되던 조선이었다.

임란이 일어나자 왕과 신하와 그 족속들이 남한산성으로 피신했다. 다시 상황이 급해지자 북쪽으로 쫓겨 가는 신세가 되었다. 의주까지 갔다가 아차하면 압록강을 건너 명나라로 도망칠 판이었다. 춥고 어두운 밤길에 남한산성을 급히 빠져 나가야 했다. 그 광경이 가관이었다. 서로 먼저 도망치느라 군신의 예도 없었다. 왕의 곤룡포가 찢어지고 넘어지고 미끄러져도 모두 다 자기 살기에만 바쁜 풍경을 연출했다. 의주로 가는 왕의 발길 또한 외롭고 고독했다. 당시 영의정이었던 서애 유성룡은 『징비록』에 그래도 점잖게 묘사해 놓았지만 다른 어딘가에서 본 풍경은 전연 그렇지 못했다. 왕은 식음도 구차했고, 따르는 신하마저 2~3명에 불과하여 끝까지 따랐던 누군가가 그 공으로 환도還都하여 큰 벼슬에 올랐다는 기록을 본 적이 있다.

　나라가 망한다고 생각한 그들에게는 더 이상 왕이 보이지 않았다. 임금도 모르고 처자와 부자도 모르는 처절한 패륜의 세계를 연출했고, 간신히 명나라의 도움으로 몸을 추스렸지만, 또다시 정유와 병자의 호란으로 나라는 말 그대로 쑥대밭이 되었다.

　병자년 왕이 남한산성에 갇혔는데 팔도의 장수들은 구출은 외면한 채 자신들의 임지에서 눈치만 보거나 느린 걸음으로 출병한 척만 했으니, 군사부일체를 가르친 이조의 교육은 죽은 교육이었다. 어찌 모든 군관이 다 그러기야 했겠는가만……, 닭들도 많으면 게 중에는 봉황이 있고, 미꾸라지가 많은 연못에는 용이 없으면 이무기라도 있는 것처럼 그 많은 장졸 중에 어찌 사람다운 사람 하나 없었을까마는, 호국의 대임을 맡은 자들이 팔짱이나 끼고 나라의 운세를 점치고 있었으니 그것이 나라요, 공자와 맹자의 제자들이라면 속말로 개가 웃고 소가 웃을 짓이었다.

　병자호란 당시 공조참의로 양향사粮餉使를 겸하여 성내城內(남한산성)의 양식을 관장했던 라만갑(1592-1642)이 인조의 측근에서 보고 듣고 기록한 『병자록丙子錄』에 근거하여 당시의 신하와 사대부들을 비롯한 세상의 민심을 살펴보자.3

　1616년 여진족의 누루하치가 만주를 점령하여 나라를 후금이라 칭하고 그들의 왕인 한汗에 올라 소위 청태조가 되었다. 1618년(광해군 10년) 누루하치가 명을 공격하자 명의 요청에 따라 우리나라는 강홍립을 5도 원수로 하여 군사 2만을 거느리고 명군에 합세했으나 패하여 후금에 항복했다. 1626년 승승장구하던 누루하치가 죽고, 그의 여덟째 아들 홍타시가 재위를 잇고 태종이 되었다.

　1627년(인조 5년 정묘년)에 홍타시는 앞서 패전한 강홍립, 박난영을 길잡이로 압록강을 건너 의주성에 이르자, 청군과 내통한 자가 있어 성문을 열어주어 성을 함락시키고, 잇따라 여러 성이 함락됨에 조선은 항전치 못하고 세자는 전주로 피신하고, 왕은 강화로 들어갔으나 두 달도 안되어 형제지국의 맹약을 맺고 정묘호란은 끝났다.

호란 10년 만인 1636년 홍타시는 후금을 청이라 개명하고 연호를 숭덕, 조종을 태종이라 칭하고 조선에 승복을 요구하였으나 거절하자 20만의 병력을 거병하여 반격 한 번 받지 않고 10여 일만에 안주에 이르고, 곧이어 장단을 지나 무악재에 이르렀다. 이에 세자와 봉림 및 안평 등과 그의 부인들은 강화로 피신하고, 왕은 허겁지겁 남한산성으로 피신했다.

인조가 남한산성으로 야행을 감행할 때 겨우 5~6명만이 대동하고 오랜 후에야 대신들이 모여들었다고 한다. 이미 적병이 12일에 안주, 14일에 장단에 이르고 곧이어 홍제동 고개와 양천에 도달하는 상황이 전개되고 있었는데 왕의 피난에 동행한 사람들이 5~6명이었다면 이미 이는 나라가 아니었다. 국가가 존망의 위기에 직면한 찰라에 모두들 흩어져 자기들 살기에만 몰두했다면 그 나라가 망하지 않는 것이 이상한 나라였다. 삼강오륜을 금과 옥조로 가르치고 외우던 유교국가에서 군신유의나 사군이충, 충효제의 이념은 어린애들의 줄넘기 노래에 불과했다.

그러나 필자는 예서 국가를 말하고자 함이 아니라 인간의 얄팍한 속성을 얘기하고 싶은 것이다. 나라의 녹을 먹고 국가를 책임진 자들이 위난의 절체절명의 순간에 뿔뿔이 흩어져 나라를 버린 자들이 대신이고, 신하고, 장수고, 군관이었다면 조선은 예도 염치도 모두 다 헛소리의 위선국가였다. 더군다나 일전을 해볼 만한 임경업 장군의 진영을 피해 적군은 진격해 왔다지만 반격 한 번 받지 않고 단시일에 무혈입성을 했다니 그것이 나라였는가? 임란과 정묘호란이 지난 지 몇 년인데 국가의 수비가 한낱 짐승들의 영역 수비만도 못했다면 정말 기막힌 역사가 거기 있었고, 그것이 역성혁명으로 세운 조선이라면 대의명분은 씨 알만큼도 없지 않았는가? 참으로 가소로운 나라 조선이었다.

그렇다면 그들의 현숙한 부인들은 어떠했는가? 조선은 낭군이 벼슬을 하면 그들의 부인에게도 첩지를 내려 호칭을 달리했다. 계급 나누는 데에는 대단한 머리들이어서 중국의 후궁호칭 분류를 그대로 따다 했고, 부인들에 대한 것도 아마 그러 했으리라 짐작된다. 그러므로 호칭 대로라면 그녀들은 일반 서민의 부인들과는 분명 다른 데가 있을 것이다. 그러나 그렇지 못했다.

정묘년의 호란으로 조선 반도가 분탕질되기 직전의 일이다. 인조반정의 공신 대감 김유의 생신날에 내로라는 상류의 부인들이 모였다. 그녀들은 적들이 쳐들어오면 모두가 혀를 깨물고 죽거나, 비수를 품고 있다 자결하거나, 강물에 투신하겠다고 했다. 드디어 호군이 밀려오고 남한산성으로 피신하던 대감의 부인들이 삼전도 나루를 건너자마자 호군들에 붙잡히게 되었다. "그 가운데는 당해 봐야 알겠다던 김승지 부인도 또 중론을 대변하여 '되놈에게 몸을 팔 년'이라고 막말을 했던 이 참판 부인도 있었다. 한데 이상하게도 끝까지 수절하여 성난 호장戶長에 의해 갈기갈기 찢겨 송파진 토벌에 널리운 것은 당해 봐야 알겠다던 오로지 김승지 부인뿐이었고, 자결하고 투신하겠다던 마님들은 강물이 바로 곁에 있는데도 어느 한 마님도 실천하지 않았고, 특히 되놈에게 몸을 팔 년이라고 막말을 했던 이 참판 부인은 호장의 애첩이 되어 전후에 청나라까지 따라가 살았던 것이다"4 비록 야사라 하더라도 그때 모인 여자들이 누구누구의 부인이라고까지 기록해 놓았으니 거짓이 아님은 분명하다. 그러고도 공자 왈, 맹자 왈이었다니, 아무리 생각해도 아둔한 필자는 조선의 사대부들과 그 아낙들의 이중성을 알 길이 없다.

조정은 김경징이란 자를 믿고 감찰사에 임명하여 비빈과 대군들을 호위 강화로 가게 했다. 그러나 경징은 강화에 도착하자 자신의 가솔과

계집종까지 먼저 건너가게 하고 이틀 밤낮을 대군과 비빈들을 강나루에 방치한 채 술상이나 벌리고, 그 통에 수많은 난민들이 오랑캐의 칼에 베이고, 바다에 던져지는 아수라장이 펼쳐졌다니 어찌 그런 자가 감찰사가 되고, 감찰사 한 사람도 제대로 보지 못한 조선의 중신들은 정말 무지렁이들이었다.

나라의 존폐와 왕족이 멸살당할 위기에 직면했는데 사람 하나 제대로 쓸 줄 몰랐다니 말이 되는가? 김경징은 강화가 함락되자 어미도 버리고, 아내마저 버린 채 혼자서 어딘가로 도망해버리고 말았다니 나라의 일이 어찌 애들의 병정놀이만도 못했던 것일까?

더욱이 강화섬의 수비전략도 전무했고, 안전의식마저 없던 자가 어찌 감찰사가 되고 대군과 대신까지 핍박하고 업신여기며 날마다 주연이나 베풀고 있었다니 같이 갔던 유도대장 심기원이란 자는 또 어떤 자여서 그렇게 김경징의 만행에 속수무책이었던 것이었을까?

남한산성이 포위되고 성내는 식량도 다 떨어져 병들어 죽은 꿩이나 노루를 잡아먹는 상태였는데 8도에 근왕병들은 군사도 적었지만, 변변히 싸우지도 않고 눈치나 보면서 출병을 늦추고 있었으니, 그러고도 300년이 넘도록 그 나라가 존속했으니 반도의 풍수지리가 좋아서였는지 아니면 우연이었는지, 그도 아니고 몽매하고 순진한 백성들의 나라라 하늘이 가엾게 여겨서였는지 알 수가 없다. 300백 수십 년이 지난 오늘에 그때의 상황을 상고하니 한탄스럽기 그지없고, 그런 역사의 후손들이 지금의 나라니 스스로 모멸감까지 느껴져 할 말이 없다.

총책 관찰사 김경징과 부책 이민구는 함께 작은 나룻배를 타고 어디론가 도망가고, 전 우의정 김상룡이 화약고에 올라 폭발로 자결하려 하니, 전 이조판서 이상길과 우승지 홍명형이 "혼자서만 의인이 되려느냐?"며 같이 폭사해 죽었다니 어찌 역사가 애들의 소꿉장난 같아 웃음이 나올 지경이다.

죽기는 왜 죽는가? 죽을힘을 다해 싸우다 죽었어야 마땅하지 않은 가? 무기가 변변치 못하면 낫이라도 치켜들고 적을 향해 달려가다 화 살에 맞아 죽거나 창에 찔려 죽었어야 했다. 그래야 명신이고 장부다. 명예가 좋아 하는 놈 명예에 죽는다는 2천 년 전 가생의 말처럼 의미 없는 명예를 구해 나라를 버리고 목숨도 버렸으니 그들이 어찌 충신이 고 의인이랄 것인가? 한갓 병사의 죽음만도 못한 개죽음이요, 허세의 죽음이었으니 그렇게 진실하지 못한 죽음도 있을 수 있는가 의아해진 다.

적이 강화를 점령해 들어오자 김경징이 허겁지겁 출전했지만, 병사 들은 거의 다 도망쳐버려 불과 수백에 지나지 못했다는 조선의 군대는 과연 군대였을까? 아니면 천민들이나 무지렁이들이나 끌어들여 씨름 연습이나 하며 경징이 노루나 잡아다 주고 나무나 해주던 사병은 아니 었을까? 그랬을 것이다. 1969년 군에 근무하던 시절 많은 일과가 선 임하사의 땔나무나 해다 주고, 식당에서 생선을 빼앗아 갖다 주고, 보 병들의 밥을 공짜로 먹고 우리가 먹어야 할 쌀은 선임하사가 가져갔으 니 3~4백 년 전 군대라면 말해 무얼 할까?

경징은 사사賜死의 명이 떨어졌다는 말을 듣고 목놓아 울며 예도 염 치도 잃었다니 조정의 사람 보는 눈이 역시 없었음이요, 군관 강진흔은 힘써 싸우지 않아 적들이 바다를 건너 강화에 상륙할 수 있었다는 죄목 으로 효수에 처해졌는데, 경징의 애걸복걸을 보면서 강진흔은 "운다고 면할 수 있겠오?" 하면서 태연했다고 한다. 강진흔은 또한 자기의 칼 을 목 베는 자에게 주며 "이것은 아주 잘 드는 칼이다. 이것으로 빨리 내 목을 베고 네가 가지고 가거라." 했다니 가히 사내였으나 잘못 만난 윗사람 때문에 같이 억울하게 죽었다.

강화의 전투에서 강진흔 만큼 장렬하게 싸운 사람이 없었고 인품 또 한 훌륭하여 많은 군관과 하졸들이 원통함을 호소하고, 대궐 앞까지 몰려와 울며 호소했으나 조정은 그의 목을 베고 말았다. 조선은 죽여야 할 자와 살려야 할 자마저 분간하지 못하는 조정이었으니 참으로 치졸한 왕에 그 신하들이었다.

해스의 고백록에서 무지렁이들의 사형에 처해지는 순간과 의롭고 당당한 자들의 죽음을 비교한 장면이나, 김경징과 강진흔의 처형이 똑같은 걸 보면 역사는 바뀌어도 동서고금이 무지렁이들은 무지렁이들이고 의인은 의인다웠다.

많은 사람들이 남녀를 불문하고 스스로 자결하는 슬픈 역사를 만들었지만, 충청감사 정세규가 적진에서 죽자 조정에서 강화에 있는 이민구를 대신 감사로 보내려 하자 위험지역이라 이 핑계 저 핑계를 대고 권력(영의정 윤방이 민구의 처삼촌이었음)에 의지하여 끝내 부임하지 않았다. 그의 부인과 두 며느리가 죽었는데 "그의 아내와 두 며느리의 일은 하도 추잡하여 남들이 모두 침 뱉고 욕했다. 민구는 그의 처가 가산에서 죽은 것을 절개를 지켜 죽었다고 행장을 지어 연신 아름다움을 칭찬하고, 동양위 신익성에게 행장行狀을 써 달라고 간청하여 사람들이 모두 다 웃었다."5 병자록의 저자 라만갑은 무엇이 추잡했는지는 밝히지 않았으니 후세의 사람들은 모를 일이로되 아마도 밝히기에는 정말 추잡한 일이었던 모양이다. 마누라도 시아버지도 며느리도 모두 다 추잡한 사람들이었다.

후세 인들이 모두 다 아는 바와 같이 홍익한, 오달제, 윤집의 삼학사가 난이 끝나고 적이 돌아갈 때 척화 인물로 잡혀갔다. 조정에서는 증산 현령 변대중으로 하여금 호송케 하였는데 그는 홍익한을 자유롭지 못하게 밧줄로 친친 감아 결박하고 모욕하며 물과 음식도 제대로 주지 않았다. 하도 힘든 익한은 몸을 좀 풀어달라고 하소했으나 풀어주지 않았다. 전후 나라가 망해 죄 없이 끌려가는 충신들을 그토록 모욕한 변대중은 또 누구였을까? 오히려 적의 수도 심양에 도착하니 왕 태종이

예부에 명해 숙소에 잔치를 벌려주고 해치지 않으려는 심사를 보였으나 홍익한은 당당하게 조선의 신하로서 소신을 밝히고, 죽음에 임하는 그 모습이 참으로 의연해 오랑캐들도 탄복하고 눈물을 흘리는 자들이 많았다고 역사는 기록하고 있다.

그의 아내와 두 아들은 이미 적에게 피살된 후의 일이며, 모친과 딸하나가 살아남았다고 전한다. 오랑캐들은 그와 함께 심양에 끌려간 종은 돌려보내 주었다. 조선의 조정은 그의 죽음도 확인하지 않고(물론 살릴 생각은 엄두도 못내고) 다만 "죽었다 하더라."로 전할 뿐이니 나라치고 코흘리개들 병정놀이 집단처럼 가소롭기 그지없었다. 나라 간에 싸움은 동서고금에 때가 없는 일이니 그렇다 치더라도 어찌 적들의 소행이더 인간적이었다면 도대체 우리들은 누구인가?

홍익한은 사후에 그의 일기에 보니 다음과 같은 시가 있었다 한다.

    양지쪽 어린 풀은 솟아나는데
    고도에 갇힌 몸 마음만 애닲구나
    중국 풍속 답청이야 생각할 바 아니지만
    금성에 부백이 꿈 속에 오는구나
    바람이 야석을 뒤번지고 어두운 산을 울려
    눈은 봄기운에 녹아들고 달은 뜨누나
    기갈에도 실낱 같은 목숨은 붙어 있어
    오랜 세월 지난 오늘 눈물이 뺨을 적신다

한편 오달제는 다음과 같은 시들을 남겼다.

    풍진일어 남북으로 갈려서 부평초되었네
    그 누가 서로 헤어질 이번 길 있으리라 했던가

떠나던 날 두 자식 나란히 어머님을 뵈었는데

다음 번에 한 아들만 혼자서 뵙겠구나

소매를 뿌리쳐 이미 삼천의 가르치심 배반했는데

울고 울어 헛되이 조그만 정 지키려 한다

관문 닫히고 길은 먼데 저녁 해 저무는구나

이생에서 어느 날에나 다시 돌아가 뵈올까

　윤집에 대해서는 기록이 없으나 "살해되었다 더라"고만 전하고 있다. 오달제나 홍익한도 마찬가지였으니 조선의 조정은 충신들의 생사마저 확인하지 못한 가냘픈 조정이었다.

　윤집의 동생 윤계 역시 남양부사로 재직하다 난을 만나 병사를 모으던 중 적에게 붙잡히자 그는 큰 소리로 "내 머리는 자를 수 있지마는 무릎은 꿇지 못한다. 이 개돼지 같은 놈들아, 왜 나를 빨리 죽이지 않느냐?"하고 꾸짖었다 한다.

　"적이 노하여 마구 쳐 짓이겨 온몸이 조금도 성한 데가 없었으며, 칼로 양쪽 볼을 도려내고, 혓바닥을 잘라내고, 살갗을 벗겨 냈다. 윤계의 늙은 종과 한 하인이 몸으로 계를 덮어 막아 다 같이 한 자리에서 죽었다고 한다. 듣는 사람마다 몸을 떨고 슬퍼했다. 윤계의 할아버지도 임진왜란 때 상주에서 죽어 집안 할아버지와 손자 세 사람이 다 나랏일에 죽었다. 참으로 가상히 여길 일이다."[6]

　척화신의 대표 격인 김상헌을 비롯하여 조한영, 채이한, 신득연 등이 심양으로 잡혀갔다. 적들은 그들을 걸리거나 죄수처럼 수레를 태우지 아니하고 가마를 마련했으며, 도중에 거처와 음식도 정성을 다하여 그들을 예우하고 죽이지 않고 돌려보낼 때도 촌장이 직접 호위하여 호송하고 많은 배려를 했다. 이들을 적들은 모르고 있었는데 심양까지 끌려간 것은 박노란 자가 강원감사가 되었을 때 김상헌으로부터 공격을 받은 일로 해서 적에 밀고하여 그렇게 되었다고 한다. 보스니아 사건 때 세르비아 인들은 같은 친지나 동창이나 친구였으면서도 세상이 변하자 어렸을 때의 사소한 감정에도 죽이고 살리고 했다는데, 물론 우리의 6·25 때도 마찬가지였지만 세상 인심이 그런 것이라고 생각하면 어찌 살맛이 나겠는가?

전쟁이 나서 풍전등화의 국가를 구하지 않는 책임자들은 적을 죽이지 않은 것이 아니라 백성을 죽인 것이다. 일신상의 보신만을 생각하는 장수들과 지방 수령을 비롯한 관리들이 눈치나 보며 머뭇거리고, 심지어는 임지에 부임까지 기피했던 인간들의 치졸한 살아남기를 보면서 그들 또한 잔인한 부류로 정리되어야 할 존재들이라는 생각에서 여기에 병자호란의 실태를 고발했다.

주

1 『西經』虞書 大禹謨2 : 正德利用 厚生惟和

2 「孟子」梁惠王章句 상1 : 맹자가 양나라 혜왕을 찾아 갔다. 왕은 반가워서 이렇게 오셨으니 무슨 이익을 자기에 줄 것인가를 물었다. 맹자가 대답했다. 왜 하필 이利를 말하는가? 왕이 이를 생각하면 밑으로 대부들이 그렇고, 사士 및 서인들도 자기들의 이익만을 밝힐 것이다. 오직 인仁과 의 義로 세상을 다스려야 한다.

3 라만갑, 윤재영 역, 정음사, 1578, 병자록 155p. 본장의 내용은 본서를 많이 참조하였음.

4 이규태, 한국인의 의식구조 上, 문리사, 1979, 278-279pp.

5 병자록 163p.

6 병자록 166p.

16
관동별곡의 시인과 정여립의 난
기축옥사

정여립(?~1589, 선조 22년)은 조선 중기의 사람으로 자는 인백仁伯이며 본관은 동래로 전주에서 출생했다. 그는 제자백가諸子百家[1]에 통달했으며, 1570년 식년문과에 을과로 급제하여 예조좌랑 수찬에 이르렀다. 서인의 이이와 성혼의 문인이 되었으나 동인으로 변절 스승 이이를 배반하고 성혼과 박순 등을 비판했다. 선조에게 밉보여 파관되어 고향으로 내려가 진안의 죽도에 거처를 정하고 후학들을 훈도하며 대동계를 조직하여 만민평등, 만민공동의 이상사회를 주창하였다.

1589년 망이흥정설亡李興鄭說[2]을 퍼뜨려 역성혁명을 도모하다 발각되어 관군에 쫓기자 동조자를 죽이고, 스스로 자결한 것으로 많은 기록들이 전하고 있으나 그렇게 평가될 사건의 주인공이 아니라는 주장도 만만치 않다.

역성혁명을 생각했다면, 절대군주 시대에 대동계를 만들어 활쏘기 대회를 하면서 만세계에 의심의 여지가 충분한 행위를 했을 리 만무하며, 더욱이 정유왜변 때 전주 부윤 남언경이 여러 고을에 병력을 요청하였으나 뜻대로 되지 않자 정여립에게 알린 바 대동계원들을 거느리고 출병하여 손죽도를 비롯한 전라도 연안에 침입한 왜구들을 물리칠 만큼 힘을 가졌던 여립이 한 번의 반격도 없이 당시로서는 변변치 않은 병력이 도착하기도 전에 자결해버렸다는 것은 이치에 맞지 않기 때문이다.

따라서 동사건은 서인과 동인의 대립 상황에서 동인을 타격하기 위한 하나의 음모로 조작된 사건으로 보는 주장도 있다. 서인의 영수 격인 이이를 스승으로 조정에 출사한 여립이 이이의 사후에 그를 비판하고 동인으로 옮긴데 대하여 선조의 미움을 받은 데다, 서인 유속의 인간들이 그의 배신에 던진 고삐에 걸려들었다고 보기도 한다. 더욱이 임란이 발생하자 선조가 백성을 버리고 의주로 도망가자 성난 백성들이 대궐에 진입하여 문서고인 정예원에 불을 질러 정여립 관련 기록인 기축옥안己丑獄案이 불에 타버려 자세한 진상을 알 수 없게 되어 사건의 전말은 더욱 분분하게 되었다.

이때의 잔학상을 『지워진 이름 정여립』의 저자 신정일은 이렇게 기록했다.

"정작 더 큰 일은 그가 죽고 난 뒤에 벌어졌다. 그의 가족들은 남김없이 몰살당했다. 전주에 살던 동래정씨들을 샅샅이 찾아 내 죽이거나 이주시켰고, 그의 이웃집 사람들, 그와 친구가 되었던 사람들, 그와 사돈네 팔촌이 되었던 사람들까지 죽거나, 유배되거나, 벼슬에서 떨어져 나가거나, 도망쳤다. 소란이 전라도 일대만으로 끝난 것이 아니었다. 황해도와 경상도와 경기 일대에서 잡혀온 사람들이 의금부 감옥에 넘쳐났고, 이들은 고문에 못 이겨 비명을 질러댔다. 이렇게 해서 1천여 명이 걸려들었다.

이런 철저한 보복은 역사 이래 유래가 없었던 것이었다. 어느 역적의 경우에서도 찾아볼 수가 없는 대사건이었다. 이것을 역사에서는 기축옥사라 부른다. 피의 숙청이었다. 특히 전라도 일대의 마을에서는 그때 다 죽여 버렸기 때문에 똑똑한 사람들을 찾아볼 수가 없을 지경이었다고 한다.

이 사건이 있은 뒤, 그가 살았던 금구현을 강등시켜 김제에 편입시키고, 전라도를 '반역향'으로 몰았다. 그래서 이징옥, 이시애가 반역을 일으킨 고장인 함경도, 평안도와 함께 차별받는 지역이 되었다."3

우선 정여립의 죽음을 살펴보자. 관군이 죽도에 도착했을 때 그의 동료를 목치고, 자신도 칼을 거꾸로 꽂아놓고 엎어져 죽었다고 전한다. 그러나 사람들은 그렇게는 죽을 수가 없다고도 하고, 먼저 죽었을 것이라는 말도 있어서 진실은 알기 어렵게 되었다. 그러나 확실한 것은 역성혁명을 일으키겠다는 대장부의 죽음치고는 너무나 미스테리하고 허망한 죽음이라는 것이다. 장부가 칼을 뽑았으면 호박이라도 친다는 속담이 있다. 누구도 엄두를 낼 수 없는 왕의 목을 치겠다는 장부가 칼 한번 휘둘러 보지도 않고 자결했다는 말을 누가 믿을 것인가? 속말로 범부도 억울하게 죽게 되면 "죽어도 꽥" 한다는 말이 있다. 그런데 대동사상, 대동사회大同社會를 건설하고자 했던 웅지를 가진 불출세의 영웅을 그들은 죽어서까지 그렇게 폄하해야 마음이 편했나 보다. 후세의 사람들은 무심하여 그렇게 전한다며, 그렇게 믿어버리고 핍박한 과거의 가해자들과 똑같이 그를 폄하해 버리고 세상은 무심해진다. 그리고 자신들도 모르게 가해자들과 한패가 된다.

공자의 대동사회가 무엇인가? 오늘날로 말하면 글로벌 사회요 유엔이 갖는 정신이념이다. 프라톤의 이상향이요, 홍길동의 율도국이며, 맑스의 사회주의고 더 나아가면 하나님의 에덴동산을 말함이다. 『예기』 예운편에는 대동사회에 대해 구체적으로 기록되어 있다.4 그러나 전제군주 시대에 그의 이상은 당연 난도질당할 수밖에 없었다.

그들은 정여립의 시신을 그의 동지 변승복의 것과 함께 서울로 옮겨 왔다. "군기시 앞 저잣거리에서 온 장안의 백성들이 둘러보는 가운데 (마치 1800년대 미국이 15세의 흑인 소년을 처형할 때 열차를 동원하여 멀리서 모여들어 구경하던 것처럼) 머리를 자르고, 각을 떠서, 사지를 토막내는 능지처참 형에 처했다. 그 자리에는 선조의 어명으로 정승에서 말단 관원에 이르기까지 모두 모여 참관했다. 그리고 여러 날 동안 그 자리에 전시된 그들의 시체는 한 토막씩 팔도에 돌려서 역적의 말로를 실감케 했다."5

이처럼 대역 죄인이나 사회범들을 조선은 죽여서 저잣거리에 머리를 내걸기도 하고, 그대로 잘려진 목을 버리거나 사지까지 찢어발겨 놓고 아무도 치우지 못하게 했다. 19세기 말 선교사 제임스 게일은 그의 한국여행기 『코리언 스케치』에서 시체들이 말발굽에 치여 넘어질 뻔했다고 소개했으니, 사람을 죽여 저자 거리에 내발기는 야만적 사형제도는 조선이 망할 때까지 계속되고 있었음이 증명된다.6 물론 그러한 혹형제도는 하나님의 나라 예루살렘에도 있었고 로마에도 있었으며 고대의 거의 모든 사회에도 있었다.

전북 전주시 색장동에서 그는 나거나 자랐다고 전한다. 정여립은 죽어서도 그렇게 찢어발겨지고, 그가 태어난 색장동의 집은 불태워 없애고, 다시 지맥을 죽이기 위해 숯불로 지져졌으며, 완전히 파헤치고 물길을 돌려 소(깊은 웅덩이나 내)를 만들어버렸다. 그리하여 후세 사람들은 그곳을 '파쏘'라 부른다고 한다.

어떤 지역을 이렇게 학대한 사례는 아랍에서도 있었다.

아시리아의 한 국왕이 남긴 말이다.

"한 달 넘도록 행군을 감행하여 나는 전역을 짓밟았다. 나는 그 땅에 소금과 가시나무의 씨를 뿌렸다. 그런 다음 남녀노소를 불문하고 사람들과 가축들을 모두 끌고 갔다. 그곳은 더 이상 사람의 웃음소리를 들을 수 없는 땅으로 순식간에 변하고 말았다. 이제 야수와 황량한 잡초만 우거진 곳일 따름이다."[7]

조선은 역적의 땅이라 하여 하다 못해 풀도 날 수 없도록 소를 만들고, 소금을 치고, 불로 지졌을 뿐만 아니라 염소와 소들마저 거기에 나는 풀을 먹이지 말라 했고, 앞뒤 마을이 '상죽음리', '하죽음리'라는 이름을 달고 오늘날까지 내려오고 있으니 비극치고는 너무나도 전설 같은 비극이 아닐 수 없다.

그들은 정여립과 옷깃만 스친 연분이 있어도 잡아갔고, 편지 교환, 또는 어떤 친분이라도 있었던 자들은 모조리 잡아다 지지고 찢고 두들겨 팼으니 모두 다 역모에 가담했노라는 헛자백을 하고 처형되거나 혹형에 못 이겨 그 자리에서 죽어갔다.

거짓 자백을 한 자는 역모로 죽고, 죄 없다며 항변한 자는 자백을 요구하는 매에 못 이겨 견디지 못하고 장살되었으니 걸려든 자는 이래도 죽고 저래도 죽을 수밖에 없었다.

당시 전라도 일대에서 죽임당한 사람들이 1천여 명이었다는데 그 자들이 그래도 글줄이나 읽고, 무언가 역모에 가담했다고 둘러씌울만한 자들이었으니 무지렁이가 아니고 다 인물이었을 터이다. 그리하여 몇 세기가 지나도록 전라도에서 사람이 나지 않았다는 주장까지 나오게 되었다.

실제로 신정일은 그후 과거급제의 지역별 비교까지 들어가며 전라도의 사람 없음을 증명하려고까지 했다. 어찌 사람이야 없지는 않았겠지만 그렇게 죽고, 그렇게 죽어 갔던 세상살이를 반추하면서 스스로 벼슬길에서 호남인들이 멀어져 갔을지도 모르는 일이요, 배역의 땅이라 하여 고려시대부터 차별하여 왔으니 백제보다 신라와의 경쟁적 호남의 역사관계가 그 시대도 그렇고 오늘날까지도 그러함이 사실일지도 모른다.

전북 김제시 금산면 쌍용리 용암마을에는 구정산이 있는데 거기에는 정여립의 조상 무덤이 있었다. 그 무덤자리는 소위 군왕지지君王之地(왕이 날 자리)의 대 명당이었다. 조정에서는 그 묘 역시 파헤쳐 숯불로 지지고, 혈맥을 끊었다고 한다. 뿐만 아니라 터를 잡고 천일기도를 드려 용마를 얻었다는 제비산의 용마득지龍馬得地도 생가나 선조들의 묘처럼 불로 지지고 난도질했다니 조선의 조정은 산천까지도 역적의 죄를 씌워 형벌을 가한 샘이 되었다. 지금의 안목으로 보면 괴이한 나라의 요상한 조정이었다 하겠다.

방대한 『국사 이야기』를 쓴 이이화 선생은 그 정여립의 생가 터를 사서 집을 지어 살고자 그 지방민에게 중계를 부탁했다는데 결과는 확인하지 못했다. 그 집터에는 정여립이 죽은 후 역적의 땅이라 하여 집을 지을 수도 짓고자 하지도 않았기 때문에 이이화 선생은 그런 발상을 했다고 전했다.

기축옥사의 진실은 이미 지적한 바와 같이 여러 이유로 그 타당성이 의문시 되고 있는데 옥사의 배후에 당시 서인들의 음모가 있었다는 명백하게 많은 증거들이 제시되고 있다. 특히 그 음모자들 중에 우두머리들이 우리가 잘 아는 사미인곡을 비롯해 관동별곡과 성산별곡 등 주옥같은 가사문학의 대표 격인 송강 정철과 우계 성혼8이나 구봉 송익필9 같은 성리학의 대가들이 있었다는 점에 경악하지 않을 수 없다.

송강은 아예 옥사 처리의 위관, 소위 최고 집행자가 되고 우계와 구봉 등이 뒤에서 조종을 했다고 역사는 기록하고 있으니, 공자나 맹자의 인의의 교리를 주야로 암송하던 자들의 잔학성에 더더욱 놀라지 않을 수 없고, 그들이 배우고 주창한 유학이란 것이 얼마나 위선적인가를 노출시킨 결과가 되었다.

아우슈비츠 수용소장은 그의 회고록에서 최후의 절망에서 인간들은 본성이 아니라 인위적으로 습득하고 배운 인간다움을 버린 자들만이 최후에까지 살아남을 수 있었다고 회고했듯이, 조선사회도 과연 그래야 할 정도로 죽고 살기의 세상이었던 것일까? 그들은 자신들의 부귀영화를 위해서 그에 거슬리는 모든 반대세력을 절대의 적으로 간주 씨를 말려야 직성이 풀린 행태를 보였으니 하는 말이다. 더군다나 날조하고, 음모하고, 부풀리고 과장해서 어떤 방법으로든 모두 다 죽여 버리고 싶었던, 도포자락을 휘날리며 모두 다 도사요, 군자연하던 그 시대의 지성인들의 소행 앞에 우리는 허탈해지고 만다.

공자가 그랬던가? 견리사의見利思義하라고, 어찌 '이'라는 것이 경제적 이익만이겠는가? 정권도 이요, 더 나아가면 학문도 이요, 종교도 이다. 그런 이 앞에서 그렇게도 부르짖던 의義를 깡그리 버렸으니 어찌 학행이 그토록 이율배반적일 수 있는 것인지 알고도 모르겠다.

우선 정철에 대한 당대와 후대 사람들의 얘기를 들어보자. 부산에 사는 이한종이란 분은 "나의 윗대 할아버지가 정철과 친분이 있었음에도 정여립과 관계한 최영경에게 몇 통의 편지를 교환한 사실로 해서 집안이 쑥대밭이 되었다." 라고 증언했다. 최영경은 진주 사람으로 전설적(실체가 밝혀지지 않은)으로 정여립과 관계된 인물, 길삼봉이라 하여 잡혔다가 아님이 밝혀져 풀려났는데 나중에 여립과 교우가 있었다는 주장이 제기되어 다시 잡혀가 국문을 받다 맞아 죽은 사람이다. 따라서 최영경은 정여립과 관계가 밝혀지지도 않은 채 억울하게 장살된 사람인데 그를 빌미로 동정은커녕 친분을 버리고 쑥대밭을 만들었다니 참으로 무서운 사람이었다. 간들어지게 사미인곡을 읊었던 그 이면에 그토록 사악한 야수의 발톱이 숨겨져 있으리라고 누가 생각했겠는가?

사미인곡에 대하여 살펴보자. 마치 여인을 사모함을 읊은 순수한 노래같지만 사실은 왕에게 버림받고 천하를 방랑하며 초나라 굴원이라는 사람이 읊었던 초사에 나오는 시를 정철이 흉내 낸 작품으로 왕에 대한 아부의 글이었다.

동인이 몰락하고 서인이 집권하면서 이조판서가 된 성혼과 좌의정이 된 정철을 가리켜 당시의 사람들은 흉혼독철凶渾毒澈이라 불렀다 한다. 성혼은 흉하고 정철은 독하다는 말이다. 그들은 정당성보다는 사람에 치우치고 당색에 치우쳐서 옥사를 일으켰으니, 당시 송강이나 우계 등에게 감정을 샀던 사람들은 그들이 집권하던 3년 동안 죽거나 귀양을 갔거나 투옥된 사람들이 무려 천여 명이 넘었다니 가히 흉혼독철이라 할만 했다.

　기축옥사로 오익창이라는 사람의 상소문에는 "간교한 무리들이 그 기회를 타 사사로운 원수를 갚고자 수단과 방법을 가리지 않고 사실을 외곡 날조하여 평소에 원한이 있던 사람들을 모조리 다 죽이고 말았다"라고 밝히고 있고, 『동소만록』이라는 책에는 처형이나 국문 중 고문사한 사람이 53명이고, 유배자가 20여 명이며 투옥된 자가 400명이었다고 전하고 있다.

　동사건에 관련되어 처형된 광산이씨의 남평 고을의 이발 문중, 창녕 조씨의 화순 조대중 문중, 산청의 최영경 문중, 산청의 고성정씨 문중 등 많은 문중들이 영광, 함평, 나주, 무안, 전주, 김제 일대에서 인맥이 끊길 정도였고, 당사자인 동래정씨들은 사건 이후 4백여 년 동안 성씨를 감출 정도로 핍박을 받았으니 그들은 성을 바꾸거나 살던 마을을 떠나 유랑하는 신세가 되었다.

　다시 정철을 살펴보자. 안덕인 등의 상소에서 "정철은 대신으로서 술을 좋아하고, 여자를 좋아한다." 라고 했고, 사간원에서는 "정철은 성품이 편벽하고 의심이 많아서 저와 같은 이는 좋아하고, 저와 다른 이는 미워할 뿐만 아니라, 주색에 빠져서 명분과 체통을 잃었으며, 남을 시기하여 해치고 조정을 어지럽혔다."며 파직을 청하였다.

　선조는 이에, "정철은 자기와 뜻이 맞지 않으면 역적으로 몰아 반드시 죽이려하고, 마음씨가 참혹하고 독하기 그지없음이 칼날보다 더하다"고 질책하고 정철의 파직 전지를 조당에 붙여 천하에 알리도록 했다.

정철은 1580년 강원도 관찰사가 되었다. 관찰사에 부임하여 가사문학의 백미인 관동별곡을 지었지만, 그의 처사는 가혹하기 그지없어 강원도 해안가 사람들은 6·25전쟁 때까지도 이름을 모르거나 이상한 고기를 잡으면 몽둥이로 짓이기고 내려치며 "이 놈아 정철"하고 욕을 해댔다고 한다. 이 외에도 정철에 대해서 관동지방에는 좋지 않은 많은 설화들이 있다고 전한다.

정철은 선조 18년 담양의 창평 성산으로 내려가 사미인곡, 속미인곡, 성산별곡 등을 지었는데, 특히 사미인곡이나 속사미인곡은 말할 것도 없고, 관동별곡이나 성산별곡 등도 임금에 대한 그리움을 읊었다. 이에 영조 때의 문장가 김상숙은 사미인첩에 발문을 쓰면서 남편이나 임금으로부터 버림받고서도 그 임금이나 남편을 사랑한다는 것은 정신貞臣이나 열부烈婦라 할 것이라고 찬양했다지만, 사미인곡이나 속미인곡이 초나라 회왕에게서 쫓겨난 삼려대부 굴원의 사미인곡을 모방했음을 국문학을 하는 사람이면 대부분 아는 사실이며, 열부나 정신이 아무나 되는 것이 아닐진대 오히려 그러한 작품들은 작자의 속내를 미화하여 다시 불러주기를 기대했고, 그의 의중대로 그렇게 되었던 것은 아닌지도 모를 일이다. 본래 독한 자들은 위에는 아부하고 아래로는 표독한 성품이라 그 또한 그러한 성품의 전형이라 할 만하다.

더군다나 성산에 묻혀 있던 그가 정여립 사건이 발발하자 급하게 상경하여 선조로부터 칭찬을 받고 사건의 위관이 되었으니 오히려 동인 제거의 절호기회로 삼고자 한 발 빠른 행보가 아니었는가 하고 의심하는 후대의 학자들도 많이 있다. 더군다나 그는 사건을 다루면서 항상 술에 취해 사모를 비뚤게 쓰고 거친 말로 실수를 하니 민망스럽다는 말을 들었다는 말이 전래되고 있으니 어디에도 문사다운 면은 찾아볼 수 없고 폭신暴臣의 어둠만이 강하게 드리워져 있다.

정철은 1593년 58세를 일기로 세상을 마쳤지만 그후에도 사헌부에서 선조에게 "……, 정철은 사갈蛇蝎같은 성질로 귀역鬼蜮 같은 음모를 품었으니 독기가 모여서 태어난 것이며, 이에 오직 사람을 상하게하고 해치는 것을 일삼았다. 또한 정철은 색성소인素性小人(진짜 소인)이란 평가를 받았음을 분하게 여겨 최영경을 길삼봉으로 만들어 죽음에이르게 만들었고……."와 같이 보고하자, 선조는 "정철의 간독한 것은천하의 간웅인데……, 정철을 말하면 입이 더러워질까 염려된다. 그대로 두는 것이 좋겠다."고 했다. 그가 죽고 그의 고향 쪽 사람들은 "정철과 함께 압록강 동쪽에 태어난 것이 부끄럽다"고 했다. 뿐만 아니라 신정일은 정철에 대하여 그의 정적들은 '동인백정東人白丁' '간철奸澈' '독철毒澈'이라 칭호를 얻었음을 밝혀 놓았고, 호남지방에서는 도마에 고기를 다질 때마다 "종철이 좃아라, 종철이 좃아라" 또는 "철철철철"하며 중얼거리는 것을 흔하게 볼 수 있었다고 그에 대한 전설적 악평의일화들을 찾아내어 그의 서책에 기록해 놓았다. 물론 천하에 모든 사람들이 다 그렇게만 생각한 것은 아니었으니 서인들의 입장은 다른 것이며 또한 서인이 아니더라도 그렇게 생각하는 사람들이 있다. 그러나 천하에 무도한 자도 웃는 얼굴은 예쁘고 만천하에 내 재산이 27만 원밖에 없다던 무뢰한도 귀엽고, 사람을 잡아먹고 부녀자를 겁탈하고 악마같이 살았던 도척도 그의 무리들에게 물으면 의인이라 대답할 터이니, 누구나 그 정도의 이쁨이야 받는 것이리라.

행여 송강의 후손들이 화내는 일이 없었으면 한다. 필자가 무슨 원한이 송강에게 있고, 그 후손들에게 있겠는가? 아름다운 문인의 심층에두텁게 자리잡은 여우의 발톱을 얘기하고 있을 뿐이요, 그 발톱이 모든인간들의 저변에 감추어져 있음을 송강을 예시로 밝히고 싶었을 뿐이다.

필자는 우연히 구봉(송익필)과 우계(성혼)와 이이(율곡)가 교제하며 교환했던 서간문집인 『삼현수간』이라는 것이 있는 것을 알게 되었다. 필자의 지인이 구봉의 후손이 었어서였다. 거기에 성혼 우계가 구봉 송익필(정철의 막후 조종자 역, 조헌, 김장생 등이 그의 제자임)에게 보낸 편지에서도 "계함季涵(정철)이 지금 고향의 선산으로 간다고 들었습니다. 옆에는 예쁘게 단장한 여인 한 명을 데리고 있는데 머뭇머뭇 헤어지기를 마음아파하면서 차마 남쪽으로 가지 못한다고 합니다. 계함이 말하기를 '하인과 말도 없고, 또 날씨도 덥습니다. 생각건대 가을과 겨울에는 한강을 건너지 못할 것 같습니다' 하니 천하에 어떻게 이같이 재미있는 우스개가 있을까요?"10 하며 계속 비난이 이어지고 있는 것을 보았다. 더욱이 성혼과 송익필, 정철 등이 기축옥사의 주역들이면서도 서로 비방(애교 있는 비방일지는 몰라도)이 있고 보면 먼 훗날의 현세 인이지만 정철의 인품을 짐작케 한다.

다시 죽임 당한 사람들의 얘기로 돌아가 보자.

정개청은 천하의 명기 황진이도 유혹하지 못했던 화담 서경덕으로부터 사사받은 학자로 전라도 함평의 엄다에서 후학을 가르치고 있었는데 그가 쓴 배절의론配節義論이란 글 때문에 여립의 사건에 말려들었다. 정개청은 풍수지리에 경륜이 있어 여립의 집터를 보아주기도 했다.

정개청이 당시 영의정 박순의 천거로 벼슬에 올라 교정낭관이 되어 정구, 최영경 및 정여립 등과 교분이 있었지만 불과 한 달여만에 보직이 바뀌어 곡성군수가 되었으나 그것도 잠시, 고향으로 돌아가 훈장 노릇을 하고 있었다. 그런 그를 정철 등이 『배절의론』을 트집잡아 국청에 매를 맞고 아산보의 유배지에서 장독으로 죽게 했다. 그러나 그는 학문이 높아 사람들은 그를 동방의 진유眞儒, 퇴계에 버금가는 학자, 주자와 정자 후의 일인으로 칭송했다 한다.

1603년 안중목이란 사람의 상소에 의하면, "정철이 동인에 패하여 성산에 있을 때 곡성현감인 정개청이 성산을 지나치고 문안 한 번 오지 않은 데 유감을 품어 죽였다"라고 하였다.

후에 호남의 선비들이 정개청을 위하여 사당을 세웠는데 동서분쟁의 와중에 짓고 헐리기가 수번이었고, 정개청의 고성정씨와 정철의 연일 정씨 사이에는 혼인이 금지되고, 정개청의 정씨들은 난의 여파로 손도 줄어 전국에 2백여 호밖에 되지 않는다 한다.

최영경은 김우홍, 정구, 곽재우 등과 같이 퇴계와 쌍벽을 이룬 남명의 제자이다. 그중 최영경은 무고를 당해 옥중에서 죽고, 김우홍은 유배를 당했으며, 정인홍은 딸이 없는데도 정여립의 집안과 혼인시켰다는 무고로 고발되었다 풀려났다니 당시의 세태가 6·25 당시의 한국이나, 밀로세비치하의 유고와 마찬가지로 작은 유감만 있어도 갖은 모함으로 죽이기로 작정했던 시대였다. 4백 년 전의 조선 당파의 살육극은 20세기 말의 세르비아와 코소보였다.

없는 딸을 만들어 내어 여립의 집안에 시집보냈다는 모사까지 만들어질 정도라면, 더욱이 그 집안에 시집보낸 것까지 죄가 되었다면 무법천지의 아수라장이었다 할 것이다. 괘일록掛一錄이란 책에는 영경을 "그의 기상은 천 길 높이의 바위벽 같고, 가을 서리와 따가운 햇살과 같았다" 하였으니 그의 스승 남명의 기상인 천인벽입千仞壁立(천길 낭떠러지 위에 우뚝 선 기상)과 같았다.

의인이 있다 해서 성혼이 찾아가 보니 영경은 베옷에 다 떨어진 신을 신은 궁벽한 모습이었으나 그 얼굴은 기상이 당당하고 마음에 티끌이 없었다고 술회했다 하니 그 또한 스승인 남명과 같이 빈한貧寒을 부끄러워 하지 않고 마음은 의에 충만했던 것이다. 그러니 그를 남명에 견줄만 하다 했으리라.

물이 맑으면 고기가 놀지 않는다는 말처럼 그런 기상이고 보면 시기하는 자가 반드시 있었을 것이니 모략자들은 그를 정여립 난의 전설적 인물인 길삼봉으로 만들어 갔다고 이항복은 밝히고 있는 것이리라.

최영경은 자기의 무고함을 죽어 가는 순간 밝히려고 옆에 있던 옥중의 박사길에게 바를 정자를 써 보이며 공은 이를 아는가라고 물었다 한다. 최영경이 언젠가 박순과 정철을 목 베어야 한다고 했다는 말에 정철이 앙심을 품고 그를 죽였다고 사람들은 말했다.

영의정 유성룡이 정철에게 최영경의 옥사를 묻자 정철은 술에 취한 채 자기 목을 손으로 베이는 시늉을 하며 "그가 일찍 내 목을 이렇게 찍어 넘기려 했습니다." 라고 대답했다니 정철의 칼 앞에 그들은 한낱 개구리의 목숨에 불과했다고나 할까? 그가 죽고 난 후 선조는 어리석게도 흥혼독철에 속아 어진 신하를 죽였다고 후회했고, 유성룡은 "최지평전"이란 자서에서 최영경은 성혼이 교사하고 정철이 죽였다고 기록해 놓았다.

참고로 세상인심을 제대로 평한 유성룡의 말이 있어 소개한다. 벽사 이항복이 정철과 유성룡에게 최영경을 살려주기를 간청하자, 유성룡은 "측량할 수 없는 것이 세상이네. 일이 번져가면 어찌 벗어날 수 있겠는가? 천금 같은 몸을 소중히 하게"했다 한다. 그렇다. 일이 번지면 봄날의 산불 같아서 정사正邪를 가리지 않고 사람을 죽이는 것이 사람인지라 세상인심을 유성룡은 그렇게 평했으리라.

이발의 부친은 전라감사였으며, 이발은 전라도의 남평에서 태어났다. 여립이 서인에 있다 서인의 세력이 쇠하자 동인에 가담했다. 동인 사람들이 그의 전향을 반대했으나 이발이 받아주었다. 이발은 장원급제하여 벼슬이 부제학에 올랐다. 또한 그는 유성룡 및 최영경과도 친한 관계였고, 학문에 뜻이 깊어 김우홍을 비롯하여 많은 학자들과 교우했다.

부제학이던 시절 이발은 서인들과의 알력으로 벼슬을 그만두고 낙향하였으나 곧이어 기축옥사에 말려들었다. 동인을 몰락시키고자 한 유생 양천회, 예조정랑 백유함 등이 여립과 역모에 가담을 상소하였으며 여립의 조카 정집의 문초에서 이발과 정언신이 관여했다는 자백이 나왔다.

그러나 그가 비록 여립과 친교했으나 역모에 가담하지 않았다. 그는 자백을 강요하는 모진 고문으로 죽고 말았다. 82세의 노모 윤씨 또한 고문에 죽고, 아들 명철도 역모를 들은 바 없다며 항변했으나 선조는 때려죽였다 한다. 당시 우의정이 노인과 어린이에게는 형벌을 가할 수 없다고 진언하였지만 선조는 듣지 않았다 한다. 그러나 어찌 왕이 어린 애를 때려죽이기야 했을까 하는 생각이 든다. 왕이 직접 고문을 하는 일은 없었을 것이기 때문이다. 물론 이발의 가문이 멸문지화를 입은 것은 선조를 비판하여 미움을 샀기 때문이었다니 모르긴 모를 일이다. 이때 이발의 형인 현감 이급도 고문으로 죽고, 그의 두 아들도 장형으로 죽었다.

이발과 정철의 어린시절 사이가 좋지 않아 그때의 원한으로 이발의 형제, 그의 아들, 조카, 노모까지 때려죽였다고 사람들은 전하고 있지만, 선조실록에는 이발의 역모 증거로 제시된 이발과 정여립이 주고받았다는 편지도 정철과 송익필이 꾸민 것이라고 기록되었다 한다.

이발의 멸문지화에 조카 하나만 살아남아 성을 밀양이씨로 바꾸어 숨어 살며 씨족의 멸문을 막았다 한다. 그러한 현상은 1894년 동학혁명 때 김개남의 아들이 성을 박씨로 바꾸어 숨어 살다 1950년대에 성을 회복한 일이 있다고 신정일은 밝히고 있으니 역적의 가문으로 몰리면 살아남기는 하늘의 별따기보다 더 어려웠던 연좌죄에서 벗어날 수 없었기 때문이다. 그 연좌제는 대한민국이 건국되고도 1970~80년대까지 유지되었다.

정언신은 정여립의 9촌으로 별시에 급제하여 벼슬이 대사헌, 부제학에 이르고, 1583년 함경도 순찰사로 이순신, 신립, 김시민, 이억기 등을 거느리고 야인의 침입을 격퇴했던 장군이기도 했다. 정여립 사건 당시에는 우의정으로서 사건 담당 위관이기도 했지만, 이발 등의 역모를 상소한 유생 양천회의 상소로 혐의를 받고 파직당했다. 곧이어 정여립의 조카 정집이 국문에서 정언신이 여립과 내통했다는 고백에 따라 중도 부처되었다. 이때 아들 정율은 아버지의 역모 연루에 부끄러움과 한스러움으로 자결하고 말았다. 다시 남해로 유배되었으나 또다시 유생들이 소를 올려 사사의 명이 떨어졌다. 이때 정철이 선조에게 아뢰어 그의 생명을 구했으나 갑산으로 유배되어 곧 죽었다.

훗날 여립의 조카 정집이 처형될 때 사대부와 공경 등이 많이 역모했던 것으로 끌어들이면 살려 준다더니 죽인다며 악을 썼다는 기록이 정언신의 비에 남아있다 한다.

결국 당정의 소용돌이 속에서 반대파 죽이기의 무도에 죄 없이 죽었으니 훗날 임진왜란이 발발하자 백성들은 정언신, 이발, 정개창 등 구국의 주축이 될 동량들을 없앴기 때문에 왜가 쳐들어 올 수 있었다며 한탄했다. 실제 왜군들은 아무런 저항도 없이 파죽지세로 한양에 입성했고, 왜군들은 조선에 병사가 없다며 히히덕거리며 진군했다고 한다.

인조가 청태종의 침입으로 호란에 임해 궁중에서 남한산성으로 들어갈 때 수행한 신하가 수 명에 불과했다더니, 선조가 왜군의 파죽지세에 겁먹고 황망히 개성, 평양, 의주로 피신 길에 올랐을 때도 그를 따른 신하가 불과 수명이었다니 그러고도 나라가 망하지 않았던 것은 기적이라 할 것이다.

백유양은 문과에 급제하여 암행어사, 대사성 등을 거쳐 부제학에 오른 사람으로 임금의 종친인 의령군의 장인 백유함과는 사촌 간이었다. 백유함이 의령군을 사위로 맞이하고자 그 의견을 유양에게 물었다. 유양은 "의령군이 천한 서얼인데 어찌 그와 혼사를 하려느냐?"고 했다 한다. 그러나 유함은 혼사를 했고, 그 일로 해서 유함은 사촌인 그를 미

위하고 있었다.

한편 유양은 정여립의 형 정여흥과 사돈관계에 있었을 뿐만 아니라 친밀하여 여립에게 아들 교육을 맡기며 보낸 서한에 '내 아들이 네 아들'이라는 표현을 쓴 것이 빌미가 되어 옥사에 말려들었다. 당시는 지금과 같은 제도교육이 발달하지 않았던 시절이라 아들들을 서로 바꾸어 교육하기도 하고 의례로 네 아들, 내 아들 그렇게 했던 것인데 그를 빌미로 역모죄를 씌운 시대였으니 무어라 그 시대를 말해야 하나?

그 뒤 정여립과 공모했다 하여 잡혀온 선홍복이 서인들의 꾐에 빠져 백유양, 이발, 이길의 형제들과 공모했다고 거짓 증언하여 귀양가 있던 백유양이 서울로 불려졌는데 이미 선홍복이 사형에 처해진 뒤라 대질할 기회도 없이 백유양은 국문 과정에서 장살되고 말았다.

또한 의령군의 아들과 사촌 유함이 공모하여 유양과 그 아들을 모략하여 세 아들을 다 장살해 죽게 했으니 사소한 서운함이 사촌 간에도 원한이 되어 모략으로 멸족시켜버렸으니 할 말을 잃는다.

유몽정은 남원부사에 재임 중 기축옥사에 걸려 불과 20여 일만에 옥사했다. 유몽정은 정여립과 잠시 안면만 있었을 뿐이어서 선조가 그를 돌려보내라 하였으나 정철이 하룻동안에 두 번이나 국문하여 장살되었다.

조대중은 1589년 전라도사로 지방 순시 중 보성에서 부안으로부터 데리고온 관기 관창과 이별이 아쉬워 눈물을 흘렸는데, 유생들은 이를 정여립의 죽음을 슬퍼하여 울었다며 상소당했다. 오히려 그는 정여립이 죽던 날 광주의 양가에서 역적이 죽었다며 종일 취하도록 술을 마시며 즐겼다. 그럼에도 불구하고 그를 옥사하게 했다.

김빙이란 사람은 눈병을 앓고 있어 눈물을 흘렸는데 여립을 추형할 때 추국관이었다. 사촌 백유양과 그 아들들을 죽게 한 백유함이 여립 때문에 우는 것이라고 밀고하여 국문을 받다 죽었다.

기축옥사는 한 마디로 왕까지 등장한 한판의 광란이었다. 있지도 않은 사실의 무고로 조선 반도에 지성이 몰락한 대변고였다. 호남에 인물들을 너무도 많이 죽여 그후로 인물이 없었다 할 정도로 인간의 생명을 마치 흑사병이라도 옮기는 짐승같이 무차별로 죽였으니 왕과 그 의 중신들과 조선에 지성들이 일시에 미쳐 날 뛴 대사변이었다.

이조라는 나라가 중국에 속국이나 다름없는 국가였는데, 그리하여 수천 년 동안 중국의 문물을 받아들여 국가의 틀을 만들고 유지해왔으면서도 정작 받아들여야 할 선진적 과학문명은 뒤로 하고 왕권의 유지에 필요한 제도만을 받아들여 반도의 선진화에 기회를 놓진 국가였다.

백 년 전도 안 되는 조선 말의 남대문 거리를 사진에서 보라! 그것은 문명의 나라가 아니라 야만의 나라였다. 절대다수의 백성이 의식주마저 해결하지 못하고 헐벗고 굶주리던 국가였다. 내로라 하는 집권자들과 지성인들이라 자처했던 유학의 무리들은 번문욕례에 매달려 죽이고 살리는 일이나 일삼았으니 나라 꼴이 말이 아니었다. 집권자들은 백성의 안위와 살리기는 외면한 채 자신들만의 세 불리기와 부귀영화에 매달렸다.

서구나 일본은 백 년도 전에 아니 그보다 몇 백 년도 전에 거대한 메머드 건축을 하고 전철이 달리고 있었는데 시골에서 부자라는 필자의 집에 손수레가 등장한 것이 1960년대였다. 그때도 우리는 배고프던 시절이었고 순사가 무섭고, 산감(산림감시원)이 무섭고, 이장도 무서웠던 시대였다.

그렇게 한바탕 광란의 카니발을 즐긴 무리들은 권력의 칼자루를 움켜쥐고 안하무인의 또 한바탕의 광기를 부렸으니, 정여립을 역도로 몰아붙이고자 밀고하고 상소한 자들은 '개, 돼지 같은 사람'이라고 실록에 기록된 사람들이지만 부지기로 평난공신이 되고 벼슬이 올랐으니, 역사는 언제나 개나 돼지들의 행진일지도 모를 일이다.

말해 무얼 하랴? 정여립의 기축옥사가 마무리 될쯤 승려 휴정이 읊었다는 시 한 수를 무고하게 죽은 원혼들에게 헌시로 바치며 치졸한 그 왕에 그 신하들의 얘기를 맺고자 한다.

만국의 도성은 개미 둑 같고,
천하에 호걸은 벌레와 같다.
창가의 밝은 달 허공을 베게 하니,
한없이 부는 솔바람 소리 고르지를 않네.

주

1 제자백가 : 춘추전국 시대의 여러 학자들의 사상을 일괄적으로 일컬는 말.
2 망이흥정설 : 이씨의 나라가 망하고 정씨의 나라가 건국 된다는 설.
3 신정일, 가람기획, 2000, 『지워진 이름 정여립』. 4p(본장은 본서를 많이 참조하였음).
4 『禮記』 禮運篇 : 어질고 능력 있는 자를 뽑아 신의와 화목을 닦게 하니 사람들은 자신의 부모나 자식만을 생각하는 것이 아니라 남의 부모나 자식도 생각하게 되어 천하일가天下一家가 되었고 노인들은 편안하게 일생을 마치고, 젊은이는 할 일이 있고 어린이는 잘 길러졌으며 과부 · 홀아비와 병자를 살펴 봉양했다. 또한 남자는 직업이 있고 여자는 혼처가 있었다. 그런 사회를 공자는 대동사회라 했으니 현대적 복지사회였다.
5 전책 134p.
6 제임스 게일, 장문평 역, 현암사, 『코리언 스케치』, 1977. 16p.
7 『세계문명기행』 33p. 저자는 아시리아의 한 왕의 기록이라 했지만, 그는 구약의 유대를 점령한 다리우스 왕이며 구약 성경에서는 다리오 왕이라 번역 되었음.
8 우계 성혼 : 송강, 이이 등과 교우하였으며, 구봉, 우계 및 송강이 젊은 날부터 왕래한 98통의 서간을 구봉의 자 취대가 모아 『삼현수간』이라 이름하여 서첩으로 만들었다.
9 구봉 송익필 : 1534-1599, 문장에 뛰어났으며 성혼, 이이, 김장생, 정철, 이산해 등과 교우했음.
10 『콩반쪽』. 2007.10월호 통권 32호, 16p.

17
파괴된 인륜
6·25의 동족잔인

일본은 역사적으로 임진, 정유의 양 란을 비롯하여 1905년 을사늑약으로부터 해방이되기까지 한국에 참으로 몹쓸 짓을 많이 했다. 너무나도 그 실태는 잘 알려진 것이어서 굳이 재언할 필요마저 느끼지 않지만 조금만 살펴보도록 하자.

일본은 조선시대 이전 통일신라시대에도 남해안에 수시로 침입하여 노략질하고 만행을 일삼았다. 그러나 임진, 정유 이전에 일본과 한반도 간에 치열한 전쟁이나 점령사는 크게 기록된 것이 없다. 일본이 그 이전에는 소위 군웅할거의 지리멸렬한 시대로 강력한 통일된 힘을 갖지 못하였기 때문에 반도를 넘볼 국력을 갖지 못했기 때문이었다.

임진년의 왜란도 그들이 강했다기 보다는 조선이 당쟁으로 나라를 제대로 추스르지 못하고 허약한 상태에 있었기 때문이었다. 조선은 당시 당쟁으로 국력을 배양하지 못하고 서로 죽이기만을 일삼던 시절이었다. 거기에 더하여 일찍이 우리가 신무기를 갖지 못한 상태에서 그들은 조총이라는 서구의 총을 들여왔기 때문에 마치 기마로 중국 대륙을 휩쓸고 멀리 구라파와 알렉산드리아까지 행군할 수 있었던 몽골 병사들처럼 일본 병사들은 조총으로 무장하고 활이나 칼과 창으로 저항하는 조선군을 멀리에서 쉽게 제압할 수 있었기 때문에 그들은 수년 간이나 조선의 영토를 분탕질할 수 있었다.

그들은 조선 병사의 귀나 코를 베어다 이총이나 비총을 만들 정도로 무자비한 일방적 전쟁을 했고, 한일합방 이후에는 완전히 식민지로 만들어 독립 의지를 영원히 말살하기 위해 참으로 가혹한 만행을 우리 민족에게 자행했다.

대표적 집단 만행을 보면 화성의 제암리 교회 사건이었다. 3 · 1독립운동의 발발을 계기로 전국에 걸쳐 독립운동이 요원의 불길처럼 타오르자 지금의 경기도 화성군 제암리에서도 만세운동은 예외가 아니었다. 일본군 중위가 지휘한 군경들이 제암리에 도착한 것은 만세운동이 있었던 얼마 후 1919년 4월 15일의 일이었다.

그들은 마을 주민들을 교회에 모이게 했다. 30여 명이 모이자 창문과 출입문을 잠그고 집중 사격을 하여 어린애까지도 무자비하게 살해했다. 집단 살해 후 그들은 증거인멸을 위해 교회에 불을 질러 교회와 함께 그들을 불태웠으며 민가 31채도 불을 질러 제암리를 완전히 초토화하고 돌아갔다.

그후 선교사 스코필드 박사 등이 현장에 내려가 참상의 사건을 사진으로 찍어 미국에 보내 국제적인 여론 조성에 노력했지만 그 시대는 그런 세상이어서 유야무야되어 버리고 말았다.

필자가 일본인들의 만행의 한 예로 제암리 사건을 들춘 것은, 그렇다면 그 사건이 발생한 지 백여 년이 되어가는 오늘날의 대한민국은 어떠했으며 세계 민주주의의 대부인 미국은 어떠했는가를 뒤돌아보기 위해서다.

6·25 당시 미국의 공군도 우리의 평화로운 마을을 집중 공격하여 무고한 민간들을 학살했으나 세상에 잘 알려지지도 않았다. 불과 수년 전에야 그 사실이 노출되고 여론화된 적이 있으나 그 역시 국내에서 마저 관심을 끌지 못했고, 필자마저 지금 그 마을 이름마저 기억해낼 수가 없을 정도로 사건의 진실은 사라져 버렸다.

미군이 저질렀던 베트남 전쟁에서의 만행도 일본군 못지않았으며 한국군도 역시 베트남에서 그러했다. 만행의 이유는 미군이나 한국군이 동일했다. 민간인이 베트콩에 협력하고 있으며 베트콩과 비베트콩을 구분할 수 없다는 이유로 남녀노소를 불문하고 완전히 소탕시켜 버렸다. 그러나 더 큰 이유는 아군이 그들의 마을에서 전투중 주민의 비협조나 적대행위로 죽었다는 것이었다. 그들의 만행은 외국에서 발생한 사건으로 동족이 아닌 이민족을 상대로 자행한 사건이었다. 그렇다면 우리들의 군경은 6·25를 전후하여 어떠했던가를 살펴보자.

우리의 군경들도 베트남에서와 똑같은 만행을 6·25를 전후하여 저질렀다. 아군과 적군 또는 양민과 내탐자의 구분이 어렵다는 이유로 마을 주민들을 집단 살해한 사건들이 제주, 거창, 청주 등 여러 곳에서 발생했다.

제주 4·3사건은 1947년 3·1절 기념행사장인 관덕정에서 시위군중에 경찰의 발포로 6명의 희생자가 발생한 시점부터 1948년 4·3소요 및 1954년 9월 21일까지 계속된 군경과 무장시민 및 남로당과 빨치산 등이 복잡하게 얽히면서 진압과 소탕 작전에 무고한 많은 시민이 희생된 사건이다.

당시의 3·1절 시위와 소요가 어떠한 상황이었는지 충분한 정보가 없어 전문가가 아닌 필자로서는 잘 알 수 없지만, 당시 좌익과 우익 즉 보수 민주주의 진영과 공산 사회주의자들 간의 팽팽한 대결 속에서, 미군정과 자유 진영이 사회주의자들의 섬멸과정에서 피아가 모호하거나 분별이 불가한 시민들이 희생된 사건이다. 동년 3월 5일 3·1사건대책 남노당투쟁위원회가 만들어지고 민관의 합동총파업이 단행된 것으로 보아 제주도의 치안은 극도로 불안하게 진전되었음은 기정의 사실이었 다.

당시는 미군정시절이라 자유민주주의의 보루로서의 미국은 공산주 의자들의 준동에 신경을 쓰지 않을 수 없는 시기였다. 따라서 곧이어 3 월 7일 미군정은 계엄을 선포하고 파업주도자들을 비롯하여 2,500여 명을 검거하고 250여 명을 재판에 회부하자 도민들은 미군축출과 경 찰타도에 더하여 극우파 암살까지 시사하며 강력히 대응함으로써 사태 가 심각해지자, 일부 세력이 검거를 피해 한라산으로 입산하여 파르티 잔의 성격을 띠기 시작했다.

더욱이 사회주의자들은 남북총선과 남한단독선거 주장의 와중에서 무장자위대를 결성하고 과반수에 해당하는 10여 개의 경찰서를 습격 무장을 하고 남한 민주정부수립 세력에 대한 정면 공격에 돌입했다.

이러한 와중에 5·10선거의 거부와 미군정관 딘 소령의 강경 진압, 당시 제9 연대장의 강경 진압 거부 등 갈등이 발생하여 1949년 3월과 4월에 걸쳐 제주도 유격대원 2,345명과 민간인 1,608명의 인명 피해 가 발생했다. 사실상 당시의 혼란 중에 누가 유격대원이고 누가 민간인 인지 구별은 심히 어려운 상황이었다고 보아야 한다. 극단의 혼란 상태 에서 살아남기란 순간순간의 의사결정을 필요로 하기 때문이다. 그래 서 낮에는 자유주의자가 되고 밤에는 빨치산이 되어야 하는 본의 아닌 무소신의 임기응변이 필요한 시대였다. 다시 말하면 낮에는 자유주의 들이 우세하고 밤에는 빨치산이 우세했기 때문에 대부분의 우매한 또 는 기회주의자들은 이중적 양심과 태도를 필요로 했던 것이다. 그러나 그러한 상황은 어느 세상 어느 혼란에서도 동일하게 전개되는 인간의 살아남기의 본능에 불과할 뿐이다.

남한 만이라도 단독선거를 밀어붙이던 자유주의자들과 미군정은 5·10선거 반대의 혼란을 평정하기 위하여 전투기 및 구축함 등으로 제주 해안을 봉쇄하자 9연대 소속 41명의 무장 군인들이 부대를 탈영하여 한라산의 무장 유격대인 파르티잔에 가담하는 사건이 발생했다. 이에 미군정은 9연대를 해산하여 11연대로 재편하고 경찰 8백여 명을 증파한 후 여수 주둔 14연대의 1개 대대에 제주 진입을 명령하였으나 불응하고 소위 여순반란사건을 일으킴으로서 미군정과 경찰은 무력 진압에 돌입하지 않을 수 없었다. 11월 군경 합동의 무장 유격대 섬멸작전이 3개월에 걸쳐 감행되면서 많은 희생자가 발생하였다. 유격대와 군경 간의 충돌은 6·25가 끝나고 1954년까지 계속되어 어림으로 총 3만여 명이 희생되는 비극이 전개되었다. 물론 한라산이 제주도의 중앙에 자리하고 산세의 험란을 이용한 파르티잔의 효율적 전략 전술이 유효했다 하더라도 조그만 지역에서 파르티잔의 제압에 5~6년이나 걸렸다는 사실은 그들의 부합세력과 이념의 철저한 무장 때문이었다.

김대중 정부 시절 2000년 광주의 5·18에 대한 진상규명이 진행되자 6·25를 전후 한 토벌이나 학살 사건에 대한 진상규명까지 요구되었다. 이에 따라 동 사건에 대한 진상규명에도 착수했지만 이미 50 수년이 지난 시점에서 당시의 죽은 자들을 대상으로 반정부주의자와 양민을 구별해 내기란 거의 불가능한 일이라 할 수밖에 없다. 증명되지 않은 상태에서 유족들은 당연히 반정부주의자의 유족이기를 거불할 것이며, 그의 진위를 가릴 수 없는 상태에서 반정부주의자들까지 의사와 열사로 둔갑했다는 불만이 많았다. 그러나 본서의 목적은 그의 구별에 있는 것이 아니라 따지고 보면 무의미했던 이념분쟁으로 동족이 동족을 서로 죽이고 살리는 토벌과 항벌을 계속하면서 잔인했던 인간성에 초점을 맞춘 것일 뿐이요, 자료의 부족으로 개괄적인 살핌이었음을 고백하지 않을 수 없다.

둘째는 거창양민학살사건이다.

1951년 1·4후퇴 이후 거창군 신원면 일대에서 공비토벌작전이 전개되었다. 당시 11사단 9연대 3대대가 주민들이 공비들과 내통한다며 동년 2월 10일 내탄 마을에서 136명, 2월 11일 박산에서 527명을 중화기를 동원해 무차별 살해한 사건이다.

더욱 가공할 사건은 4·19혁명 직후 5월 11일 유가족 70여 명이 당시의 신원 면장을 생화장한 보복행위가 발생한 것이다. 이 사건을 개기로 국회진상조사가 실시되면서 함양, 산청, 문경, 청주, 함평 등지의 양민 살해 사건이 밝혀지게 되었다.

양민 학살의 행태는 동서고금이 다 유사한 형태로 이루어졌다. 원인과 참상이 다 동일하다는 것이다. 미군과 한국군의 월남에서의 사건이 그렇고, 캄보디아의 폴 포트 정권이나, 세계의 여러 나라들에서 자행된, 그리고 우리나라의 6·25나 그와 관련된 모든 사건들이 다 유사하게 진행되었다. 다시 말하면 인간들의 심성이 그때마다 다 같았다는 것이다. 인간들은 왜 그렇게 잔인해야만 했던가? 잔인행위로 인하여 얻을 수 있는 이득 때문인가, 아니면 잔인행위 그 자체가 희열이요 목적인가를 분별하기가 어렵다. 다만 확실한 것은 인간들이 잔인하다는 사실이다.

6·25전쟁은 전쟁이 아니라 동란이라 호칭했다. 우리들은 외침도 난이요 우리끼리의 전쟁도 난이라 칭했으니 무척이도 전쟁을 싫어하는 민족이다. 그렇다면 우리 민족이 전쟁을 싫어하고 평화를 사랑한 민족인가?

그렇지 않다. 그러나 우리는 외국을 한 번도 침범한 적이 없는 평화민족이라고 가르쳤다. 외국을 침범하지 않은 것이 아니라 국력이 부족하여 감히 외국을 침범할 수 없었을 뿐이다.

반도는 사실상 내적으로는 서로 싸움하느라 날이 센 나라가 반도였다. 고대는 물론이요 삼국시대와 근세에까지 모두 다 저희들끼리 치고 박고 싸움이 끊이지 않았던 나라요 민족이다. 물론 그러한 전쟁과 싸움하기는 반도만이 아니라 전세계의 모든 나라가 동서고금이 따로 없이 마찬가지였다.

인간들은 스스로 평화를 사랑하는 종이라 말하지만 병정놀이를 더 좋아하는 동물이다. 아직 어려서 전쟁을 경험한 적도 없고 텔레비전도 없어 전쟁을 구경하지도 못한 어린애들이 맨 먼저 집단으로 하는 놀이는 편을 피아로 갈라 싸움하는 놀이다. 누가 가르치거나 시범을 보이지 않아도 인간은 태어나면서부터 전쟁을 안다. 무엇 때문인가? 살아남기의 본성 때문이다. 내 밥을 빼앗기지 않아야 살아남을 수 있기 때문이다. 그러나 빼앗기지 않는 방법이 반드시 전쟁만은 아니다. 가장 좋은 방법은 서로 평화롭게 공평히 나누어 먹는 것이다. 그러나 그 방법은 서로가 갖는 힘이나 지력이 동일한 균형 소위 Ballance of Power를 유지했을 경우에만 해당하는 방법이다. 그러나 그러한 유지는, 즉 statues que는 쉽게 깨어진다. 힘의 균형은 저울대와 같아서 조그만 변화에도 쉽게 흔들릴 수 있기 때문이다. 따라서 빼앗고 빼앗기지 않으려는 전쟁은 불가피하게 계속된다.

그러한 전쟁은 이민족이나 이국 간에 먼저 발생한 것이 아니라 최초에 형제자매로부터 시작된다. 나의 것을 맨 먼저 빼앗은 자는 나와 가장 가까이 있는 그들이기 때문이다. 따라서 전쟁은 형제로부터 시작하여 관계를 넓히고 공간을 넓혀나간다. 그리하여 우리는 세계가 둘로 나뉘어 싸운 2차의 세계대전을 경험하게 되었다.

그것을 증명이라도 하듯 인류사에 최초의 전쟁은 아벨과 카인의 전쟁이었다. 힘이 센 형이 힘이 약한 동생을 죽여 버렸다. 물론 그들은 밥을 놓고 싸운 것이 아니라 아비(God)의 사랑을 놓고 싸웠다. 그러나 사랑도 밥과 같이 소유의 개념이다. 그러므로 성경은 "환난 중에 형제의 집으로 피하지 말라"고 말하고 있는 것이다. 가장 가까운 적이 형제이기 때문이다. 가장 깊은 사랑의 관계이기도 하지만 항상 나의 것을 빼앗아 갔던 사람, 항상 나의 밥과 사랑과 의복과 신발을 빼앗아 갔고, 아버지로부터 비교 당했던 사람이 바로 형이나 동생으로서 그 증오가 잠재되어 있기 때문이다. 그래서 형제간에는 시혜施惠도 증오가 된다.

인간들은 열 번이나 자기에게 행한 선보다도 한 번의 서운함만 가슴에 남겨 두는 본성이 있다. 그리하여 열 번의 선은 한 번의 악으로 소멸되고 악만 남는다. 그리하여 코소보에서도 가장 가까운 사람들이 핍박자가 되었고 유대인은 혼자 죽을 수 없어 사랑하는 친지들의 주소가 적힌 수첩을 마지막에 나치의 손에 쥐어 주고 가스실로 들어갔다.

그리하여 스승을 판 자도 가장 가까운 제자요, 황제의 숨통에 비수를 꽂은 자도 양자 부루터스였으니 시저는 "부루터스 너도냐?"하는 한 마디 마지막 말을 남기고 죽어갔다. 뿐인가, 한신을 죽인 자도 형님같이 모셨던 전우 유방이었고, 이슬람교의 창시자 마호메트도 달도 없는 컴컴한 밤에 아버 바크르Abu-Bekr 제자 한 사람만을 데리고 고향 맥카를 뒤로 하고 메디나로 줄행랑을 쳤는가 하면, 예수는 동족들의 아우성으로 십자가에 못이 박혔다.

우리가 일제 36년 동안 일본인들의 핍박을 받았으나 그보다는 그 기간에 서로 살아남기 위하여 동족 간의 핍박이 더욱 심했다. 회교사를 보면 소위 가톨릭의 교황 같은 칼리프들의 죽고 죽이기가 계속되었고, 병자호란이 끝나고 척화의 중신들이 청태종 앞으로 끌려갈 때 그들을 호송한 조선 병사와 관원들의 핍박이 심했고, 오히려 청태종은 그들을 칙사처럼 대접해 주었다니 어떻게 추한 인간성을 설명해야 하는 것일까? 그렇다면 태종에게 목숨을 구걸하지 않고 당당하게 죽음을 불사하고 꾸짖었던 그 충절은 또 무엇으로 설명이 가능한 것일까?

조선 반도가 외세에 짓밟히고 한 세대가 지나는 동안 전세계는 사회주의혁명이 진행되고 있었다. 자본주의 파도에 절대다수의 인민들이 난파되는 시대가 도래되고 있었다. 사회주의 혁명은 소위 그 시대의 진리요 정의였다. 그리하여 모든 양심 있는 지성은 모두 다 공산주의자가 되었다. 사르트르의 말처럼 젊은 놈이 사회주의자가 아니면 바보였다. 그러나 역시 그의 말처럼 나이가 들어서도 사회주이자이면 그 또한 바보였다. 그러나 사회주의는 그 시대에 아직 나이가 들지 않았다.

맑스가 엥겔스의 집에 은닉하여 자본론을 집필하고 있을 당시 영국의 노동자들은 새로운 시대의 노예였다. 맑스는 엥겔스의 젊은 마누라가 공장에서 여공으로 벌어온 돈으로 먹여준 밥을 먹고 공산주의를 구상하고 다듬고 공산당 선언문을 작성하고 있었다. 정비되지 않은 런던의 하수구에서는 쥐새끼들이 썩어가고 악취를 풍겼으며, 공장의 노동자 숙소는 1960년대 청계천 피복공장 노동자들처럼 좁은 골방에 쑤셔넣어졌다.

그들은 자동으로 작동하는 방적기 앞에서 또 하나의 자동기계로 공급되었으며 미국의 자동차 왕 포드는 콘베어시스템을 설치해놓고 인류에 새로운 지평을 연 혁명이라고 떠벌려 대던 시절이었다. 그 혁명은 새로운 자본주의의 혁명이며 물신주의 혁명이고, 인간 노예화의 복고 혁명이었다. 그리하여 노동자들은 생산 공장의 부품이 되고 기계가 되고 노예가 되었다.

그러나 그 실상을 인간들이 제대로 파악하기까지는 100년이라는 세월이 흘렀다. 산업혁명 이래 그 백 년의 역사는 소위 부르주아가 프롤레타리아를 착취한 역사였다.

드디어 맑스가 등장하고 조선 반도에도 일제의 통치를 받고 있었지만 맑스와 같은 이상주의자들이 등장했다. 그러나 그들은 공산주의나 민주주주의 보다는 독립이 먼저였다. 그러므로 그들은 피아가 없이 손잡고 대일투쟁을 했다. 그러나 불현 새날이 왔다. 미처 생각하지 못했던 독립이 된 것이다. 반도는 밥상을 앞에 놓고 걷잡을 수 없는 이념의 혼란 속에 빠져들었다. 반도의 지성인들은 순수한 이상주의자들과 탐욕한 보수의 자유주의자들로 나뉘었다.

사회주의자들의 이상은 신념이 되고 종교가 되었다. 자유주의자들은 신념이 아니라 그들의 목표는 아욕我慾의 성취에 있었다. 아직 사회주의는 실험되지 않았기 때문이다. 오늘날 사회주의를 주창하는 자가 있다면 일찍이 사르트르의 말처럼 그는 바보다. 그러나 그 시대는 아직 실험 전이었다. 그러므로 사회주의를 반대한 자들은 인류의 이상보다는 자기들의 영달에 더 목적이 있었다는 결론에 도달하게 되는 것이다.

사회주의를 지상의 목표로 내 건 자들은 목숨을 내걸었고 자유주의자들은(엄밀히 말하면 자유주의자들이 아니라 보수주의자들이라 해야 마땅할 터임) 자기들의 영달을 위해 목숨을 걸었다. 그리하여 가족이 나뉘어지고, 마을과 마을이 남과 북이 세상을 따라 나뉘어졌다. 이미 세계는 둘로 나뉘어 있었기 때문이다. 다만 자유 진영이 사회주의 미래를 짐작하지 못하고 있을 뿐이었다.

전쟁이 끝나자 세계는 자유 진영과 사회주의 진영의 둘로 완전히 나누어졌다. 아직 우리는 스스로 2분되지 않은 상태에서 독립의 떡이 만나처럼 떨어졌다. 피 튀기는 싸움이 시작되었다. 바로 그 싸움이 6·25다. 그러나 사회주의자든 자유주의자든 이상은 사라지고 결국은 자기들의 잘 먹고 잘 살기의 싸움이었다. 반세기가 지난 오늘날 그 결론은 이미 명백해졌다. 물론 이미 오래전에 결론이 나고 싸움의 성격은 명백해졌다.

북한의 공산주의자들이나 남한의 자유주의자들이 인민이나 국민을 위해서 싸웠다고 생각한다면 그들도 바보다. 북한의 김정일과 김정은으로 이어진 정부가 인민을 위한 정부라고 생각하는 자가 있다면 그건 정말로 바보다. 정치인이 인민을 위한다고 생각하는 백성이 있다면 그 또한 분명한 바보다.

어차피 인간은 바보다. 바보 인간들이기 때문에 싸운다. 죽기 아니면 살기로 눈에 핏발을 세워 한바탕 이성을 잃고 싸운 전쟁이 6·25다. 그 와중에 진실과 거짓이 구별될 수 없었고, 증오가 증오로 폭발하던 시대여서 정의를 생각할 겨를도 없었던 시대였다. 민중은 이미 이성이 증발한 따발총이었고 휩쓸리는 파도에 불과했다. 그리하여 우리는 코소보보다 먼저 코소보가 되었고 폴 포트의 비극을 먼저 경험했다. 6·25는 한국의 코소보였다.

지금도 북한은 원자폭탄을 만들고 미사일을 만들어 놓고 서울을 불바다로 만들겠다며 위협하고 있다. 그것이 인민을 위한 것이라면 남한을 죽이기 전에 헐벗고 굶주리는 북한 동포들부터 살려 내야 한다. 그러나 그들은 그보다는 자신들의 현상유지에만 관심이 있을 뿐 결코 인민에는 관심이 없다. 그러나 언제나 그들은 인민을 부르짖는다. 인간들의 사악을 가장 명확하게 보여주는 진실이 지금 우리들의 북녘에서 진행되고 있다.

북한에서는 경비원이 동료 인육을 먹고 양고기로 속여 팔아 적발되기도 하고(2011. 6. 20), 자식의 인육을 먹는 일까지 발생하고 있다는 보도가 나오고 있다.(주간조선 2151호) 성경이 말하고 맹자가 말했던 인간들이 서로 잡아 먹는將相食人 시대가 도래되었다.

21세기 인류 최고의 야만이 북한에서 진행되고 있다. 굳이 과거를 통해 인간을 조명할 필요가 없어졌다. 북한의 실상과 그들의 집권자들을 보면 그들을 뛰어넘어 인간들을 알게 된다. 더 이상 이념문제로 우리가 겪었던 참상을 들출 필요가 없어졌다. 허탈한 심정으로 본편을 접기로 한다.

18
악마들의 광란
5·18의 광주

1979년 10월 26일 중앙정보부장 김재규는 박정희와 차지철을 살해했다. 한 인간으로 그들의 죽음에 연민이 없지 않지만, 독재에 시달려온 국민들은 환호했다.

그러나 1980년으로 접어들며 '서울의 봄'을 기대했던 정국은 급속히 냉각되고, 급기야 전두환 등 신군부의 주역들은 하극상을 단행하여 정권을 장악하고 소란스러운 민심을 억누르기 위해 1980년 5월 17일 비상계엄을 선포했다. 일체의 정치활동이 금지되고, 전국의 주요 대학에 공수부대를 투입시켰다.

1980년 5월 18일 새벽, 닭 울음소리와 함께 공수부대는 전남대와 조선대를 접수했다. 당시의 상황을 『거기 너 있었는가?』에서 이상호는 이렇게 묘사했다.

"5월 18일 아침, 완전무장한 채 대검까지 착검한 공수부대원들은 전남대 정문에 배치되어 등교하는 학생들을 무조건 곤봉으로 후려치기 시작했다. 또한 광주 시내 주요 지점에 배치된 계엄군들은 학생이라고 생각하면 점원이든, 단순 노동자든 신분을 묻지 않고 일단 적으로 간주하여 개 패듯 작살을 냈다. 계엄군들은 마치 피에 굶주린 '이민족'의 침략자와도 같았다. 공수부대의 만행으로 남도의 평화로운 도시 광주는 '피의 강, 울음의 바다'로 바뀌고 있었다. 그러나 광주의 비극은 계엄사의 철저한 통제로 전국 어디에도 제대로 알려지지 않고 있었다. 조그마한 나라 한 쪽에서는 미증유의 살인극이 벌어지고 있는데도 신군부에 재갈이 물린 제도언론은 희희낙락 연속극이나 오락 프로만을 방영했다. 이른바 땡전 뉴스는 비상계엄 확대의 불가피성만을 앵무새처럼 되풀이 했다."1

언제는 언론이 언론다운 적이 있었는가? 정작 필요할 때는 그들이 먼저 움츠려들고 앞장서서 굽실대며 시세에 영합하여 자기들 배불리고 살기에만 급급하지 않았던가? "이제는 앞으로 나오실 때가 되었다"며 신군부의 괴뢰들을 세상에 끌어낸 자들이 언론 아니었던가? 바로 그 몰염치한 말을 멘트했던 그 아나운서가 그후 모 방송사의 사장이 되고 정계에 진출했다.

광주 사건의 청문회에 끌려나온 언론의 총수들은 그때 누구 하나 진실을 말했던가? 그저 언론들은 권력자들의 칼날이 들어올려지기 직전까지만 까불어댈 뿐, 막상 칼이 치켜올려지면 언제 그랬느냐는 듯 오히려 미소작전을 펴고 한 수 더 떠 그들에게 협력했다. 그래서 언론을 누군가는 벌레 같은 것들이라고 말했을 것이다.

허구한 날 읊어온 얘기이니 진부한 언론은 재언할 필요마저 이제는 없고 광주의 만행을 살펴보도록 하자.

우리는 이미 야만의 많은 역사를 들추어 봤다. 그러한 야만들은 야만의 주체에게 이익이 돌아왔다. 권력을 위한 것이면 권력을 얻고, 원한이면 복수를 했고, 돈이면 돈을 얻었다. 전쟁에서 성적 야만인 강제적

추행은 병사들에게 성적 만족을 얻게 했다. 누군가 야만적이면 그 야만의 대가가 있기 마련이다. 무작위적인 범행도 그 자체가 범인에게 만족을 준다.

그러나 광주 사건은 배후의 조정자들에게는 권력을 안겨 주었지만, 그 만행을 실천한 병사들에게는 대가가 없었다. 오히려 문명사회에서 그 만행을 실행한 사람들인 병사들은 고백마저 할 수 없는 영원한 양심의 상처만을 입었을 뿐이다. 그러한 의미에서 광주 사건은 대가 없는 만행이라는 특성을 갖는다.

그렇다면 모든 전쟁이나 유대인의 말살 또한 같은 맥락이지 않느냐는 반론이 있을 수 있다. 그러나 분명 그렇지 않다. 전쟁은 내가 주체다. 적을 죽이지 않으면 내가 죽는다. 내 처자식이 죽고 나라가 망하고 노예가 되거나 영토를 잃는다. 그러한 것들은 국가의 문제요 동시에 나의 문제로 내가 주체이다. 나치 문제도 그렇다. 그들 전범들은 나치의 정책과 명령에 따랐을 뿐이라고 변명했지만, 그들 모두가 반나치주의 물결에 휩싸여 있었다. 그러므로 그 역시 그들이 주체였다. 그들은 모두 다 나치에 동조자들이었다. 역시 만행의 주체로서 정신적 신념의 승리를 의미했다. 그러나 분명 광주 사건의 만행자들인 병사들은 아무런 대가를 받지 못했다. 그런 의미에서 그들 역시 신군부에 의한 희생자들이었다. 만행이 강요된 희생자들일 뿐이었다. 광주 사건은 절박성도 없고, 반대급부도 없고, 전쟁과 같은 피아의 구분도 없는 상태에서 전개된 독특한 특성을 갖는 만행이었다.

대부분의 만행은 이민족 간이거나 전쟁의 피아관계에서 발생했다. 세르비아의 만행도 애매함이 없지 않으나 분명 기독교와 무슬림의 종교관계가 있었고, 나치의 만행도 이민족 간의 관계였으며, 아프리카의 잦은 만행도 서로 다른 부족 간의 관계에서 발생했다. 그리고 곧 만행자의 행위는 자기의 이익과 결부되었다. 그러나 광주의 만행은 그런 관계가 아니라 동족 간에, 더구나 무기를 갖은 자들과 그렇지 못한 자들과의 피아가 성립되지 않고, 어떠한 악의도 성립할 수 없는 병사들이 명령이었단 구실로 무차별적인 학살을 자행했으니 어떻게 보면 이해가 가지 않은 우행적愚行的 야만이었다.

오직 이익이 있었다면 신군부의 권력자들에게만 이익이 발생하는 사건에 마치 자기들이 그 세력의 특혜라도 받는 무리인 양 착란에 빠져 잔혹한 만행을 저질렀으니 그것이 바로 언제나 두려워했던 인간들의 야수성이었던 것이다.

아무런 이유도, 반사 이익도 없는 피의 제전에서 열사요 의병처럼 착각에 빠져 광폭해질 수 있는 인간의 비합리성과 비이성적이 내재된 야성이 노출될 수 있다는 인간의 약점이, 아니 결함이 노출되어 나왔던 사건이 바로 광주의 만행이었다.

물론 신군부는 시위자들이 빨갱이의 사주를 받는 폭도로 홍보함으로써 동원된 병사들은 정말로 그들이 폭동을 일으켜서 세상을 뒤엎을 것으로 생각했는지도 모를 일이다. 그러나 조그만 상식이나 이성만 있어도 그들이 폭도도 빨갱이도 될 수 없다는 사실을 너무나도 쉽게 알 수 있었음에도 불구하고, 그들은 동족을 적으로 간주하고 무차별적으로 살해해버렸다.

최초의 희생자는 24세의 젊은 벙어리 청년이었다. 그는 처남을 전송하고 돌아오던 길에서 공수부대원들과 부딪혔다. 그들은 무조건 몽둥이로 후려치고 군홧발로 짓이겼다. 말을 못하기 때문에 변명도 항변도 할 수 없었다. 장애인 신분증을 내보였으나 막무가내로 두들겨팼다. 그의 손에는 무기도 들려있지 않았고 대모대열도 없는 길을 걸어 집으로 가던 중이었다. 그렇게 해서 그는 맞아 죽었고, 그후 검찰과 군 당국이 합동으로 밝힌 검시서는 이렇게 적혀 있었다.

"후두부 찰과상 및 열상, 좌안상, 검부열사, 우측상지 전박부 타박상,

좌견갑부 관절부 타박상, 진경골부. 둔부 및 대퇴부 타박상" 어렵고 유식하게 쓰여져 있지만 쉽게 말하면, 뒤통수가 깨지고, 찢어지고, 어깨, 다리, 엉덩이, 허벅지 등이 성한 곳이 없었다는 얘기며 눈알이 깨졌다는 얘기인 것이니, 그들은 사람을 잡은 듯, 아니 짐승도 그렇게 잡지 않는다. 한 마디로 때리고 짓이기고 부셔서 사람을 죽였다.

그의 어머니가 상무대 영안실에서 그를 찾아내었을 때 군인들은 그렇게 죽은 자들을 호수로 물을 뿌려 긴 손잡이가 달린 거친 수세미로 피투성이를 씻어내고 있었다. 차마 피투성이 그대로 유족들에게 보일 수는 없었던 것이다. 그러나 그들은 사람을 씻는 것이 아니라 사냥한 짐승을 씻고 있었다. 짐승도 수세미로 씻지 않는다. 이미 인간이 아니라 지옥의 악마들이 인간 사육제를 즐기고 있었던 것이다.

19세의 재수생은 시위 군중에 휩쓸렸다가 공수부대원들에 잡혀 곤봉으로 머리를 맞아 머리가 깨지고 대검으로 배를 찔려 죽여서 버려졌다.

50세의 한 농부는 아들 하숙비 주려고 광주에 왔다 공수부대원들에게 그 역시 맞아 죽었다. 관 속에 시신은 알아볼 수 없을 정도로 손상되어 있었다. 시위대도 아닌 나이까지 든 촌부를 그들은 사자처럼 달려들어 물고 찢어죽였다. 악마의 귀신들에 홀린 또 다른 악마들의 행진이었다.

5월 18일부터 시작된 병사들의 만행은 21일에 이르자 시민들을 향한 무차별 난사로 변했다. 시민들은 불가항력으로 경찰서와 파출소의 무기를 탈취해 무장에 들어갔다. 한두 사람이 죽는 게 아니라 광주 시민 모두가 죽는다는 절박한 상황인식이 모두의 공감이 되고 말았다.

무기고를 지키던 한 방위병은 무기고를 급습한 젊은이들과 함께 사라졌다. 그의 죽음이 발견되었을 때 머리뼈가 네 조각이 나고, 귀가 잘려 없어지고, 두 눈알도 없었으며, 허리뼈도 몇 개 남아 있지 않았고,

복부 다리 아래 부분은 아예 없었다.

그들은 머리를 박살내고, 눈알을 빼고, 귀를 잘라 던져버리고, 몸을 토막내어 분해해버렸으니 악마들이 아니고서야 어찌 가능한 일인가?

자전거를 타고 가던 어린애도 두들겨 깨죽였다. 검찰의 사인은 두부, 배, 흉부, 전흉부, 우완상부, 타박상으로 밝혀졌으니, 머리가 깨져 뇌를 다치고 가슴은 물론 전신구타로 죽었다는 검시서인 것이다.

병사들은 악마들의 병사가 되어 그렇게 죽인 자들을 아무 데나 구덩이를 파고 암매장해버리기도 하고, 병원이나 상무대 등에 살처분된 개나 돼지처럼 긁어모아 시민들의 눈에 보이지 않게 겹겹으로 쌓아놓았다.

66세의 백발이 성성한 노인이 밖에 나갔다 병사들에게 잡혀 맞아 죽었다. 유족들이 그를 도청 안에서 46구의 시체와 함께 찾아냈을 때는 얼굴이 반쪽이나 없어진 채였고, 어떤 시체들은 관 속에 아무렇게나 넣어져 부패해 구더기가 들끓고 있었다.

군인들은 5, 6층의 건물 옥상에서 시민들을 향해 무차별 총을 난사하거나 정확히 머리를 조준하여 사냥을 연습했다.

도망가는 시위대를 쫓아가 표적으로 삼은 자들은 가택수색까지 해가며 찾아내어 사살하거나 두들겨 패 죽였다.

총에 맞아 쓰러진 학생을 두 군인이 다리 하나씩을 잡고 죽은 짐승처럼 거꾸로 질질 끌고갔다. 죽었을 것 같은 학생의 머리가 포도에 닿아 털털거리는데 군인들은 전혀 개의치 않았다. 군인들은 사냥한 짐승을 끌고 갔을 뿐 결코 인간을 끌고 가지 않았다. 모여 있는 사람들이 소리쳤다. 뒤돌아 선 계엄군이 총을 갈겼다. 사람들이 총에 맞아 쓰러졌다.

죽지도 않은 젊은이들을 짐승처럼 끌고 갔다. 죽은 자들을 아무 곳에나 버리거나 암매장했다. 온 몸이 피투성이에 머리가 없거나, 머리에 대검을 찔러 구멍을 내어 죽인 시체들이 발견되었다.

지나가던 여인이 계엄군의 차에 깔려 시체가 두 동강 나고 창자가 흩어진 채 죽어 있었다. 경황이 없는 시민군의 차에도 사람들이 치여 죽었다.

어떤 사람은 방에 가만히 앉아있다 벽을 뚫고 날아온 총알에 맞아 죽고, 누구는 고향으로 가다 버스 안에서 죽고, 누구는 숙직하다 맞아 죽어 별별의 사람들이 남녀노소를 불문하고 별별곳곳에서 이유도 없이 죽어갔다.

그들은 사람을 구별하지 않았다. 기분 내키는 대로 죽여도 되는 권리가 있었다. 완전한 악마들의 광란이었다. 그리고 시민들은 폭도요, 불순분자요, 빨갱이들이었다. 그리고 김대중이가 빨갱이였다.

군인들은 광주 외곽으로 나가는 차들과 외곽에서 광주로 들어오는 차들에 무차별 난사를 하고, 운전수가 맞아 죽어 서거나 전복된 차들에 집중사격을 가하고, 마지막에는 다시 차를 뒤져 확인 사살을 했다.

멱을 감던 중학생 어린 아이도 쏘아죽이고, 심부름 가던 여중생도 쏘아죽였다. 그들이 도청에서 퇴각할 때는 부상자들이 치료를 받고 있는 병원까지 난입하여 불을 끄고 총을 난사하고 갔다.

5·18 기념재단에서 발행한 "그해 5월 나는 살고 싶었다."[2]에는 5월 18일부터 27일까지 151명에 이르는 갖가지 죽음이 처참하게 기록되어있다.

그들의 시신은 개별 또는 집단적으로 암매장되거나 아무 곳에나 버려졌고, 일부는 망월동 공동묘지에 번호를 달아 매장했거나 몇 군데의 병원에 합판으로 만든 엉성한 관에 넣어 방치되어 있었다.

피투성이의 시신을 긴 자루가 달린 수세미로 문지르고 있는 풍경을 상상해보라. 그것은 염라대왕의 도살장이거나 악마들의 카니발이 아니고 무엇이겠는가?

뿐만 아니라 신군부는 그후에 그들의 유족들에게 "묘지를 이장하라.

그러면 보상금을 준다. 5·18로 죽었다고 발설하지 말라."라며 시도 때도 없는 협박과 공갈은 물론, 주요 실세들이 광주에 올 때면 그 유족들을 연행해서 깊은 산 속이거나 멀고 낯선 곳에 데려다 버려지기도 하고, 감금되거나 감시했으며, 때로는 부녀자들까지 여관방에 감금하고 몇 사람의 형사들이 밤샘을 같이 하는 일도 다반사였다.

더욱이 신군부는 그렇게 죽은 자들을 빨갱이나 폭도로 홍보함으로써 민심을 이간시켜 유족들은 같은 시민으로부터도 백안시되고 멸시되는 수모를 겪었을 뿐만 아니라, 그 유족들이 감내해야 했던 비극은 눈물과 분통 없이는 들을 수 없는 상황이었다.

같은 동족인 젊은 병사들을 어떻게 교육하고 사주했기에 그들은 악마가 되어 인간 사냥을 할 수 있었을까? 그리고 지금은 누구도 그 진실을 말하지 않는다. 그 흔한 양심고백 하나 하는 사람이 없다. 그렇다 누가 과연 "내가 악마였다"고 고백할 사람이 있겠는가? 한순간에 악마로 변해 만행을 자행했던 많은 젊은이들의 가슴에 스스로 저주의 절규를 심는 만행을 신군부는 저질렀다. 그리하여 가해자와 피해자 모두가 씻을 수 없는 한과 저주와 상처를 남긴 채 피의 제전에 핏자국은 씻겨지고 그 피 위에 부귀와 권세를 누린 몰염치한 자들은 지금도 건재하고 있다.

그날 죽은 자들은 대부분 아직도 이성이 자리매김하지 못한 젊은이들이거나 아이들이었고, 아무런 이유도 없이 민주나 혁명이나 저항이거나 간에 영문도 모른 채 죽어간 사람들이 많았다.

그날 함성과 절규와 분노의 광장에 지성인은 없었다. 의협심에 불타는 젊은이들이 대부분이었고, 그들은 많이 배우거나, 대학생이거나, 사회적 활동을 하고 있던 지성인들이기보다는 오히려 굳이 말하고 싶지 않지만 하층 부류의 젊은이들이 많았다.

그날 피의 제전에 목을 걸고 참여한 사람들은 약삭빠르게 지하나, 콩

크리트 철벽 속으로 숨어든 지성이나 양식 있는 자들이 아니라 의협심에 불타는 하층 계열의 젊은이들이 압도적으로 많았다. 따라서 유가족들의 상황 또한 대부분이 하층 계열의 범주를 벗어나지 못했다. 그러나 그 피의 대가는 누가 받았는가? 그 유족들은 오히려 폭도의 아버지와 형제자매가 되었고, 신군부의 핍박 속에 한 맺힌 세월을 보냈다. 광주의 피밭 위에서 득을 본 자들은 지성인들이라는 자들이고 정치인들이었다. 그들이 누구인가? 굳이 말할 필요도 없이 다 아는 자들이다. 그래서 휴정은 권세 있는 자들을 벌레라 칭했던 것이다.

우리나라에서 5·18이 일어난 지 10년이 지나 1992년 보스니아에서 피의 난동이 벌어졌다. 외부에서 들어온 침입자들이 아니라 같은 족속들이 종교가 다르다고 하루아침에 너와 나로 나뉘어 살육의 축제를 벌였다. 최근 신문에 그 카니발의 주역이었던 카리지치를 미국이 보호했다고 대서특필하고 있으니 미국을 전범 재판에 기소해야 하는데 과연 누가 권총을 차고가 미국을 잡아올 것인가?

필자의 주위에도 광주민주화운동의 진압에 동원된 지인 공수부대원이 있다. 그는 한 번도 광주 얘기를 꺼낸 적이 없다. 누가 물어도 그는 묵묵부답이거나 모른다는 대답만을 할 뿐이다. 철저한 교육 탓인지, 아니면 악마의 주인공이었던 자책감인지 알 길이 없지만, 분명한 것은 신군부라 불리던 당시의 주인공들이 법에 의해 심판되고 감옥에 갇혔다. 그러나 김대중 정부는 석방의 변에 미사여구를 붙여 풀어주었다.

필자는 오래전부터 대통령의 사면권에 제한을 둘 것을 제안했었다. 그러나 입법을 담당한 자들이나 권력을 잡은 자들은 그것이 곧 자신들의 권리이기 때문에 아무리 언론과 국민들이 떠들어 대도 묵묵부답이나 요지부동의 자세를 취하고 있는 것이 현실이다. 그래서 국민이 보는 앞에서는 서로 멱살을 잡고 여야로 나뉘거나 보혁保革으로 나뉘어 싸우지만 돌아서면 악수를 하고 같이 술을 마시거나 이권이 있으면 권리를 나누고 이익이 있으면 희희낙락하며 나누어 갖는다. 그래서 노태우는 김대중에게 하사금을 주었던 것이다. 그리고 사면을 받는 자들은 대부분이 정치인들이거나 그들과 가장 관계가 깊은 재벌들이다. 그들과 관계가 없는 간단한 생계범이나 잡범 같은 것들은 자신들의 이익에 부합점이 없으므로 죽거나 말거나 관심을 갖지 않는다. 다만 그들의 숫자는 구색을 갖추기 위해 적절한 배정이 있을 뿐이다.

언제나 권력은 정의를 위해 사용된 것이 아니라 권력을 갖은 자들의 이익만을 위해서 사용되었다. 그러므로 세상은 항상 정의를 부르짖지만 정의는 언제나 명분일 뿐이며 그 명분마저도 항상 자신들의 이익을 위해 분장되었다. 그러므로 정의는 인간들의 간절한 당위적 요구일 뿐 결코 현실로 살아나지 않는 허구일 뿐이다.

그러므로 식민통치 시절 잔혹하게 동족을 핍박하거나 애국지사들을 고문했던 친일의 선두 주자들이 제일 먼저 약삭빠르게 화려하게 변신하여 고관대작의 자리를 차고앉았다. 명분은 그들이 아니면 경험자가 없어 나라라는 조직이 굴러가지 않는다는 것이었다. 그리하여 일본군에 종사하며 침략적 대동아전쟁의 주역이 되었던 친일 군 세력이, 그리고 고문의 명수들인 일본 순사의 앞잡이들이, 애국지사들에게 사형이나 강도 높은 가혹한 판결을 서슴없이 내리던 자들이, 친일 어용학자들이 하물며 시골의 면장이나 통반장까지 다 차고앉아서 국토를 나누고, 이권을 나누고, 민족을 나누어 가졌다. 그리하여 정의 같은 것은 역사에서 사라져 버렸다.

지금은 전세계가 미국의 사악한 돈놀이꾼들의 엉터리 금융시스템에 빠져 허우적거리고 있는데 텔레비전은 한 달치 이자가 공 것이라며 법석을 떠는 세상까지 되었다. 돈을 빌려 가라고 아우성치는 사회, 이것이 정상 사회라면 세상은 이미 망했다. 아니 망해야 한다. 정부는 외환이 많이 있으니 걱정 말라고 아무리 타일러도 돈 가진 자들은 외환 사모으기에 혈안이 되어 달러는 급격하게 천정부지로 오르고 주가는 연일 폭락을 계속하고 있다. 얼마나 몰염치하고 사악한 세상인가? 공자가 그 옛날 옛날에 입이 달토록 가르쳤던 견리사의見利思義 라는 말은 개들이나 물고 다니는 아무짝에도 쓸모 없는 뼈다귀 같은 것들이 되고, 이제는 말하지 않아도 견리선취見利先取의 몰염치한 사회가 되었다.

정의가 죽었기 때문이다. 그렇지 않아도 죄송스러운 말이지만, 악발이들이라고 소문이 난 공수부대원들을 비몽사몽으로 만들어 동생 같은 아이들을 죽여 거꾸로 질질 끌고 다니게 한 자들이 한세상을 호령하고, 27만 원밖에 없다더니 수년을 떼지어 몰려다니며 골프나 치게 하는 세상을 만들어 놓았기 때문이다. 죽어야 할 자들이 살고 살아야 할 자들이 죽었기 때문이다.

대재벌이란 자들 중에 워렌버핏이나 빌게이츠 같은 인물 하나 나오지 않고 오히려 더 긁어모으느라 혈안이 되어 줄줄이 쇠고랑을 차고도 일말의 반성은커녕 억울하다는 표정들이고, 대법원장이 나와 과거의 잘못된 재판에 죄송하다며 사과를 하는 허탈한 세상이 되었으니, 그래서 명문 법대를 나오고 고시를 준비했던 엘리트 계층의 낙오자가 억울하다며 판사를 죽이려 드는 세상이 된 것이다. 제발 검찰총장이 나와 과거에 억울한 백성을 잘 못 잡아들여 죄송하다는 사과는 없기를 바란다.

정의를 죽인 자들이 세상을 지배하는 사회가 되었기 때문이다. 정의를 살리려는 자들을 모두 다 죽여버렸기 때문이다. 정의를 위해 총칼을 들었던 자들이 정의를 죽인 자들에 합류하도록 세상이 그들을 오도했기 때문이다. 멀쩡한 두 눈을 가진 자들이 애꾸눈 사회에 끼어들기 위해 한 눈을 뽑아버렸기 때문이다. 그리하여 인간들의 평형감각이 상실되고 무개의 중심이 없어져버렸기 때문에 온 세상이 비틀거리게 되었다.

범법자들이 사면을 받고 나와 국회의원이 되는 세상이 제대로 된 세상인가? 수요가 없는 시골에 공항을 만들고, 도의 지역적 중심이 아닌 변방에 도청을 옮겨 놓고도 파렴치하게 고개를 들고 활보하는 자들이 피땀 흘린 국민의 세금을 쓸 자격이 있는가? 5·18의 원흉들을 사면할 자격이 있는가?

정의의 피는 씻겨지고 악마들이 활보하는 세상이 되었다. 집집마다 문전에 소금을 뿌리고 마을을 내걸어야 하는 세상이 되었다. 아니다 남명의 말처럼 내장을 꺼내어 씻어 다시 넣어야 한다. 내장만이 아니라 뇌까지 다 뽑아서 다시 넣어야 한다. 그래야 5·18의 영령들이 편히 잠들 수 있으리라.

주

1 이상호, 도서출판 열린숲, 『거기 너 있었는가?』, 2007.
2 5·18민족유공자유족회 엮음, 5·18기념재단 발행, 『그해 5월 나는 살고 싶었다』, 본장은 위의 1및 본서를 많이 참조하였음.

19
야만의 절정
유대의 신

　참으로 아이러니 한 일이다. 필자는 인간의 야만을 다스릴 대안으로 하나님, 곧 신을 생각했다. 성경의 구약과 신약에서 입이 닳고 침이 마르도록 가르친 의와 선과 사랑을 생각했기 때문이다. 오 리를 가자면 십 리를 가주고, 용서를 일곱 번씩 일흔 번이나 할 수 있다면 지상은 천국일 수 있다.

　타락한 죄악으로 넘쳐나는 인간 세상의 구원을 위해 40일 간이나 식음을 전패하고 산에 올라 기도로 내려 받은 십계명이나, 스스로의 죽음을 짊어지고 인간에게 제시한 예수의 복음은 구원의 마지막 희망이었다.

　만약 인류가 예수의 복음을 실천할 수 있다면 인간들은 천당을 바라지 않을 것이다. 곧 지상이 천국이기 때문이다. 천국을 살았던 인간들이 죽어서까지 천국을 원한다면 그것은 지상이 천국일 수 없을 때에나 가능한 일이다. 만약에 지상에서 천국을 살고 또다시 죽은 후에도 천국을 원한다면 인간의 욕망으로 하여 지상에 천국은 불가능하게 된다. 맞는 말이다. 지상에 천국이 가능하다면 사후의 천국은 언급할 필요가 없었을 것이다. 지상의 천국이 불가능하므로 사후의 천국이 등장한 것이다.

예수의 복음이 지상에서 실천될 수 있다면 분명 지상은 피와 사망이 들끓는 악의 용광로가 아니라 천국이 된다. 그러나 필자는 그러한 천국까지 바랄만한 소망을 갖지도 않고 기대하지도 않는다. 선과 사랑이 넘치는 천국이 아니라 저주와 증오와 질투와 시기가 없는 순수한 무악의 사회만을 기대할 뿐이다. 어차피 인간들은 예수의 말처럼 일곱 번씩 일흔 번이나 용서할 수 있는 능력을 갖지 못했기 때문이다. 인간은 불완전하기 때문이다. 완전한 존재만이 완전한 존재를 유지할 수 있다. 그러므로 맹자는 인간의 형색이 하나님의 성품인데 성인이 되어야만 유지할 수 있다고 했다(形色天性也 惟聖人然後 可以踐形). 이 세상에 누가 과연 성인이겠는가? 그러나 필자는 복잡한 현학으로 독자를 난해하게 할 필요를 느끼지 않는다. 따라서 구원의 문제를 뒤로 하고 성경에 나타난 하나님의 포악을 살펴보기로 하자.

필자가 구원을 찾기 위해 성경을 들었을 때 맨 먼저 나를 놀라게 한 것은 신의 가혹이었다. 신의 가혹은 인간들이 저지른 어떤 가혹도 그 변두리에도 놓일 수 없는 하잖은 것으로 만들어 버렸다. 신의 잔인과 포악은 망연자실 필자를 까무러치게 하는 천둥이고 번개였다.

신이 인간을 만들고 얼마의 세월이 흘렀는지 모른다. 어디에도 언급이 없기 때문이다. 뱀의 유혹으로 선악을 분별할 수 있는 선악과를 이브가 먹고 그녀가 준 선악과를 다시 아담이 먹음으로써 신의 저주를 받았다. 그 과일은 소위 인간에게 선과 악을 분별할 수 있는 지혜를 눈뜨게 하는 과일이었다. 그러나 선악의 지혜는 신만이 가져야 하는 신만의 특권이어야 했다. 그럼에도 불구하고 인간이 신의 영역을 침범함으로써 인간은 신에 대역한 것이다.

신의 사랑을 받던 인간이 한 순간에 그의 저주를 받는 존재로 전락해 버리고 말았다. 참으로 드라마틱한 순간이 선악과를 먹는 순간 펼쳐졌다. 그 순간 인간은 최초로 수치를 알게 되었고, 이브의 몸 속에 자궁이 생기고 아담의 몸 속에 정자가 꿈틀거리며 생성되기 시작했다. 그리하여 영원한 산고의 고통이 그들을 뒤따르고, 천지에 먹을 것으로 가득했던 이브의 정원은 황량한 황무지로 변해버렸다. 이브가 등을 타고 놀았던 사자는 무서운 맹수가 되었고 목에 걸치고 놀았던 뱀은 이브의 발꿈치를 쫓고 이브는 돌을 집어 그를 치는 영원한 쫓고 쫓기기가 시작되었다. 천국이 지옥이 되었다.

인간의, 우리들의 아버지가 아들과 딸이 미워서 에덴동산을 불태워 없애고 고통 없이 즐길 수 있었던 섹스의 향연에 출산의 대가를 지불하게 되었다. 만일 나의 아버지가 과일 하나 따 먹은 죄로 그토록 가혹한 벌을 내렸다면 칼을 빼어들었을 것이다. 아무리 부자간이라 하더라도 영원히 가공할 형벌을 어찌 고개 숙이고 얌전히 받을 수 있겠는가?

카인은 신이 제사를 제대로 받아주지 않았다며 질투와 시기로 동생을 바로 죽였다. 나의 아버지라면 인간이라도 형과 동생을 차별하지도 않았을 것이며 선악과도 이브의 손이 닿지 않는 절대 불가의 곳에 매달아 놓았을 것이다. 그리고 설혹 그걸 따 먹었다 하더라도 그토록 가혹한 징벌은 하지 않으셨을 것이다. 그래서 자식을 아버지는 불효한 놈으로 만들지도 않았을 것이요, 아들이 칼을 빼어들 이유도 없었을 것이다.

어떤 사람이 말했다. "아들에게 맞아 죽더라도 아들은 있어야 한다." 아들의 존재는 그토록 귀한 것이다. 네로의 어머니 아그리피나의 말처럼 "아들이 왕이 된다면 죽어도 좋다"할 만큼 아들은 그렇게 귀하고 좋은 것이다. 그런 아들과 그 후손들에게 신인 아버지는 인간의 지혜로는 생각할 수마저 없는 기상천외한 가공의 형벌을 내렸다. 유사 이래 인간들에겐 그러한 형벌이 없었다.

또다시 세월이 흘렀다. 저주받은 아담과 이브가 새끼를 낳았다. 카인과 아벨이었다. 이브의 배가 찢어지고 자궁이 찢어지는 고통 속에서 그들을 낳았다. 그것은 종의 보존이 아니라 섹스의 대가였을 뿐이다. 이미 인간은 신의 저주를 받았기 때문이다. 버림받은 것들에게 신성은 없다. 선도 없고 악도 거론할 여지가 없는 추방자들이었다.

신은 이유도 없이 아벨의 제사는 흠향하고 카인의 제사는 거들떠보지도 않았다. 누구라도 그가 카인이었다면 그 아비가 미웠을 것이다. 그러나 아비는 무서운 존재로 대항할 수가 없었다. 질투의 대상인 아벨을 죽여버렸다.

창세기를 쓴 모세는 천재였다. 천재 모세는 인간의 본성을 제대로 파악했다. 인간의 천부적 악성을 그는 카인을 통해 밝혀 준 것이다. 그래서 성경을 드라마틱한 픽션으로 평가하는 사람들이 생겨났다.

카인은 신으로부터 저주를 받았다. 카인은 신에게 대들었다. 그러나 소용없었다. 사람들이 그를 죽이리라는 공포에 사로잡힌 카인은 천지를 유랑했다. 그러나 신은 그의 목숨만은 유지하도록 해주었다. 그는 자손을 낳고 살다 죽었다. 모세는 카인에 대하여 기록하지 않았다. 다만 그에게 두 아들이 있어 하나는 하프와 풀룻을 부는 자들의 조상이 되고 한 자손은 대장장이의 조상이 되었다. 그 시대에 그러한 직업은 고급의 직종이 아닌 하급의 직종이었다. 모세는 미운 카인의 후예들에게까지 저주를 내린 샘이다.

이브로 하여금 다시 임신을 하게 해서 아벨 대신 '셋'이란 이름의 아들을 주어 선한 종자가 세상에 번성하기를 바랐다. 그리하여 셋의 자손들이 대대로 손을 이어 번성하였다.

그러나 또다시 지상에 이변이 일어났다. 신의 아들들이 인간 세상의 처녀들에 반하여 그녀들을 그들의 아내로 삼고 아들들을 낳았으니 그것은 낙타와 인간의 교접보다 더 큰 사건이었다. 신은 일말의 고뇌도 없이 그들을 없애버릴 계획을 했다. 신은 독백을 늘어놓았다. "내가 창조한 인간을 지상에서 빗자루로 쓸듯 쓸어버리고 지상의 움직이는 모든 동물과 하늘을 나는 새들까지 다 없애버리리니 내가 그들을 창조한 것이 잘못이었더라."

드디어 지구 역사상 가장 잔인한 사건이 신에 의하여 선언되었다. "내가 홍수를 땅에 일으켜 무릇 생명의 기운이 있는 하늘 아래 모든 창조물들을 멸망시키리라." 하더니 어느 날부터인가 40주야를 비를 내려 자기의 모든 피조물들을 지상에서 싹 쓰러버리는 가공할 포악함을 보였다. 논리적 모순은 없다. 창조자가 그 피조물을 부셔버리는 것은 그의 자유다. 그러나 그것이 자기의 형상을 닮은 존재요, 그가 아버지라면 문제는 달라진다. 자식에게 죽임을 당할망정 아들을 귀하게 여기고 아들을 위해서라면 죽어도 좋다는 아그리피나의 말처럼 부모를 죽인 아들은 있어도 자식을 죽인 아버지는 없다. 물론 없지야 않았지만 찾기가 어려울 정도다. 더욱이 모든 아들들을 다 죽인 아비는 없다. 미치지 않고서 그런 포악을 보인 아비는 없다.

물론 신은 노아의 가족 7명을 살리고 모든 존재하는 것들의 씨만은 남겨두었다. 그러나 신처럼 가혹한 행위를 한 인간은 지상에 지금까지 없었다. 인류는 신에 비하면 선한 존재였다.

인간은 아들을 죽이지 못한다. 다윗의 아들 압살롬이 왕권에 도전했다. 아버지의 승낙도 없이 자칭 왕이 되었다. 백성들이 둘로 나뉘어졌다. 전쟁이 일어났다. 다윗은 휘하 장군들에게 아들을 죽이지 말라고 당부했다. 그러나 죽이고 말았다. 그 소식을 들은 다윗의 반응을 성경은 이렇게 기록해 놓고 있다. "왕의 마음이 심히 아파 문 위층으로 올라가서 우니라. 그가 올라갈 때에 말하기를 내 아들 압살롬아, 내 아들 압살롬아, 차라리 내가 너를 대신하여 죽었더면, 압살롬 내 아들아 하였더라."

물론 아들을 죽이려한 자도 많다. 한 예만 보더라도 이조의 태조 이성계는 함흥으로부터 돌아와 환영장에 들어서는 순간 아들 왕에게 활을 당기고 철퇴를 휘둘렀다. 아들 또한 아비의 의중을 미리 짐작하고 환영장의 가건물 기둥을 필요 이상으로 크게 하여 그 뒤로 몸을 피해 살아났다니 그 아들에 그 아비였다 할 것이다.

노아 시대 모든 존재하는 것들의 죽음, 인류는 물론 모든 존재하는 것들에 역사상 최대의 재앙이었다. 그것은 모든 존재했던 재앙이나 포악의 정점이었고 그 정점을 넘어서는 극한의 경지였다. 한계가 설정되지 않는 폭력의 극치였다.

세 번째의 폭력은 인간들의 언어를 혼란시켜버린 사건이었다.

잘 아는 바와 같이 인간들이 바벨탑의 건설에 착공했다. 인간들의 욕망은 하늘까지 올라가고 싶었다. 그러나 그 하늘 또한 인간의 영역이 아닌 신의 영역이었다. 신은 인간들을 자신들의 영토를 침략한 자들로 생각했다. 그리하여 그들 신들은 회합을 열고 인간들의 언어를 혼란시켜 의사소통이 되지 않도록 하고 천지 사방으로 인간들을 흩으려서 바벨탑의 공사를 못하도록 했다.

말이 그렇지 그 사건은 일순간에 인간들을 벙어리로 만들어버린 사건이었다. 만약에 지금 갑자기 인간들의 의사소통이 불가능하게 되었다고 상상해 보라. 그보다 더 큰 재앙이 또 어디에 있겠는가? 그래서 인간들은 그러한 사건들의 얘기를 그냥 픽션을 읽는 것처럼 별 생각이 없이 읽게 된다. 걸이나 주왕의 얘기를 읽거나 코소보의 참상을 읽을 때는 공감도 하고 놀라며 읽지만 성경을 읽을 때는 그렇지 않게 된다. 그 이유는 인간의 상상을 뛰어넘는 사건이기 때문이다. 그래서 공감이 일어나지 않는다. 그리하여 그 잔인한 사건들이 그냥 얘깃거리도 되지 않고 지나치며 읽게 된 것이다.

성경의 구약은 상상되지 않는 포악한 신의 행위로 점철되어 있다. 인간들이 벌린 어떠한 포악한 사건보다도 더 극적인 잔인함으로 점철되어 있다. 인간들이 벌린 포악의 잔치를 다 펼치고 아무리 훌륭한 언어의 요술사가 극적으로 표현한다 하더라도 성경의 묘사처럼 극적이고 가공할 표현은 절대 불가능하다. 성경에 펼쳐진 신들의 포악은 인간들의 상상을 초월하기 때문이다. 다시 말하면 인간의 행동은 상상의 범주 안에서만 가능하고 사건의 표현 또한 상상의 범위를 넘어설 수 없기 때문이다.

고모라와 소돔의 파괴를 보자. "유황과 불을 소돔과 고모라에 비 같이 내려 그곳의 성城들과 온 들과 성에 거주하는 모든 백성과 땅에 난 것을 다 엎어 멸하셨더라." 성경의 유황불을 연상하여 인간들은 화염방사기를 만들고 원자탄을 개발했다. 그러나 그 위력은 신의 불에는 어림없이 하찮은 것이며 또한 인간은 온 세상을 불로 쓰러버릴 생각을 해본 적이 없다. 기껏해야 다리우스왕처럼 모든 살아 있는 것들을 죽이고 소금을 뿌리고 가시나무를 심는 정도여서 불과 몇 년도 지나지 않아 대지는 살아나고 생명들은 모여들게 되어 있었다. 그 다리우스왕도 성경에 등장하여 하나님의 아들들과 싸웠지만 그가 기록해 놓은 그의 잔인에 비하면 당시 그와 대적한 하나님의 잔인함에는 결코 비롯거리가 되지 않는다.

그러나 신은 그런 멸절의 역사를 반복했다. "너희가 나를 청종하지 않으면 너희 아들의 살을 먹을 것이요 딸의 살을 먹을 것이며", "우뢰와 지진과 큰 소리와 회오리바람과 폭풍과 맹렬한 불꽃으로 그들을 정벌할 것인 즉……" 등과 같이 구약의 많은 장르는 가공스러운 포악과 잔인함으로 가득하다.

왜 신은 이토록 인간들이 상상할 수도 없는 극한의 공포를 인간 세상에 연출하게 되었을까? 인간들로서는 도저히 흉내낼 수 없는 공포와 잔인함으로 상상의 극한을 초월한 위협을 가했을까? 결론부터 말하면 인간들이 악했기 때문이다. 그러한 인간들을 다루기 위해서는 인간들보다 더 악하고 공포스러운 방법만이 인간을 굴복시킬 수 있기 때문이었다. 인간이 가진 무기보다 더 무서운 무기가 필요하고 인간보다 더 잔인함이 아니면 인간들이 신을 두려워하지 않을 것이기 때문이었다.

그러나 그러한 방법으로도 인간들을 굴복시킬 수 없었다. 신은 이미 세 번이나 그의 위력을 보여주었다. 에덴동산에서 추방시키고, 홍수로 멸하고, 언어의 혼란으로 인간들을 흩으려 버렸으나 인간들은 역시 악하고 의롭지 못하고 교만하고 다른 신과 돈과 명예와 부와 같은 우상을 숭배했다.

신의 징벌이 사실이었다면 인간은 신의 공포에서 잠시도 해방될 수 없다. 공포에서 해방되는 길을 오직 그의 명령을 따르고 그에게 복종하고 경배하는 방법밖에 없다. 그럼에도 불구하고 신을 거역했다. 왜 그랬을까? 시간이 흐르면서 과거를 잊어버렸기 때문이었을까?

모세 이전의 징벌에 대해서는 시간의 흐름과 함께 잊혀졌다고 생각하자. 그렇다면 모세가 애굽으로부터 그들을 끌고 나오던 40년 동안 신이 보여준 이적들은 과연 무엇인가? 인간들은 신의 이적이 시간의 길이로 인해 망각되지 않은 상태에서도 신의 이적을 무시하고 때만 되면 신의 명령으로부터 도망쳐 죄악을 범했다. 불과 40년 동안에도 끝없이 그런 행위를 반복했다. 필자가 신이었다면 아예 인간을 멸해버리고 영원한 고독을 즐겼을 것이다.

신은 인내를 갖고 위협하고 달래며 인간을 버리지 않았다. 자기를 믿고 자기의 명령을 실천하면 지상에서 낙원을 만들어주리라고 반복하여 약속했다. 그 명령이라는 것도 파라오의 명령에 의해 성을 쌓고 각종의 공사에 동원되어 자기의 행복과는 관계없이 강제의 노예노동 같은 것이 아니라 인류 공동체를 위한 공의의 선행과 악을 제어하는 인간을 위한 명령이었다. 성경은 율법을 하나님의 법이라고 말하고 있지만 그것은 인간 사회를 평화롭게 유지하기 위한 인간의 법이었다.

그럼에도 불구하고 그들은 상상하기도 싫고 기록하기도 부끄러운 야만으로 도덕과 윤리를 일탈했고 잔인하기 그지없는 포악으로 인간 사회를 파괴했다. 신의 가공할 위협과 가공할 경험에도 불구하고 인간은 악행을 중단하지 않았다. 신이 그들에게 내렸던 징벌과 재앙도 그리고 그의 간절한 축복의 언약도 다 잊어버리고 아니 내동댕이치고 인간들은 다시 광란의 아수라로 돌아가버렸다.

드디어 예수가 등장했다. "내가 너희들의 죄를 씻기 위해서, 그리고 너희들의 악행을 막기 위해서 내 생명까지 바쳐주마"고 인간들을 달래기 시작했다. 그들은 그를 미친놈 취급하며 십자가에 매달고 아우성 했다. 악의 또 한 번의 승리, 아니 영원한 악의 승리였다. 신은 인간 세상을 영원히 멸하리라 위협했지만 인간들은 신을 조소했다. 인간은 교만하고 악하고 잔인한 것들의 대명사가 되었다.

그러나 이 좋은 세상을 악의 세상으로 놓아 둘 수는 없다. 나 아닌 저들이 악이 아니라 우리가, 아니 내가 악이었다. 나도 야수였다. 우리는 어디로 가야 하는가? 신의 쿼바디스가 아니라 우리의 쿼바디스가 문제로 남겨졌다.

예수는 자신을 믿고 하나님의 말씀을 청종하면 영원한 생명인 하나님 나라를 주리라 하였다. 그래서 그는 죽은 지 사흘만에 깨어나 다시 하늘나라로 가면서 다시 와서 인간들을 심판하겠다고 선언했다. 그러나 그날은 아무도 모르고 오직 하나님 아버지만이 아시는 날이라고 천명했다. 그리고 그때가 되면 형제가 형제를, 아버지가 자식을 죽는 데에 내주며 자식들이 부모를 대적하여 죽게 하는 상황이 세상에 펼쳐질 것을 예언했다. 그리고 그날 "큰 환난이 있으리라. 창세로부터 지금까지 이런 환난이 없었고 후에도 없으리라"고 하여 창세 이래의 최대의 환난이 될 것임을 경고했다. 그날은 노아의 홍수보다도 소돔의 불의 심판보다도 더 가공할 환난일 것임을 말한 것이다. 그렇다면 과연 예수의 심판의 경고를 진심으로 믿는 사람들은 몇이나 될까?

예수와 바울은 아예 인간 세상에는 하나님 외에는 선한 자도 의로운 자도 없다고 선언해버렸다. 그러므로 예수는 "나로 말미암지 않고는 하나님 나라에 갈 자가 없다"고 선언했던 것이다.

인간은 절망과 희망의 선택적 출구 앞에 갇힌 운명이 되었다. 선택은 예수의 말처럼 하나님의 뜻대로 사는 것이다. 맹자의 말처럼 하나님의 형상을 지키며 사는 것이다. 그러나 쉽지가 않다. 부모, 형제, 처자와 전 재산까지도 버리고 자신을 부정하는 자신의 십자가를 짐으로써만 뜻대로 사는 것이요, 성인이 되어야 지켜지는 하나님의 형상이니 인간에게는 어차피 불가한 이상이다. 그래서 우리는 아무리 노력해도 또다시 밀어 올려야 하는 시지프스의 신화 속으로 추락하고 만다. 그러나 우리는 밀어 올려야 한다. 절망마저 불가한 키에르케고르의 말처럼 죽을 수도 없는 한계적 상황에 직면해 있다. 인간들은 갇힌 존재들이다. 모두 다 물러나야 길이 열린다. 그러나 인간들은 먼저 뛰어가고 있다. 누가 물러날 것인가? 그래서 신도 무섭고 예수도 무서운 환난을 인간들에게 제시했던 것이다.

부질없이 부질없는 짓으로 많은 시간을 허비했다. 필자가 인간이 악하다 해서 악해지는 것도 아니요, 선하다 해서 인간이 선해지지도 않을 것이며, 2천 년도 훨씬 더 이전부터 수많은 현인·학자들이 고민해 왔으면서도 결코 풀 수 없었던 문제에 구우일모에도 못 미치는 손짓을 했기 때문이다.

더욱이 픽션이나 주관일 수 없는 역사적 사실事實의 집필은 누군가 앞서 사람들의 기록에 절대적으로 의존할 수밖에 없기 때문에 행여 그들에게 누가 되지는 않았는지 염려까지 안게 되었다. 그래서 필자는 출판을 3년이나 보류했다. 따라서 출판사의 권고가 없었다면 원고는 폐기되었을 것이었다.

그후 3년 동안 기독교와 유교철학을 공부하며 인간의 악성이 결코 제거 될 수 없는 인간의 본질이라는 것을 다시 한 번 절감하게 되었으니 기독교의 성서를 통해서였다. 더욱이 구약은 전적으로 인간의 악성을 다룬 역사이면서 동시에 구원의 경전이다. 그런데 아이러니하게도 구약은 인간이 저지른 악행의 무서움이나 두려움보다도 더 무섭고 두렵게 아니, 그 정도가 아니라 가히 상상할 수 없는 공포로 인간의 징벌을 구사해 놓았다는 사실 때문이요, 그러한 위협에도 불구하고 인간의 악성은 조금도 선화되지 않았다는 절망에서 필자의 졸저는 시간의 낭비일 뿐이었다는 자성을 하게 되었지만 출판의 용기도 얻었다.

그 무서운 징벌과 위협에도 불구하고 변할 수 없었던 인간의 악성, 그리하여 기독교는 그를 일컬어 원죄라 칭하게 되었던 것이다. 아예 원죄로 정의하지 않고서는 인간이 자존심을 갖고 존속할 수 없기 때문이었다. 그러므로 인간의 악성을 원죄로 정의함으로써 인간들에게 면죄부를 주고 싶었던 것이다. 그리하여 기독교 발전의 공신인 바울은 아담 한 사람의 죄악으로 원죄를 치부했고, 동시에 예수 한 사람의 속량으로 그 원죄에서 해탈될 수 있음을 강조했다. 죄의 해법으로서 바울의 논리는 참으로 고고하여 눈이 번쩍 뜨이게 한다. 방법이 없는 곳에 방법을 찾아야 하는 인간들의 지극하고 절절한 소망을 엿볼 수 있기 때문이다.

예수는 그 원죄를 인간들에게서 벗겨내지 않고서는 영원히 인간을 구원할 수 없다는 대 명제에 도달했다. 원죄에 갇힌 인간들의 굴레를 벗기지 않고서는 인간은 영원한 죄인으로 남을 수밖에 없었기 때문이다. 그러나 그 거대한 죄의 그물을 인간들에게서 벗겨 내는 일은 아주 간단했다. 요단강으로 데려가 물 한 바가지만 머리에 부으면 되는 일이었다. 그러나 그것은 좀 유치했다. 그것은 인간의 아들인 요한이나 하는 방법이었다. 그래서 그는 보다 차원 높은 성령(Holy Spirit)으로 세례를 주었고 성령으로 모든 비논리를 초월시켰다.

그러나 인간은 끝없이 원죄에서 벗어나지 못하고 악행은 계속되었다. 그리하여 그는 칼과 칼의 율법을 말씀으로 바꾸었다. 그는 인간들에게 눈에는 눈이 아니라 사랑과 용서를 가르쳤다. 그래도 인간들은 선화되지 않았다. 드디어 스스로 십자가에 자신의 육신을 못 박았다. 인간의 악을 자신 한 사람의 죽음으로 해결하려 했다. 그러나 인간들은 원죄의 악에서 물러나지 않았다. 인간세상은 죄의 용광로가 되었다. 지금도 그렇고 앞으로도 그러할 것이다.

신의 쿼바디스가 아니라 인간들의 쿼바디스가 문제다. 과연 우리는 어디로 가야 하는 존재인가?

인간
그 잔혹과 야만의 역사

1쇄 발행일 | 2012년 7월 25일

지은이 | 조병갑
펴낸이 | 정화숙
펴낸곳 | 개미

출판등록 | 제313 - 2001 - 61호 1992. 2. 18
주소 | (121 - 050) 서울시 마포구 마포동 236 - 1 덕성빌딩 2층
전화 | (02)704 - 2546, 704 - 2235
팩스 | (02)714 - 2365
E-mail | lily12140@hanmail.net

ⓒ 조병갑. 2012
ISBN 978 - 89 - 94459 - 19 - 6 03910

값 12,000원